PROF. DI

Türklerin Kökeni

20. BASKI

kripto

TÜRKLERİN KÖKENİ, OSMAN KARATAY,
Kripto Kitaplar©

Genel Yayın No: *47*
Araştırma & İnceleme: *36*

Yazan: *Osman Karatay*
Yayın Yönetmeni: *Ümit Çıkrıkcı*
Düzelti: *Pınar Öztaş*
Kapak: *Kripto Tasarım Ekibi*
Baskı: *Bizim Büro Matbaa Dağ.Yay.San. Tic.Ltd.Şti./Ankara (Matbaa Sertifika no:26649)*

1.Baskı: *Temmuz 2011*
20.Baskı: *Ekim 2019*

ISBN: *978-605-4125-50-0*
Yayıncı Sertifika No: *45134*

Yayımlayan:
kripto
Kripto Basım Yayım Dağıtım Ltd. Şti.
Kültür Mahallesi, Ataç 2 Sokak, No:71/B Çankaya/Ankara
Tel: 0312 432 1923 Faks: 432 1933
e-posta: kripto@kriptokitaplar.com
www.kriptokitaplar.com

Satış Direktörü: *Murat Alaca*
Pazarlama Sorumlusu: *Ahmet Mert Öztuğ*

PROF. DR. OSMAN KARATAY

1971 doğumlu. Çorum İnönü İlköğretim Okulu, Taşköprü Lisesi ve Çorum Atatürk Lisesinde okuduktan sonra 1995 yılında Boğaziçi Üniversitesi Tarih bölümünden mezun oldu. 2002 yılında Gazi Üniversitesinde yüksek lisans ve 2006 yılında yine aynı üniversitede doktora derecelerini aldı. 2010 yılında doçentlik, 2016 yılında profesörlük sanını aldı. Hâlen Ege Üniversitesinde öğretim üyesidir. Bilimsel çalışmalarının yanında örgütçülüğü ile de Türk bilim ve kültürüne büyük hizmetlerde bulundu. Türkiye'nin ilk düşünce kuruluşu olan Avrasya Stratejik Araştırmalar Merkezinin (ASAM) kuruluşunda yer aldı. Dünyadaki en büyük Türk tarihi projesi olan *Türkler*'i yöneterek toplam 37 ciltlik dev Türk tarihinin ortaya çıkışına büyük katkı yaptı. Bu çerçevede İngilizcedeki en büyük Türk tarihi olan *The Turks*'ün editörlüğünde bulundu. Ardından KaraM'ı (Karadeniz Araştırmaları Merkezi) kurdu ve Türkiye'nin ilk bölgesel akademik dergisi olan *Karadeniz Araştırmaları*'nı yayınlamaya başladı. Bu arada türünde dünyada ilk olan *Balkanlar El Kitabı*, *Doğu Avrupa Türk Tarihi* ve *Ortak Türk Tarihi* adlı büyük çalışmaların editörlüğünde bulundu. Türk Dünyasına Hizmet Ödülü sahibi Karatay'ın 150'nin üzerinde makale ve bildirisinin ve Balkanlar'a dair kitaplarının ve çeşitli çevirilerinin yanında, tarihle ilgili yayınlanmış eserleri şunlardır:

- *Hırvat Ulusunun Oluşumu. Erken Ortaçağ'da Türk-Hırvat İlişkileri* (iki baskı: 2000, 2016).
- *The Turks*, 6 cilt, editör, H. C. Güzel ve C. C. Oğuz ile, (2002).

- *Türk Halkları Tarihine Giriş*, çeviri, P. B. Golden'dan, (sekiz baskı: 2002-2019).

- *İran ile Turan. Hayali Milletler Çağında Avrasya ve Ortadoğu* (dört baskı: 2003, 2012, 2015, 2019).

- *Etnik Tutumun Tarihsel Kökleri, AB ve Türk Kimliği* (Strateji Raporu) (2005).

- *Balkanlar El Kitabı*, 3 cilt, editör, B. A. Gökdağ ile, (üç baskı: 2006, 2013, 2017).

- *Bey ile Büyücü: Avrasya'da Tanrı, Hükümdar, Devlet ve İktisat Hakkında Dilin Söyledikleri* (iki baskı: 2006, 2017).

- *Türklerin Kökeni* (yirmi baskı: 2011-2019).

- *Doğu Avrupa Türk Tarihi*, editör, Serkan Acar ile (dört baskı: 2013, 2015, 2016, 2018).

- *Hazarlar. Yahudi Türkler, Türk Yahudiler ve Ötekiler* (dört baskı 2014-2018).

- *Central Eurasia in the Middle Ages. Studies in Honor of Peter B. Golden*, editör, István Zimonyi ile (2016).

- *Mürdüm. Ergenekon Öncesinde Konuşulanlar* (üç baskı: 2017-2019).

- *İlk Oğuzlar. Köken, Türeyiş ve Erken Tarihleri Üzerine Çalışmalar*, Haz. Umut Üren (üç baskı: 2017-2019).

- *Türklerin İslam'ı Kabulü* (üç baskı: 2018-2019).

- *Bulgarlar. Yitik Bir Türk Kavmi* (2018).

- *Ortak Türk Tarihi*, 6 cilt, editör, B. A. Gökdağ ve S. Y. Gömeç ile (2019).

İÇİNDEKİLER

HARİTALAR

ÖN SÖZ

Ortaokul ikinci sınıfta iken, muhtemelen bunu kendi tercihiyle yapan en genç insan olarak okuduğum rahmetli Bahaeddin Ögel'in *Büyük Hun İmparatorluğu Tarihi*, eski Türk tarihi araştırmalarında Çin kaynaklarının önemi ve önceliği konusunu daha çocuk yaşta kafama sokmuştu. Gerçi daha önce, ilkokul beşinci sınıfta iken simit paramla satın alıp okuduğum Özkan İzgi'nin *Bögü Kağan ve Uygurlar*'ı da aynı gerçekle karşı karşıya getirmişti ama Ögel'in kitabı kadar değil. Türk tarihini okuduğunu düşünen bir çocuğun Çince karakterlerin Latin harfli çeviri yazılarıyla muhatap olması, kısaca ne olduğunu anlamaması demekti.

Türklüğün en eski zamanlarını çalışmak söz konusu olduğunda işin doğasını sonraları, belki şimdilerde daha iyi kavradım. Çin kaynakları sandığımız kadar eskiye gitmiyor. İlk imparator Shih Huang-ti MÖ 3. yy. ortalarında her şeyi budamıştı ve öncesine dair bildiklerimiz ondan kaçırılabilen 'gizli' ve süzülmüş bilgilere dayanıyor. Sima Qian (ö. MÖ 86) gibi müstesna yazarların eskilere dair efsanelerle karışık verdiği bilgilerin kayıpları ne ölçüde telafi ettiğini bilemiyoruz. Çince doğal bir süreç olarak 2000 yıldır büyük ses değişikliklerine uğradı. Bugünün Çinlisinin o dönemin dilini anlaması mümkün değil. O dönemdeki Türkçe de şimdikinden hayli farklı, okumuş bir Türk tarafından bile anlaşılamayacak biçimdeydi.

Şimdi, önce eski Çincenin ses düzenini anlayacağız. Sonra eski Türkçenin ses yapısını kuracağız. Sonra da ikisi de büyük ölçüde tahmine dayalı bu yapılardan birinden öbürüne dair veri arayacağız. Bu arada yabancı bir kelimenin bir Çinlinin telaffuzuna girdiği anda, ilk saniyede çok büyük değişiklikler yaşadığını hesaba katacağız. Meselenin ne kadar büyük ve zor olduğu ortada. Eski bir Çin kaynağında geçen Türkçe bir kelime, zannettiğimiz kelime olmayabilir, öte yandan başka bir kelime Türkçedir de biz onu mevcut bilgimiz ışığında göremeyebiliriz.

Dolayısıyla Çin kaynakları karşısında temkinli olmamız ve büyük beklentilerden vazgeçmemiz gerekiyor. Bu defter elbette kapatılamaz ama eski Türklük çalışmalarının kaynağı -illa da- Çin'de değildir. Bu böyle iken öte yandan kadim çağlardan haber veren kaynakların Türklük çalışmaları açısından yeterli ölçüde bilimsel çalışmaya tabi tutulmadığını görüyoruz. Çin kaynaklarından daha eskiye gitmese de Latin ve Yunan coğrafya eserleri bu konuda başta gelir. Bunun sebebi elbette ön yargılı bir yaklaşımdır: Türkler batıda aranamaz. Hâlbuki bu kararı vermemize sebep Çin kaynakları ise onlardan çok bir şey görmüyoruz ve anlamıyoruz. Değilse nedir? Tam olarak tüm kaynaklar çalışılmadan böyle bir karara nasıl varılabilir?

Biz çağdaş Türklük araştırmalarının ikinci safhasının bugünlerde başladığı düşüncesindeyiz. Birinci safhada von Strahlenberg'den beri Türklüğün geniş ailedeki aidiyeti konusu tartışıldı. Bu iş 250 yıldan fazla sürdü, bir karara varıldı ve Altay ailesi teşkil edildi. Ama ortada ispatlanan bilimsel gerçeklerden bahsetmek çok zor. Sadece ulemanın -bir kısmının- ittifakından bahsedilebilir. İkinci safha ilk safhanın, gösteremediklerinden hareketle yeni açılımlar yapacak ve denenmeyen ihtimalleri deneyecektir.

Vakıa bu zaten yapılmaktadır ama alan dışı, çoğunlukla da bilim dışı ellerde kaldığından edinilen sonuçlar çoğu kez güldürücü, bazen de dudak uçuklatıcı olmaktadır. Kızılderililerin Türklüğünden, İspanya veya İsviçre'de yaşayan Taş Devri'ndeki Türklere kadar bir sürü 'çıkarım' işi içinden çıkılmaz hâle getirmektedir. Bu saçma ve ucube fikirlerin sebep olduğu kuşkucu kamuoyu, neticede saçma cevaplara kulak vermektense yetersiz ama üzerinde ittifak edilen fikirlere bağlılığı sürdürmeyi daha makul görmektedir. Üstelik kurulu düzendeki fikirler yeni açılımları bu ucube fikirlerle aynı kefeye koyarak kendini savunmaktadır.

Hâlbuki bilim yenilik demektir. Esas olan şey bir konu üzerinde ittifak edilip edilmemesi değil, sorulara makul cevapların bulunup bulunmamasıdır. Daha önce *İran ile Turan* adlı eserimizde değindiğimiz ve bu kitapta da kısmen temas edeceğimiz üzere, tatmin edici cevabını alamadığımız pek çok soru bulunuyor.

Bu satırların yazarı mevcut edebiyatı birkaç dilde rahatça okuyup aynı minvalde tekrarlar yaparak kurulu düzenden alkış almak yerine, yetersiz cevaplardan duyduğu rahatsızlıkla bu serüvene çıkmıştır. İş zor ama ulaştığımız bazı güzel sonuçlar bütün zorlukları ve yorgunlukları gideriyor. Bilimin güzelliği de buradadır. Bilim 'akıl işi' değildir; 'akıllı' adamın uğraşacağı bir alan değildir. Akıllılar kısa ve kolay yollardan çıkarlarını güderler. Bilim insanları ise akla ziyan soruların peşinden koşup ömür harcarlar.

Bu konunun tarafımızca akademik olarak çalışılmasının kökleri 1998 yılına gider. Hırvatların kökeni ve oluşumuna dair bir tez hazırlarken eski Avrasya gerçeği ile karşı karşıya kaldım. Bu basit bir kavim tarihinin çok ötesindedir. Bugün Balkanlar'daki önemi bile tartışılır küçük bir topluluğun kökenlerini araştırırken bütün bir eski Avrasya'yı, insanı ilgilendiren bütün bilim dallarındaki araştırmaların sonuçlarıyla birlikte çalışmak gerekiyordu ki yola çıkılabilsin. Gereksinimleri eksiksiz karşılamadan yola çıkan tarihçilerin ulaştıkları sonuçların gülünçlüğünü daha sonraları görmeye başladık. Konu bir veya iki dilden kaynak okumanın çok ötesinde bir öneme ve zorluğa sahip.

Hırvat Ulusunun Oluşumu adlı çalışma, bir bakıma 2003 yılında çıkan *İran ile Turan* adlı çok kısa sürede yazılmış bir kitabın öncüsü oldu. Bu ikinci kitapta eski Avrasya tarihinin kimi meselelerine dair itiraz ettiğimiz noktaları ve acizane önerilerimizi dile getirmiştik. *Bey ile Büyücü* (2006) adlı eserimiz ise tek bir kelimenin, 'büyük' sıfatının peşinden giderek bizi Avrasya ve Orta Doğu'nun eski çağlardaki etkileşim dünyasının -hiç tahmin etmediğimiz ölçüdeki- büyüklüğüyle baş başa getirdi. Bu arada çok sayıda makale ve bilhassa bildiri ile Türklüğün en eski dönemleri ve kökleri konusunda yeni fikirler serdettik. Bu makalelerin de bir gün derlenerek kitap hâline gelmesini umuyoruz.

Peter B. Golden'ın dev eseri olan *Türk Halkları Tarihine Giriş*'teki yöntem ve uygulamaları uzun süredir çalışmalarımıza rehberlik ediyor. Kökenlerin belirlenmesi ve Türklüğe İranî etki konularında onun uluslararası bilim kamuoyundaki görüşlerin ortalamasını yansıtan fikirlerine katılmamakla birlikte, Golden'ın 'beklenen eser'in kendi sunduğu biçemde yazılma dileği doğrudur ve öyle de yapılmalıdır. Biz de bu eserle gelecekte o beklenen eseri yazmaya niyetli bilim insanı veya insanlarına bunun olabileceği yönünde bir ümit ve teşvik sağlayabilirsek kendimizi mutlu hissedeceğiz.

En büyük tarihçimiz olan Zeki Velidi Togan'ı anmak için yakınlarda Afyon'da düzenlenen bir ilmî toplantıda rahmetlinin oğulları olan Prof. Dr. Sübidey Togan'la tanışmamızda çalışma konumu sorduğunda tek kelimeyle 'Yurmatı' dedim. Bu cevap Sübidey Bey'in hoşuna gitti çünkü aile Başkırt Yurmatı boyundandı. Ama ben elbette bu Başkırt boyu hakkında çalışmıyordum ve açıklamak zorunda kaldım: "*Avrasya etnolojisinin köklere dair sorunlarının çözümünde anahtar kelime Yurmatı'dır. Ben bu anahtarla bütün bilinmeyen geçmişin kapılarının açılacağına inanıyorum.*"

Gerçek çoktan öyle tezahür etmişti. Bu kitapta ve buna kaynak teşkil eden önceki çalışmalarımızda diğer bilimsel edebiyattan ayrışan hususlar varsa, temelde büyük ölçüde *Yurmatı*, dolayısıyla *Sarmat* kelimesine ve de *Suvar*'a verilen önem yatmaktadır. Zeki Velidi Togan kendi zamanının ve günümüzün Doğu ve Batı'daki bütün âlimlerinden daha kıvrak bir zekâya sahipti ve ufkunu kapatan herhangi bir peşin hüküm yoktu. Onu ancak *UTTG*'den ve bir ölçüde de *Oğuzname*'den tanıyabilmiş birisi olarak, düşünme tarzında hayli etkisinde kaldığımı büyük memnuniyetle itiraf etmeliyim. Bilim dünyamız "*İlim Çin'de dahi olsa arayınız*" tavsiyesine uyarak mı, başka sebeple mi bilinmez, Türk tarihinin kaynaklarını sadece Çin'de ararken Togan görebildiği her yere baktı. Zorlu ve keşmekeş dolu hayat onun ilmi mesleğini hakkıyla icraya zor zor imkân tanıdı ama o hapishanede bile olsa işini yaptı. Dolayısıyla, yanlışlar tamamen bana ait olmak üzere, bu kitap onun mirası üzerine kuruludur demeye hakkım olmasını çok isterim.

Kripto Yayınevinden Ümit ve Hakan Beyler 'rahat' ve 'anlaşılır' bir dil ile Türklerin kökenine dair küçük boyutlu bir kitap yazmamı istediklerinde düşünmeden kolay olduğunu söyledim. Böyle bir çalışmanın ağyarını mani olması kolay ama iş efradını cami hâle getirmek olunca zorluk baş gösteriyor. Eserdeki öngörülen hacim darlığı ve de zaman sıkıntısı sebebiyle pek çok konuyu özet olarak belirtmek ve kaynakçadaki eserlere havale etmek zorunda kaldık. Öbür türlü zaten bu kadar kısa bir sürede bitirilemezdi ki 28 Nisan 2011 tarihinde yazımına başlanmış olup, 6 Haziran 2011'de bitirilmiş ve teslim edilmiştir. Böylece 40 yaşımda iken bu eseri 40 günde tamamlamış olmak benim için ayrı bir sürur kaynağı olmuştur. Kimi bahislerin hızlı geçilmesinin bu eserin doğası kaynaklı olduğunun ve bunlarla ilgili ayrıntılı verilerin bizde bulunduğunun, zaten önemli bir kısmını da yayınladığımızın bilinmesini dileriz.

Bu kitap Türklerin kökeniyle ve eski tarihiyle ilgili çalışmalar hakkında bir çalışma değildir. Bu kitap işbu konuyla ilgili bizim çalışmamızdır. İş bilen her okuyucu ilkin kitabın kaynakçasına bakar. Buradaki kaynakçada beklenen pek çok eserin olmaması ve hiç umulmadık eserlerin kullanılmış olması başta çok şaşırtıcı olacaktır ama kitabın içeriği bunu gerektiriyor.

Öte yandan bu kitap, önceki kitap ve makalelerin büsbütün bir özeti de sayılamaz. Evet, önceki çalışmalar burada telif ediliyor ve bir bütün oluşturuyorlar. Ama ilk kez burada kaleme alınmış metinler ve fikirler de çok fazla. Bilhassa Moğolca ve Macarca karşılaştırmalar ile tarım tabirlerinin köken araştırmalarındaki yeri gibi konulara daha önce örneklemeli biçimde hiç yazılı olarak değinmemiştik.

Bu arada, ilk yazılarımızdan itibaren çeşitli konulardaki fikirlerimizde yaşanan kaymaların hiçbirinin bizzat tetkik ettiğimiz bir konuda olmadığını vurgulamamız gerekiyor. Naklen aldığımız ve zamanında inandığımız bazı fikir ve saptamalarla, daha sonra kendi tetkiklerimiz farklı sonuçlar gösterince yolumuzu ayırdık. Örneğin başta genel kanaate uyarak Altay ailesini kabul ederek yazıyorduk, sonraki okuma ve incelemelerimiz söylenenlerin tatmin edici olmadığını gösterdi. Yine eskiden Macarları Fin-Ugor ailesine mensup ama Türklerle çokça hemhâl olmuş bir halk olarak görürdük. Fakat dillerini incelediğimizde önerilen yaygın fikirlerin bir şeyleri gizlediğine ve olmayan bir şeyleri göstermeye çalıştığına dair kuşkularımız arttı. Burada, aynı kisvede etrafımızda çok görsek de, nakilcilik ile bilim arasındaki derin uçurumu yaşayarak öğrenmiş olduk.

Tarihçilik mesleğimde eski dönemlere dair birikimimin bir nevi hülasası olan bu çalışma için, mesleğimi icrada yıllardır çeşitli vesilelerle yardımlarını gördüğüm yüzlerce kimseye teşekkür etmem gerekiyor. Hatta fikirlerine katılsam da katılmasam da bu konudaki çalışmaları bugünlere getiren bütün bilim dünyasına müteşekkirim ki biz bu birikimin ışığında yürüyor ve yolumuzu bulabiliyoruz. Kitabı yazdığım sırada önemli yardımlarını gördüğüm pek çok dost arasında Prof. Dr. Zeki Kaymaz, Prof. Dr. Alimcan İnayet, Doç. Dr. Bülent Gül, Yrd. Doç. Dr. Bülent Bayram, Dr. Serkan Acar ve doktora öğrencimiz Turatbek Mantayev'e hassaten teşekkürler.

Doç. Dr. Osman Karatay

Bornova, 6 Haziran 2011

20. BASKIYA ÖN SÖZ

Sekiz yıl geçti ilk baskının üzerinden. 2010'ları tamamlıyoruz. 20 baskıya nasıl ulaştığını biz de anlamadık. Âdeta 'samizdat' doğasında bir yayın oldu. Reklamsız, tanıtımsız ama elden ele dolaşan, okuyucunun reklamını yaptığı bir kitap. 2010'lara damgasını vurduğunu söylemek abartı olmayacaktır.

İlk baskıdan sonra, durmayan çalışmalarımızda her gün ulaştığımız yeni sonuçları çeşitli vesilelerle kamuoyu ile paylaştık ama o zamanlar bu kitabı güncelleme ve genişletmeyi uygun görmedik. Bu, daha önce satın alanlara saygısızlık olacaktı. Üstelik yeni veri ve sonuçlar bu kitaptaki temel kurgunun aksine bir şey söylemediğinden ve aksine çok daha kuvvetle desteklediğinden, kitabın ilk nüshasına güvenimiz her geçen gün daha da arttı.

Öte yandan, genişletme ve güncellemenin makul bir sınırı bulunmuyor. Sadece Altay dil ailesi hakkındaki tartışmalar bu kitabın boyutunu aşıyor. Buraya sadece tartışma boyutunda kısaca eklediğimiz kazı bilimi ve soy bilimi çalışmaları bu kitaptan çok daha kalın birkaç eserde ele alınması gereken konular. Büyük ölçüde yazılı kaynak ve dil verisi üzerine kurulu bu kitabı başka bilim alanlarından veri ile alabildiğine zenginleştirmek mümkün ama bunun kitabın hacmini çok artıracağı ve okunurluğunu düşüreceği endişesi gibi haklı gerekçelerimiz var.

Bu yıl başlarında yayınlanan *Ortak Türk Tarihi*'ne yazdığımız ilk bölümde bu kitabın içeriğinden farklı olarak üç ana konuya ağırlık verdik: Hint-Avrupa karşılaştırmaları, Avrasya'nın eski kültürleri ve soy bilimi bulguları. İlkini 16 yıl önce yayınlanan *İran ile Turan* kitabımızda daha özet olarak zaten yapmıştık, zira Türklerin kökleri ve ilk oluşumlarını Hint-Avrupa varlığından ayrı çalışmak çok zor. Daimi komşuluğun bıraktığı miras, günümüz araştırmacılarına engin bir veri kaynağı sunuyor. Avrasya'nın tarih öncesi kültürlerine dair araştırmaların tamamını bir şekilde Türklük araştırmalarında göz önüne almak durumundayız. Zira tarihî dönemde bu kültürlerin bulunduğu toprakların sahipleri Türklerdi ve varlıklarını sadece yayılma ile açıklamakta zorluklar bulunuyor. Başta Andronovo olmak üzere, Orta Avrasya kültürlerini Türkler ile ilişkilendirmekte haklı neden ve kanıtlar bulunuyor. DNA'larımızda taşıdığımız bilginin münferit veya toplu olarak eski veya yeni bir topluluk ile bağımızı göstermesi hiçbir şekilde kesinlik taşımıyor ama gen hareketleri eski halkların konum ve göçleriyle ilgili üstünkörü de olsa çok şey söylüyor. Bunların fazlasıyla kullanılabilir olduğunu vurgulamalıyız. İşte bu konular yeterli bir ayrıntı ile işbu kitaba eklemlenmiştir.

Bu kitabın hâlâ Türklerin kökeniyle ilgili ülkemizdeki tek çalışma olarak kalması üzüntü verici. Ön Türk araştırmalarında son yıllarda bir patlamadan bahsedebiliriz lakin bunlar çeşitli bilim alanlarından veriyi birleştiren ve inceleyen çalışmalar olmaktan ziyade, daha çok 'kaya'ların dilinden aktarılmış dağınık bilgilerden oluşuyor ve toplu bir şey söylemiyor. Biz kayalardaki verinin çok bariz ipuçları sunmadıktan sonra muğlak bir bilgi sağlayacağına ve en iyi ihtimalle tali bir kanıt sunacağına inanıyoruz.

Türklerin Kökeni kitabımızın içeriği çok ilgi çekti ama 40 günde yazılışına da çok takılındı. Burada önemli olan 40 yılın birikimi olmasıdır. Hiçbir eserim bilmem kaç yıllık araştırma sonucu ortaya çıkmadı. Tamamı bir ömür boyu süren araştırma ve sorgulamanın ürünüdür. Daha birkaç hafta önce, dili bir tarihçi için anlaşılmaz olan genetik metinlerini okurken yabancılık çekmediğimi, lisedeki biyoloji bilgimin büyük katkı sağladığını söylediğimde dostlar şaşırmışlardı. Evet, 40 gün inanılmaz bulunuyor fakat ilkokul yıllarından beri F klavye ile hızlı yazan, neredeyse hatasız yazan ve cümleleri hızlı kuran birisi için bu şaşırtıcı olmamalı. Masa takvimine her gün neler yaptığımı yazarım. Bu takvimleri de arşivlerim. Şimdi bakıyorum da en hacimli kitabım olan *Hazarlar*'a 30 Haziran 2014 tarihinde başlamışım ve araya 20 günlük tatil ve danışmanı olduğum iki öğrenci tezi koymak üzere, 28 Ağustos 2014'te bitirmişim. Ayırabildiğim zaman 40 günden de az... Fakat *Hazarlar*'ın içindeki her bir bölüm münferiden yıllar süren okumaların bir ürünü, bazen tek bir kelime veya olay için haftalar harcadığımı biliyorum.

Araştırmacılık ile bilim insanlığını ayıramayanlar, bilim insanlarının bir konuyu araştırıp hakkında yazı yazdığını sananlar bunu anlayamaz. Hayır, biz bir şeyleri araştırıp yazmaya karar vermeyiz. Bir şeyler kafamıza takılır, bir ömrün tecrübe ve birikimi ışığında ısrarla ve inatla onu çözmeye, anlamaya çalışırız. Aslında bencilizdir, kendimiz için yazarız. Bulduğumuz sonuçları çocuksu bir sevinç ile kayda geçiririz. Bilimsel üretim dediğimiz budur, bu olmalıdır. Ve bunun bir araştırma süresi yoktur çünkü çocukluğumuzdan beri bildiğimiz her şeyi kullanırız bu yolda.

Bir başka eleştiri dil kıyaslarında Türkçenin çağdaş biçimini kullanamayacağımız yönündeki 'dâhice' uyarıları içeriyor. Bu kitap Türkiye Türkçesi bilen herkes için yazılmıştır ve herkesin eski Türkçe biçimleri bilmesini bekleyemeyiz. Ben *kel* yerine *gel*, *tur* yerine *dur* yazdığımda bizim şanlı dilcilerimiz rahat anlayacaklardır ama tersini yazdığımda büyük bir kitle belki hiçbir şey anlamayacaktır. Bu kitapta belki 1000 tane dil bilimsel öneri veya örnek var. Buyursunlar, onlardan sadece birisini konuşalım. Öbür türlü, söyleyecek sözü bu kadar olanların mutemet memurluğu makamı kendilerinden menkuldür, kâle almamız beklenmemeli.

2011 yılında bu kitabı hazırlarken büyük ölçüde yalnız idik ve münferit konularda bilgin dostlarımızın uzmanlık görüşlerine başvuruyorduk. Şimdi ise eski Türk toplumu üzerine genç kuşaktan çok başarılı isimler sivrilmiş durumda. İstanbul'dan Elvin Yıldırım, Andronovo kültürü üzerine çalıştı. İzmir'de ise Ali Güler, Sintaşta kültürü üzerine tezini yazıyor. Yine İzmir'den Doğukan Dokur bozkırın dillere destan savaşçılığının sosyo ekonomik kökleri üzerinde derin bir araştırma ile meşgul. Göktürk Erdoğan ise bozkır toplum düzenini irdeliyor ve fertten devlete hukuki temelleri araştırıyor. Daha başka arkadaşlarımız da eski bozkır hayatının çeşitli sahalarında incelemelerini sürdürüyor.

Genç kuşak bilim insanları söz konusu olunca, bu kitabın ilk hazırlanmasında büyük emeği geçen doktora öğrencimiz Turatbek Mantayev'i geçtiğimiz yıl memleketi Kazakistan'da elim bir trafik kazasında kaybettik. Bu başarılı ve çok sevilen arkadaşımızın üzüntüsü sınırları çok aştı ve tüm Türk dünyasında paylaşıldı. Bundan duyduğumuz acı teselli ile işbu kitabın genişletilmiş yeni baskısını Turatbek'in aziz ruhuna hediye etmeyi bir görev biliyorum.

Ortak Türk Tarihi'ne bizi dâhil ederek güncel bilgilerle "Türklüğün Oluşumu" bölümünü yazdıran hocam Prof. Dr. Bilgehan A. Gökdağ, dolayısıyla işbu kitabın güncellenmesinin de müsebbibidir. Kendisine büyük dostluğu ve yardımları için bir kez daha teşekkür ediyorum. Kitaptaki mevcut haritalara üç yenisini ekleyen arkadaşımız Turgut Demirtaş'a medyunum. Başarılı bir dağıtım ve satış ile bu kitabın ve yayınladıkları diğer kitaplarımın bugünlere artan bir ilgi ile gelmesinde en büyük paya sahip olan Kripto Yayınlarındaki dostlara, başta Ümit Çıkrıkçı Bey'e de saygı ve şükranlarımı sunuyorum.

Prof. Dr. Osman Karatay

Bornova, 7 Ağustos 2019

Türklerin Kökeni

PROF. DR. OSMAN KARATAY

20. BASKI

BÖLÜM 1

TÜRKLER, TÜRKLÜK VE TÜRKİYE

1989 senesi insanlığın ortak mukadderatı adına önemli dönemeçlerden birini işaretlemiştir. O sene sosyalizm yıkılmaya başladı ve yüz milyonlarca insan özgürlüğe kavuştu. Halklar birbirinden cesaret alarak devrim üstüne devrim yapıp sosyalist düzenleri kökünden yıktılar. Bundan en fazla semere kuşkusuz bize geldi, zira Sovyetler Birliği ve uydularında Türkiye'dekinden fazla Türk esaret altında yaşıyordu. Bunların sayısal olarak büyük çoğunluğu o süreçte bağımsızlığa kavuştu.

Bugün Türklük yedi bağımsız devlet ile temsil ediliyor: Türkiye, Kıbrıs, Azerbaycan, Türkmenistan, Özbekistan, Kazakistan ve Kırgızistan. Bunun dışında 11 özerk cumhuriyet Türk nüfus adına kurulu olduğu gibi (Karakalpakistan, Tataristan, Çuvaşistan, Başkırdistan, Karaçay-Çerkes, Kabardin-Balkar, Tuva, Altay, Hakas, Saha/Yakutistan, Doğu Türkistan) özerk bölgeler ve özerkliği bulunmayan ama belli bölgelerde yoğunlaşmış olarak yaşayan irili ufaklı çok sayıda Türk topluluğu da vardır. Toplam Türk sayısı verilerin sağlıksızlığı yüzünden tam olarak bilinmiyor. Bizim tahminimiz 180 milyon gibi bir rakamın makul olacağı ve gerçeği yakalayacağı yönündedir.[1]

Nüfusla ilgili çalışmalarda büyük eksiklikler bulunmaktadır. Bu konuya kendini vermiş uzmanların yokluğu sebebiyle ayrın-

---

[1] http://worldpopulationreview.com ağ sayfasındaki güncel bilgiyi kullanarak eriştiğimiz bir sonuç.

tılı çalışmalara vakıf değiliz. Ancak başka alanlardan bilim insanlarımız önemli çalışmalarla bu boşluğu doldurmaktadır.[2]

Türkiye dünyadaki Türk nüfusunun yaklaşık üçte birini barındırmaktadır. İlginç olan şey, Türklüğün ana yurdunun başka yerlerde olması, bugün Türkiye'nin bulunduğu araziye sonradan Türklerce yerleşilmesidir. Çevredeki soydaşlarımızla birlikte belki Orta Doğu ve Balkan Türklüğü diye adlandırmamız gereken topluluğun toplam sayısı 100 milyonu geçmekte ve Türkiye'nin dışında İran, Azerbaycan, Gürcistan, Irak, Suriye, Kıbrıs, Bulgaristan, Yunanistan, Makedonya, Kosova, Romanya ve Moldova'da da aynı lehçeyi konuşan Türkler yaşamaktadır. Lehçe birliği sebebiyle dil bilimciler bu Türkleri Batı/Oğuz çatısı altında toplamaktalar.[3] Kuşkusuz doğru olan bu tasnif Türkmenistan halkını da içermektedir. Öte yandan bölgede İran'daki Halaçlar gibi Oğuzca konuşmayan bir Türk topluluğu bulunur.

Bölgemizdeki Türklüğü tanımlarken sadece tasnifte değil, adlandırmada da önemli sorunlar bulunuyor. Örneğin aynı lehçeyi konuşan üç kişiden Urfalıya Türk, Kerküklüye Türkmen ve Salmaslıya Azeri diyoruz. Bunlar zamanında düzeltilmeyen ve dikkat edilmeyen hataların günümüzdeki birikimsel sonucudur. Bir başka açıdan da bu durum aynı soydan, hatta aynı boydan gelen toplulukların zamanla başka isimler taşıyabileceğinin örneklerinden birini teşkil eder.

---

[2] Bu konuda bkz. Özkan, *Türk Dilinin Yurtları*; Avşar, vd., "Türklerin Demografisi (1950-2025)". Türk dilleri ve topluluklarının dağılım listesi ise yeterli bir özetle Golden'da bulunur: *Türk Halkları Tarihine Giriş*, s.25-31. Boeschoten, "The Speakers of Turkic Languages", s.13-14, Türkçe konuşanların sayısını 1990'ların ortalarındaki rakamlarla 125 milyon civarında verir. Ama örneğin Kuzey Irak'ta 400 bin Türkmen, İran'da 13 milyon Azerbaycan Türk'ü gibi hayli kırpılmış rakamlarla bu sayıya ulaşır. Abatılı olmayan tashihler ve aradan geçen zamandaki nüfus artışını dikkate alırsak yine de önerdiğimiz rakama ulaşılır.

[3] Bayat, *Türk Dili Tarihi*, s.208-240.

Biz Türkiye örneğinden yola çıkarak genişe ve geriye doğru gidecek ve tarihin derinliklerindeki Türklüğe ulaşmaya çalışacağız. Türkiye adlandırması bugün anayasal bir karşılığı bulunsa da doğal ve kendiliğinden bir kullanım sonucu yerleşmiştir. Selçuklu ve Osmanlı dönemlerinde sınırlar şimdikinden farklı olmak üzere, Türklerin ele geçirdiği ve kitlesel olarak yerleştiği yerler hep Türkiye olarak bilinmiştir.[4] Bilhassa bizim Osmanlı Devleti dediğimiz yapı doğuda, batıda ve kuzeyde Türkiye olarak adlandırılmış, devletin kendisi de bu adlandırmanın içeriğini sağlayan Türklük vurgusunu fazlasıyla yaparak günümüzdeki yeknesak ve yoğun Türk nüfusunun oluşmasını sağlamıştır.

Milliyetçiliği tanımlamada esas olan şey etnik tutum ise Osmanlı'yı sıkı Türkçü bir devlet olarak tarif etmek gerekir. Sonuçta bugünkü varlığımız Osmanlı asırlarının mirasıdır. Türklüğe saldırıların açık veya örtülü şekilde Osmanlı'ya saldırı ile başlaması bu bakımdan tesadüfi değildir.

Anadolu'nun Türkleşmesi bin yıllık bir süreçtir. Bu hadise bir ucuyla 1070'li yıllarda tamamlanmıştır, bir ucuyla da hâlen devam etmektedir. Hiçbir etnik süreç, hiçbir zaman durmaz ve duraklamaz. İleri veya geri işlemeye devam eder. İleri işlemesi temasta bulunduğu başka topluluktan fertleri eritmesini, kendileştirmesini; geri işlemesi ise kendi mensuplarını başka kimliklere kaptırmasını ifade eder. Yani bir taraftan başka topluluklardan kimseler Türkleşirken bir taraftan da kimi Türkler kimliklerini kaybetmekte, başka topluluklara katılmaktadırlar. Osmanlı asırları boyunca çok çeşitli milletlerden fertler Türkleşirken son beş asırda da Güneydoğu'nun Türkmen aşiretleri hız-

---

[4] Baykara, "Türklüğün En Eski Zamanları", s.287. Örneğin Osmanlı'nın en güçlü zamanında dahi ülkemizin adı Türkiye idi. 1530'da İstanbul'a gelen Habsburg elçileri "Turkischen Keiser Soleyman"ın önünde diz çökerler: Benedict Curipeschitz, *Yolculuk Günlüğü 1530*, s.5. Yine 16. yy.da yazan Rus Matvey Mehovskiy'e göre Osman Gazi ve halefleri "Türk kralları" idi: *Traktat o dvuh Sarmatiyah*, s.86.

lı bir Kürtleşme süreci yaşamıştır ve ortaya hiç yoktan büyük bir Kürt nüfus çıkmıştır.[5]

Aynı şekilde Kafkaslardan gelen çoğu Türk asıllı muhacir, Anadolu'da kendilerine Çerkez denmesi sebebiyle kendilerini Çerkez sanmaktalar. Hatta Karaçay, Kumuk veya Nogay Türkçesini Çerkezce zanneden kimseler var. Bunda dil değiştirme yaşanmıyor ama Kafkaslılıkla eşitlenmiş Çerkezlik zaman içinde etnik bir kimlik algısına dönmektedir. Sonuçta bu insanlar kendilerinin Türk olmadığını düşünmekteler. Aynı şekilde Osetlerin, Çeçenlerin, Avarların Çerkez olduğu düşünülüyor. Gerçekte ise Türkiye'de kendine Çerkez diyenlerin belki yalnızca beşte biri aslen Çerkez'dir.[6]

Tarihî-toplumsal süreçler her yerde aynı şekilde işlemez. Dünyanın hemen her yerinde nüfuslar değişmiş, bir halkın yerini başkası almıştır. Bu durum her yerde kendine özgü şartlarda gerçekleşmiştir. Genel olarak söyleyebileceğimiz şey, Amerika kıtasının Avrupa barbarlığı eliyle uğradığı kıyımlar (dolayısıyla yerlilerden hayli farklı olan günümüzdeki nüfus) hariç tutulursa, genellikle soykırımlarla halkların ortadan kalkmadığını, kimlik değiştirdiklerini görmemizdir. Bir ülkeyi başka birileri ele geçirdiğinde sivil halk, bilhassa köylü nüfus genellikle esir olarak görülür ve kısıtlı şartlarda da olsa yaşamalarına izin verilir. En geç iki asır içinde de eskiler ve yeniler kaynaşmaya başlar, kimin nüfusu daha çok ise onun dili baskın hâle gelir ve ortak dil olur. Zamanla bu dillerden biri tamamen ortadan kalkar. Bir sonraki aşamada bu halklar tek bir isimle anılmaya başlar.

---

[5] Hiç yoktan derken, elbette Türkler gelmeden önce Diyarbakır-Hakkâri çizgisinde yaşayan Kürtleri biliyorum. Hepsi bundan, bu 'yarımada'dan ibaretti. O dönemde Urfa, Van veya Muş'ta Kürtlükten bahsedilemez. Geri kalan yerler tamamen ve sıkı şekilde Ermeni toprağıydı. Kürtlerin kökenine dair görüşlerimizi şu makalede ifade ettik: Karatay, O., "Tarihi Kaynakların Objektif Tenkidiyle Bir Gerçeğe Yaklaşma Denemesi... Kürtler".

[6] Önder, *Türkiye'nin Etnik Yapısı*, s.3, 293-302.

Örneğin eski Bulgarlar bir Türk kavmi idi. Balkanlar'a gelip Tuna boylarını ele geçirdiler ve bir devlet kurdular. Ancak sayıları çok azdı ve zaman içinde yönettikleri kalabalık Slav kitlesi içinde dillerini kaybettiler ve Slavlaştılar. Yönettikleri Slavlar da buna karşılık aslında Türklere ait olan Bulgar ismini benimsediler. Bu yüzden tarihteki ve günümüzdeki Bulgarlar birbirinden tamamen farklıdır.[7]

Aynısı Rusya'da da oldu. Ruslar aslen İsveçli bir Viking kabilesiydi. Doğu Avrupa'da kendilerinden binlerce kat kalabalık olan Slavları yönetimlerine alıp yerel Rus devletçikleri kurdular ve birkaç kuşak içinde dillerini tamamen kaybettiler. Ama isimleri kaldı. Esas Ruslar İsveçli, dolayısıyla bir German kabilesi iken günümüzdeki Ruslar Slavdır, tamamen farklıdırlar.[8]

Fransa'nın ortaya çıkışı da biraz buna benzer. Eski Galyalılar Sezar'a teslim olduktan sonra hızla dillerini kaybetmeye başladılar ve aralarında bozuk bir Latince yayıldı. Böylece imparatorluk dili Latincenin etkisiyle nüfus değişmeden dil değişti. Ardından bir German kabilesi olan, Almanya'dan gelen Franklar bu ülkenin hâkimi oldular. Tıpkı Bulgarlar ve Ruslar gibi zaman içinde onlar da dillerini kaybettiler ve Latince temele dayanan yerlilerin dilini benimsediler. Bugünkü Fransa nüfusu büyük ölçüde Gallere dayanır ama dil İtalya'dan, isim ise Almanya'dan gelmiştir.[9]

Örneklerin hemen tamamında durumun böyle olduğunu, zaman içinde farklı kimlikten insanların tek bir havanda kaynaşıp bütünleştiğini düşünen bazı araştırmacılar, aynı şeyi Anado-

---

[7] Bulgarlar konusunu Fehér bir kitapçıkta baştan sona anlatır: *Bulgar Türkleri Tarihi*, Ankara, 1999, s.34-62. Ayrıca siyasi tarihleri Türkçede şu makalelerden güzel okunabilir: Kayapınar, "Tuna Bulgar Devleti (679-1018)"; "Bulgarların Balkanlara Göçü ve Tuna Bulgar Devleti".

[8] Kurat, *Rusya Tarihi*, s.3-17, Türkçede okunabilecek öz bilgiyi sunar.

[9] Pope, *From Latin to Modern French*, s.1-22. Ayr. bkz. Bloch, *Feodal Toplum*, s.245-247.

lu'nun Türkleşmesine de uygulamak isterler. Yani gelen nüfus, mevcut kitleyi değiştirip dönüştürmüş; kendine benzetmiştir. Bir başka deyişle, bugünkü Anadolu Türk nüfusunun önemli bir kısmının Rumlardan geldiğini iddia ederler. Buna genetik delillerin bulunduğunu düşünenler de vardır.

Fakat Anadolu'da süreç başka türlü gelişmiştir. Türkleşme kelimesi burada mevcut nüfusun dönüşmesini değil, yoğun göçlerde orantısal yapısının değişmesini anlatır.[10] Bir kere dört asır süren kesintisiz savaşlarla nüfussuzlaşmış Anadolu'ya kalabalık Oğuz boylarının göçü söz konusudur. Baştan bir sayısal gerçek vardır.[11] Vryonis, Anadolu'ya gelen Haçlıların sık sık Türk askeri gördüklerini ama Türk halka değil hep Hristiyanlara rastladıklarını söyleyerek Anadolu'ya gelen Türklerin sayısal üstünlüğü yorumuna itiraz eder.[12] Tabii göçebe Türkmenlerin oturak yerliler gibi yerlerinde çakılı kaldıklarını ve bilhassa Haçlı ordularını çoluk çocuklarıyla köylerde beklediklerini düşünürsek öyle olmalıdır...

Elimizde nüfusları hesaplayacak veri bulunmuyor ama Bizans'ın en hayati durumlarda bile fazla asker çıkaramaması, kendini savunacak insan kaynağının yokluğu iyi biliniyor. Buna karşılık küçük beylikler bile büyük sayıda asker çıkartabiliyorlardı ve göçebeler için çok zor bir iş olan kale fethinde neredeyse hiç engel tanımıyorlardı. Mesela Melikşah adına gelen Tutak Bey Anadolu'ya 100.000 kişilik bir ordu ile girer.[13] Diogenes'in Malazgirt yolunda her taraftan toplama birliklerle 200.000 kişiyi ancak bulduğunu hatırlatmalıyız.

---

[10] Anadolu'nun Türkleşmesi şu eserlerden okunabilir: Turan, *Selçuklular Tarihi ve Türk-İslam Medeniyeti*, s.277-280; Turan, *Selçuklular Zamanında Türkiye*, s.37-44; Şeker, "Anadolu'nun Türk Vatanı Haline Gelmesi"; (aynı içerik tekrarlanarak) *Anadolu'nun Türkleşmesi ve Kültürel Hayatı*, s.77-90.

[11] Köprülü, *Osmanlı İmparatorluğunun Kuruluşu*, s.71-72.

[12] Vryonis, *The Decline of Medieval Hellenism*, s.180.

[13] Turan, *Selçuklular Zamanında Türkiye*, s.37.

Dönemin kaynakları kırsalın tamamen boşaldığını ve 'Rum' köylünün araziyi terk ettiğini bildirir. Buna mukabil şehirler de öyle büsbütün Rum nüfus ağırlıklı yerler değildi.[14] Bir de ahalinin Türklerin gelişiyle birlikte önce sahil bölgelerine, oradan da Ege adaları ve Balkanlar'a, daha doğrusu İstanbul'a çekilmesi söz konusudur.[15]

İkincisi, arada inanç farkı vardır ve inanç daima toplumları birbirinden ayırır. Bu sayede de kimliklerin korunmasında çok önemli bir vasıtadır. İslam'ı yeni kabul etmiş olmakla birlikte, Oğuzlar Anadolu'da Bizans'ı din düşmanı olarak da gördüler. Anadolu fethinin gaza boyutu inkâr edilemez. Doğu Avrupa'da Müslüman olmayan Türklerin çok daha büyük nüfuslarla eriyip gitmesinin sebebi yerlilerle hemen kaynaşmaktır. Anadolu'da İslam sayesinde bu olmadığı için, Rum ve Ermenilerle karışıp kaynaşmadığımızdan kimliğimizi koruduk ve bugünlere hem kanımızla hem de dilimizle Türk olarak ulaştık.

Buna katkıda bulunan başka bir husus da Ermeni ve Rumların kitlesel olarak din değiştirmemeleri, kendi varlıklarını korumada ısrarcı olmalarıdır. Kimliklerini korumaları ve yaşamalarını sağlayan özgür ortam, öbür taraftan Türklüğün korunmasına yaramıştır.

Yalnız 20. yy. başlarında önemli sayıda Ermeni ve Rum görünürde dil ve din değiştirerek kimliklerini gizlediler. Bunların önemli bir kısmı gizli olarak kendi kimliklerine bağlılığı sürdürüyor ve aramızda Türk olarak dolaşıyor. Aralarından parti başkanları, bakanlar, önemli kurumların yöneticileri, büyük iş insanları, rektörler ve güvenliğimizi emanet ettiğimiz üst düzey kimseler çıkmıştır.

---

[14] Köprülü, *Osmanlı İmparatorluğunun Kuruluşu*, s.73-75; Vryonis, *The Decline of Medieval Hellenism*, s.165, 168.
[15] Vryonis, *The Decline of Medieval Hellenism*, s.169.

Genetik izlerden ne anlamamız gerektiğini basit bir örnekle görelim. Diyelim ki Anadolu'nun fethi esnasında Türk yiğitlerinin yerli kızlarla evlenmeleri sıkı bir emirle yasaklandı. Milyonlarca Türk genci içinde sadece birisi bunu başardı ve bir Rum kızını aldı. Hesabı basitleştirmek için iki çocukları olduğunu düşünelim. Erkek veya kız fark etmez, Rum gelinin bazı genetik kodları çocuklara ve torunlara geçecektir. 33 yılı bir kuşak olarak alırsak her kuşakta nüfuslarının ikiye katlandığını varsayalım. 1400'lere geldiğimizde bunların soyundan gelenlerin sayısı 1024 olacaktır. 1700'lerde ise 262.144 kişinin atası bu çift olacaktır. 1900 senesine gelindiğinde bu Türk genciyle Rum kızının soyundan 16.777.216 kişi gelmiş olacaktır.

Gerçek bu mu? Elbette hayır. Bu 16 milyon kişi aynı zamanda 1070'lerde Anadolu'ya gelen milyonlarca Türk babaanne ve anneannenin de torunudur. Bugün biz bu olayı tersine alıp, 2019 yılından 800 yıl geriye gittiğimizde, potansiyel olarak Alaadddin Keykubat döneminde yaşayan 16.777.216 adet nineye sahip oluyoruz. Ve bunlardan sadece birisi Rum. Veya ikisi veya üçü olsun…

Eskiden ortalama çocuk sayısının ikiden çok fazla olduğunu düşünürsek bu sayı 16 milyondan çok fazla olmalıdır. Hâlbuki 20. yy. başlarında Türkiye'nin bu kadar nüfusu yoktu. Öte yandan, potansiyel olarak Anadolu'daki bütün Türkler bu Rum nineden aldıkları geni taşıyor olacaklardır. Tabii, Türk nine ve dedelerden aldıkları binlerce diğer genin yanında… Dolayısıyla bugün herhangi bir Türk'ün Anadolu'nun eski yerlilerinden alınma genetik kodlara sahip olması doğaldır. Bu elbette kimseyi Rum yapmaz.

Konuyu şimdi hâkim kılınmaya çalışılan anlayışla değil, eski Türk'ün dünyasından görmeye çalışmalıyız. Ötekiler sonuçta 'gâvur' idi, aileye 'gâvur kanı' sokulamazdı. Meğerki gâvurluktan caymış olsun... İşin temelinde kültür ve inanç vardır. Bir Türk elbette güzel gördüyse yabancı bir kızı alacaktır ve o kız

Türk annesi olacaktır. Selçuklular Dönemi'nde de bu tür evlilikler çok olmuştur ve Türkiye Selçuklu sultanlarının önemli bir kısmının annesi Rum'dur. Başka seviyelerde de böyle evlilikler olmuş ama kaynaklarda gördüğümüz kadarıyla hep kız alınmıştır.[16]

Ve bir yabancı erkek gelip Türk'ün dünyasına intisap ettiyse, Türk gibi yaşamaya ve düşünmeye başladıysa, iş bitmiştir. O artık Türk'tür, çocukları da Türk olacaktır. Dünyanın hiçbir yerinde milliyet kana dayanmaz. Kendilerini Hz. Yakub'a bağlayan Yahudilerde dahi bu böyledir. İş kalpte başlar ve biter.

Önemli bir konu da Rum kelimesiyle neyi anladığımızdır. Anadolu MÖ 2. yy.dan itibaren Roma idaresine girmeye başladı. En çok direnen yer Orta ve Doğu Karadeniz bölgesi oldu. Çok ilginçtir, Pontus'un Rum'a direnişi uzun ve kanlı savaşlarla olmuştur. Roma gelinceye kadar Anadolu'da çoğu birbirine tamamen yabancı kırk farklı halk yaşıyordu. Eski Hitit ve Hattilerin kalıntılarından Ege bölgesindeki Lid ve Lik gibi değişik milletlere, Frig ve Galat gibi göçmenlere, Karadeniz boyunca her biri bir vadiyi tutmuş kabile büyüklüğündeki halklara ve Doğu Anadolu'nun bir ara Urartu çatısı altında bir araya gelmiş ama kökleri başka yerlere giden döküntü topluluklarına kadar bu topraklar bir kavimler salatasını andırıyordu.

Bunların tamamının küçük topluluklar oluşu, Roma idaresi altındaki kimlik bütünleşmesinin hızlanmasına katkı sağladı. Kimin, dilini ne kadar muhafaza ettiğini bilemiyoruz ama sonuçta Anadolu halklarının tamamı Roma vatandaşı manasında 'Roman' (Romalı) hâle geldi. Araplar ve Farslar da onlara Rûm dediler. Bu bir tebaa vurgusudur, ırkı anlatmaz ve etnik içeriği yoktur.

---

[16] İncelemeyi Vryonis yapar: *The Decline of Medieval Hellenism*, s.227-229.

Roma devletinin dili Latinceydi. Bu dil Balkanlar'daki belli bir nüfus arasında yayıldı ve günümüzdeki Romen ve Ulahları ortaya çıkardı ama Anadolu'da böyle bir yayılım göremiyoruz. Heraklius döneminden itibaren (7. yy.ın ilk yarısı) Doğu Roma'da resmî dil olarak Yunanca hâkim hâle gelince, kilise dilinin Yunanca olmasının da etkisiyle, Anadolu'da geçerdil olarak Yunanca yaygınlık kazandı ve bölgesel küçük diller zamanla öldü. 6. yy.da Anadolu'da hâlâ Frigçe, Galatça ve Likçe gibi diller konuşuluyordu. Frigcenin tamamen yok oluşunun 10. yy.ı bulduğu sanılıyor.[17]

Yalnız ayrı ve özerk bir kilise etrafında örgütlenen Gregoryan mezhebindekiler zaman içinde adına bugün Ermeni dediğimiz (onlar kendilerine Hay derler) milleti ortaya çıkartırken, onların kuzeyinde Gürcü (Kartvel) ve güneyinde de Süryani halkları yine kiliselerinin özerk olması sayesinde ama büyük ölçüde de uzakta bulundukları için Helenleşmekten kurtuldular. Bunun dışındaki Anadolu halkları hem kiliseyle hem Bizans yöneticisiyle, hem de Anadolu'nun diğer küçük halklarıyla anlaşabilmek için Yunan dilini kabullendi. Böylece bu 'Rum'lar tek bir dil ve tek bir devlet altında kimliklerini birleştirmiş oldular.

Dolayısıyla Anadolu'daki Rumlar Yunanistan'daki Yunanlardan tamamen farklıdırlar, hiçbir soy ilgileri bulunmaz. Kendi içlerinde de soy birliği yoktur. Bugünün çağdaş cahillerinin aksine, Osmanlı bunun farkındaydı ve Rum'a Rum, Yunan'a Yunan diyordu.

Türkler Selçuklu fetihleriyle işte böyle 'Rum' nüfuslu bir ülkeye geldiler ve belirttiğimiz gibi hayli ıssızlaşmış bularak nispeten kolaylıkla ele geçirdiler. Ele geçirdikleri yerlerde katliam yapmadılar. Herkes bulunduğu yerde yaşamaya devam etti. Yalnız, gelenler göçebe olduğu için tarımsal yapının zarar gör-

---

17 Charanis, "Ethnic Changes in the Byzantine Empire", s.25-27; Ostrogorsky, *Bizans Devleti Tarihi*, s.99.

düğünü, bir de güvenlik amacıyla köylerin boşaltılarak ahalinin şehirlerde biriktiğini tahmin edebiliriz.[18] Anadolu'nun Türkleşmesini başka yerlerdeki nüfusun kimlik değiştirme süreçlerinden ayıran husus da işte budur. Hemen her yerde köylü nüfus sabit kalıp yeni efendilerle teslimiyet ilişkisine girerken Türkler geldiğinde kırsal kesim boşalmış, yeni köylü sınıfı Türklerden oluşmuştur. Doğu Anadolu'daki Ermeni nüfus ve çok geç ele geçirilen Doğu Karadeniz'deki yerli halklar hariç tutulursa Anadolu'nun geri kalanında köylü nüfusun yaklaşık tamamının Türk asıllı olması bu yüzdendir.

Vakıa, belirttiğimiz gibi milliyet bir gönül işidir. Mücbir sebebi ise kader birliği oluşturur. Eğer bir kimse dünyanın herhangi bir yerinden Türkiye'ye geldi ise ve geldiği yerle ilgili hatıralar dışında geride bir şey kalmadıysa, bundan sonraki hayatını Türkiye'de kurguluyorsa o kimse artık Türk olmuştur. Çocukları babalarının, dolayısıyla kendilerinin Patagonyalı olduğunu söyleyeceklerdir ama onları öncelikli olarak Türkiye'deki gelişmeler ilgilendirir. Aldıkları karara göre hayatları burada geçecektir ve artık buradaki toplumun bir parçası olmuşlardır.

Anadolu'daki sürecin bir başka özelliği Oğuz kelimesinin unutulması, 'Türkmen' kelimesinin derkenarlaşması ve bunların yerine üst isim olan 'Türk' isminin yerleşmesidir. Bunu Arapların veya Bizanslıların bu gelenleri Türk diye adlandırmalarıyla ilişkilendirebiliriz ama insanların Türk isminden haberdar olmadıkları gibi bir yargı da yerinde olmayacaktır.

Bugün Türk ortak adı altında toplanan 180 milyon kişinin kimlik tanımı illa da Türk kelimesine bağlı değildir. Bu, sayısı binleri bulan etnik isimlerimizden sadece birisi ama şu an itibarıyla en çok öne çıkanıdır. Avşar da Türk gibi bir isimdir, Kumuk da Nogay da. Tarihsel süreç son 1500 yılda Türk kelimesi-

---

[18] Turan, *Selçuklular Zamanında Türkiye*, s.40.

ni öne çıkardığı için, büyük ölçüde de Barthold'un tespit ettiği gibi Araplar bizim değişik isimlerimizi bir kenara bırakarak hepimize birden Türk dediklerinden Türk olduk.[19]

Bugün biz Anadolu'da yaşayan ve işbu kitabın yazıldığı dili konuşan insanlar kendimizi Oğuz olarak da tanımlayabilirdik. Dildeş ve soydaş toplam 180 milyon akrabamızın ortak adı da başka bir şey olabilirdi. Mesela Tatar olabilirdi. Bu kitabın adını *Tatarların Kökeni* koyabilirdik ve bununla Kosova'dan Büyük Okyanus kıyılarına kadarki geniş bir dünyayı ifade edebilirdik. Ya da ortak ismimiz Saka, Hun veya Ser olarak kalabilirdi. Dahası Türk adı sadece tarihten bilinebilirdi. Eski dönemlerin pek çok budun adının kaybolup gitmesi gibi.[20]

Bu isim değişiklikleri bizim fiziki ve biyolojik varlığımızı etkilemez. Var veya yok oluşumuz şu veya bu isme bağlı değildir. İnsanların değişik isimler taşımaları bir canlı olarak varlıklarını etkilemediği gibi, etnik toplulukların varlığı da isimlere bağlı değildir. Bu yüzden tarihteki köklerimizi araştırmak illa da Türk kelimesini araştırmak değildir.

Fakat dediğimiz gibi son 1500 yıl boyunca Türk adını taşıyan ve muhtemelen sayıca çok az olan topluluk, tarihte çok belirgin ve belirleyici bir rol oynadığı için bu isim önem kazandı. (Eski ve) yeni araştırmalar bu belirleyiciliğin Göktürk Devleti'nin kurulması ve 200 yıllık ömründen çok öte bir anlamı ve yaygınlığı olduğunu göstermiştir. Bu sadece Avrasya kıtasının doğu ve batı uçları arasındaki bir yaygınlığa değil, tarihin derinliklerindeki bir varlığa da işaret eder.

---

[19] Barthold, *Orta Asya Türk Tarihi*, s.24; Golden, "Ethnogenesis in the Tribal Zone", s.111.

[20] Etnik adlanma süreç ve kalıpları ile Türklerdeki tarihî uygulamalar, bizim örneklemelerin tamamına katılmadığımız Zekiev'de açıklanır: *Türklerin ve Tatarların Kökeni*, s.59 vd.

Bu yüzden bu isim üzerinde hassaten durmalıyız. Türklerin kökeni hiçbir şekilde Türk kelimesinin geçtiği yer ve zamanlarla kayıtlı değildir -fakat bu eser boyunca görüleceği üzere- Türk kelimesi araştırmada yol gösterici olacaktır. Belki Türk kelimesini dikkatli izleyerek gittiğimiz yerde ırkımızın eski varlığını keşfedeceğiz ve belki de o zamanki adlarının ne olduğunu öğreneceğiz.

Kitabımızın ön sözünde belirttiğimiz gibi, Türklüğün eski dönemlerini çalışanlar hep Çin kaynaklarını esas aldığından, Türk kelimesinin ilk kez 530'lardan itibaren geçtiğine inanılmıştır (geriye dönük haberlerde 430'lardan bahsedilir). İran kaynaklarında ise 420'lerden itibaren bir kavim adı olarak Türk bilinmektedir.[21] Asur kaynaklarında bu ülkenin kuzeydoğu komşuluğunda, dağlık alanda yaşayan bir halk olarak *Turukku*'ların ismi geçmektedir ama bunun isim benzerliğinden öte bir anlamının olmadığına inanılmıştır. Biz ise elbette duyduğu her şeye inanmayan bilimsel bir şüphecilikle yaklaşıyor ama bu arada bilim insanının hiçbir şeyi görmezden gelmeye hakkı olmadığına inanarak derin tetkiklerden sonra ret noktasına gelinmesi gerektiğine inanıyoruz.

Türk kelimesinin anlamıyla ilgili eski kaynaklarda miğfer veya güç, kuvvet gibi açıklamalar vardır. Günümüz âlimleri bunlara dayanarak veya başka fikirler geliştirerek birtakım önermelerde bulunuyorlarsa da (örneğin *törümek*ten *törük* 'yaratık')[22] bunların tamamı tahmindir. Şimdilik gerçeği bilmiyoruz, çünkü bildirecek verimiz yok. Ayrıca işbu araştırma açısından bu ismin öncelikli bir önemi bulunmuyor.

---

[21] Baykara, *Türk Adının Anlamı*, s.34-36; Golden, *Türk Halkları Tarihine Giriş*, s.134-135.

[22] Baykara, *Türk Adının Anlamı*, s.49-51; Golden, "Ethnogenesis in the Tribal Zone", s.99-100; Zekiev, *Türklerin ve Tatarların Kökeni*, s.77-78.

BÖLÜM 2

KUŞBAKIŞI VE KUŞ DİLİYLE TARİHİMİZ

Konuya girmeden önce, eski Türk tarihinin sahnelendiği yer olan Avrasya'nın jeopolitiğiyle ilgili birkaç kısa söz gerekiyor. Türkiye'de son 20 yılda gelişen Avrasya algısı bambaşkadır. Kısaca eski SSCB arazisini şimdi Avrasya diye adlandırmaktayız. Genel olarak ise bu kelimenin Avrupa ve Asya'yı birlikte ifade ettiğine inanılır ve Türk tarihinin büyük bir kısmının sahnelendiği yerler "Merkezî Avrasya" diye adlanır.[23] Bir genel tarihçi için ise Avrasya Macar ovasından Mançurya sınırlarına kadarki jeopolitik alanı ifade eder. Burada da buna uyulmuştur.

İşte bu Avrasya'yı hem coğrafi hem de jeopolitik olarak üç kısma ayırmak gerekiyor. Kuzeyi ve güneyiyle şimdiki Moğolistan'ı alan, Altay ve Tanrı Dağları arasındaki hattın doğusunda kalan Doğu bozkırları, buradan Hazar Denizi'ne kadar uzanan Orta bozkırlar veya Batı Türkistan ve de Hazar düzlüklerinden başlayarak Macar ovasını alıp Avusturya Alplerinin eteklerinde son bulan Batı bozkırları. Bu bölgenin kuzeyinde bir çizgi hâlinde orman kuşağı vardır. Güneyi ise kâh çöl kâh dağlarla kapalı olup Asya'nın güney yarısından fiziki olarak ayrılır.

Bildiğimiz en eski Türk tarihi Asya Hunlarıyla başlatılır ama bugün artık tarihimizi ve en temel geleneklerimizi Sakalarla başlatmakta hiçbir yanlışımız olmadığı görülüyor. MÖ ilk bin-

---

[23] Sinor, *Inner Asia*, s.1.

yılın ortalarına damga vuran Sakalar, Çin sınırlarından Doğu Avrupa bozkırlarına kadar geniş bir alanda hâkimiyet kurmuş, bilinen ilk Turan devlet oluşumunu sağlamış olan topluluktur. 7. yy.da Orta Doğu'ya da inip 28 yıl kadar geniş bir bölgeyi ellerinde tutmuşlardır. Medlerce hileyle yenildikten sonra geri çekilirken kimi taifeleri şimdiki Hakkâri bölgesine sığınmış, burada yüzlerce yıl varlıklarını koruduktan sonra yerli halka karışmışlardır. Hakkâri Sakalarının izlerine bugün de rastlanmaktadır.[24]

Köken destanımız olan Oğuzname'nin nihai olarak Saka zamanına dayandığı anlaşılmıştır. Oğuz Han bir kişinin ismi değildir. Oğuzların, yani boyların hanı demektir, kurucu ataya işaret eder. Oğuzlar tamamen Batı Türkistan halkı olduğu gibi, destanda geçen olaylar da Hazar çevresini konu almaktadır. Oğuz Han'ın Hazar'ın batısından gelip Orta Doğu ellerini fethi, aynen Sakaların 7. yy.daki Orta Doğu fetihleriyle uyuşur.[25]

Sakalar üzerinden torunları olan Oğuzlara[26] nakledilen kimi destani ögeler, muhtemelen Saka kalıntısı bir halk olan Partların Türkistan'dan gelerek İran'daki son Makedonyalıları kovmaları ve MÖ 250'den itibaren yeni bir hanedan kurmalarıyla İran'a da aktarılmıştır. Bunlar daha sonra Sasani çağında destanlaşıp yazıya geçirilmiş, erken İslam döneminde de *Şehname* olarak karşımıza çıkmıştır. İranlıların altın çağının görkemli hükümdarı

---

[24] Bölgede kazı yapan V. Sevin sonuçları önce makale olarak yayınlamış (2001), daha sonra da kitap hâline getirmiştir.

[25] Karşılaştırmaları *İran ile Turan*, s.177-188'de yapmıştık. Ayrıca bir formülleme için bkz. Karatay, "Alper Toŋa ve Oğuz Han", s.113-117; "Oğuz Han'ın Kimliği ve Tarihi Kişiliği Üzerine", s.21-36.

[26] Chou-shu: "*Bir diğer efsaneye göre T'u-küe'lerin ataları Hiung-nu'ların kuzeyinde bulunan So devletinden gelmektedir.*" (Mau-Tsai, *Çin Kaynaklarına Göre Doğu Türkleri*, s.14). Harmatta, "A türkök eredetmondája", s.391, bu *So* halkını *Saka* olarak görür. Tabii yorumu Türklerin oluşumuna 'İranî' bir halk olarak Sakaların katkısı şeklindedir.

Feridun'un pek çok işinin Oğuz Han'a benzemesi bu yüzdendir. 'Feridun' Perslerin Ari çağından kalma bir ilah adıdır ve destandaki kurucu ataya zamanla onun ismi verilmiştir.[27]

İlginç bir şey değil mi? İranlıların gerçekte olmayan ama destanlarla oluşturulan altın çağının büyük hükümdarının sadece hikâyeleri değil, bizzat kişiliği Türklerden alınmadır.

İran ile Turan adlı kitabımızda uzun uzadıya yaptığımız tartışmayı burada tekrarlamamak için Saka bahsini uzatmayacağız. Sakaların etnik özellikleri hakkında neredeyse Hunlar hakkında bildiklerimiz kadar bilgiye sahibiz ve bunların tamamı Türk rengine sahip.[28] Onları İranî bir kavim yapan gelenek 'somut' olarak sadece beyaz insana ait Andronovo kültürünün takipçileri olarak Sakaların ortaya çıktığı, bu beyazlar Ari ırkından olacağı için de (Türkler, Finler, hatta Kafkas kavimleri beyaz değildirler!) Sakaların İranî bir halk olduğu mantığından hareket ederler.

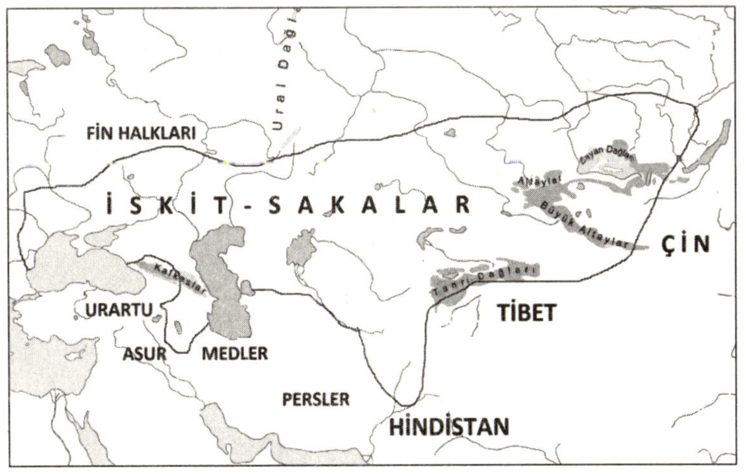

Harita 1: Saka yayılım sahası.

---

[27] Bkz. dipyazı 25'teki bahisler.

[28] Bu ipuçlarının bir incelemesi için bkz. Karatay, *İran ile Turan*, s.144-165.

Bunun dışında delil bulunmaz. Çok dillendirilen "bilimsel kamuoyundaki fikir birliği" ise çok gülünç bir şekilde oluşmuştur. Bir bilgin Sakaların İranî olabileceğini söylemiş, bir diğeri onu alıntılamış, üçüncü isim iki kişinin öyle düşündüğünü yazmış, dördüncü isim ise bu düşüncenin tuttuğuna vurgu yapmıştır. Bugün artık sayıları yüzlerle ifade edilen ve birbirinin kopyası olan çalışmalar bu elim sende oyununu tekrarlar ve sonuca baktığınızda binlerce bilim adamı bu şekilde düşünüyor hale gelmektedir. Ama iş bu fikri delillendirmeye gelince, o binlerce bilmi adamı topu birbirlerine atmak dışında hiçbirşey yapamaz. Bu gerçekten bir güldürüdür ama acıklı bir güldürü.

Büyük Saka birliği MÖ 5. yy içinde çöküyor. Onun yerine başka boylar ve birlikler yükseliyor. Bunların en önemlisi MÖ 5. yy'dan itibaren bugünkü Başkırdistan arazisinden batıya doğru yayılıp Doğu Avrupa tarihine damgasını vuran Sarmatlardır. Bunlara aşağıda uygun bir ayrıntıyla değineceğiz.

Muhtemelen Saka hâkimiyetinin hiç uzanmadığı Doğu bozkırlarında ise Sarmatlarla eşzamanlı olarak Hunlar (Çinlilerin söyleyişiyle Hiung-nu) yükseliyor. Çin kaynakları onlarla ilgili MÖ 9. yy'a giden atıflarda bulunsa da, bildiğimiz tarihleri yine de karanlık olarak MÖ 4. yy sonlarında başlıyor. MÖ 209'da ismini yanlış olarak Mete diye okuduğumuz ünlü Maotun onların başına geçiyor ve devleti bugünkü Moğolistan arazisi ile kuzeyi ve güneyindeki bölgelere hâkim oluyor ve Altay dağlarının batısındaki sahaya taşıyor. Güney Sibirya kuşağındaki Kırgızlar ile Suvar ve Oğurların atası olarak görebileceğimiz çeşitli halklar Hun egemenliğine giriyor.[29]

---

[29] Büyük Hunlar hakkındaki temel kitap Ögel'e aittir: *Büyük Hun İmparatorluğu Tarihi.* Hunlardan başlayan eski tarihimizi okuyacak mümkün olan en kısa ve en yoğun metin ise Kafesoğlu, *Türk Milli Kültürü*, s.57-209'da bulunur. Bu harika kitabın Türkiye'de çok satan eserler arasında olması çok sevindirici bir durum ve dünyada pek eşi benzeri yok. Ancak

MS 2. yy.da eski büyük Hun gücünden eser kalmıyor. Doğu bozkırları büyük ölçüde boşalıyor. Yenilen ve kaçan Hunlar Orta Asya'nın batı kısımlarına birikirken, Çin'e teslim olanlar zamanla Kuzey Çin'de hâkim olup çok sayıda devlet kuruyorlar. Böylece Hun Devleti'ni ortadan kaldıran Çinliler sonuçta kendilerine teslim olan Hunların idaresine giriyorlar. Ancak bu Hunlar zamanla yönettikleri kitleler arasında Çinlileşeceklerdir.

Batıya doğru kayan Hunların bir kısmı şimdiki Özbekistan ve Afganistan merkezli olarak Akhun Devleti'ni kuruyorlar. Yönetici hanedandan dolayı bunlara Eftalitler (Abdallar) de denir. İran-Turan mücadelesi diye kavramsallaştırılan süreç en belirgin şekilde Akhun-Sasani ilişkileri için geçerlidir. Bu Hunların sık sık İran işlerine müdahil oldukları görülür. Türkistan'daki Akhun varlığına 557 yılı civarında nihai olmak üzere, doğuda yükselen Göktürkler son vermişlerdir.

Hunların bir kısmı ise Aral'ın kuzeyinden Avrupa'ya geçmiş (375 c.), yolda kendilerine katılan veya kattıkları diğer Türk ve yad kavimlerle birlikte güçleri artmış, Karadeniz'in kuzeyindeki Alan ve Gotları yenerek bölgeye hâkim olmuşlardır. Avrupa Hunları zamanla daha da batıya kayıp şimdiki Macar ovasını merkez yapmışlar ve Doğu ve Batı Roma ile German kavimlerinin işlerine karışarak bütün Avrupa'da baskı kurmuşlardır.

---

diğer dillere, bilhassa Türk lehçelerine çevrilmemiş olması büyük eksiklik. Lakin Kafesoğlu'nun göçebelik savunmalarına katılamayacağız zira onun savunmasını verdiği Batı'da göçebeyle ilgili bir sorun yoktur, sorun doğrudan Türk'ledir. Kuşkusuz çiftçilikten sonra gelişmiş ileri bir yaşam tarzı olarak (bkz. Khazanov, *Nomads and the Outside World*, s.83) göçebeliğin oluşum ve gelişim evreleri zaten Türklere verilmez. Türkler bu tarzı, tabii atı, devleti, silahı vs. Hint-Avrupa kavimlerinden almış ve kendi barbar dünyalarına uyarlamışlardır. Sinor eski İç Asya'nın tarihini 'barbarlığın tarihi' olarak tasniflerken, tabii Türk ve Moğol boylarını kastediyor. Yoksa varlığı iddia edilen ama şu ana kadar tarihin ve coğrafyanın hiçbir yerinde rastlamadığımız o eski Ari göçebeler için hiçbir yerde barbar ifadesi kullanılmaz.

440'larla birlikte Atilla önderliğinde gücünün zirvesine çıkan bu devlet, onun 453 yılında ölümünden sonra gücünü yitirmiş, en son 469 senesinde ortadan kalkmıştır.

Doğuya doğru çekilen Hun idarecilerine, Atilla'nın oğullarına Kafkasların kuzeyindeki Türk kavimleri kalmıştır. Bunların içinde en önemlileri Bulgarlar olduğu için, bir süre sonra hanedan aynı olmak üzere Hunların yerini Bulgarlar almıştır. Bu Hun-Bulgar birliği büyük bir devlete dönüşmemiş, bu dönemde Doğu Avrupa bağımsız çok sayıda Türk boyunun macera alanı olmuştur. Bu durum 558 yılından itibaren önce Avarların, ardından da onları kovalayan Göktürklerin gelişine kadar sürmüş, Orta ve Doğu Avrupa bu iki Türk gücünün idaresine girmiştir.

Hun Devleti'nin yıkılışından 551 senesinde Göktürk Devleti'nin kuruluşuna kadarki aralıkta Çin'deki gibi Doğu bozkırlarında da büyük bir devlet bulunmamış, zaman zaman yükselen güçler geniş bölgelere yayılmışlarsa da hâkimiyetleri kısa sürmüştür. Bunlardan biri de Göktürklerin Apar/Avar, Çinlilerin Juan-juan adını verdiği topluluktur. Yöneticileri kağan sanını taşıyan bu topluluğun Moğol asıllı olduğu düşünülür ama bu kesin değildir.[30] En azından onlarla aynı adı taşıyan Avrupa'daki (sahte) Avarların Moğol olmadıklarını rahat söyleyebiliriz, çünkü dillerinden kalan malzeme hep Türkçeyi göstermektedir.

---

[30] Vakıa, Alexander Vovin ve takımı, 604-620 yılları arasına yerleştirdikleri Orta Moğolistan'daki Hüis Tolgoi yazıtının yeni okuma denemesinde Moğolcanın en eski metnine ulaştıklarını düşünmekte ve bunu Juan-juan diliyle telif etmekteler (Vovin, "An Interpretation of the Khüis Tolgoi Inscription", s.303-313). Bizzat Ötüken isminin gösterdiği üzere, Göktürk çağında Orta Moğolistan'da Moğol varlığı kuşkusuzdur ama bunu doğrudan Juan-juan olarak ifade etmek yerinde olur mu acaba? Göktürklerin 550'lerde yok etmekle övündükleri Juan-juanlar ile 600'lerden sonra Göktürk kağan otağının yanı başına bu Brahmi yazıtını diken Moğol dilliler arasında bir fark olması beklenmez mi? Juan-juanlar ayrıntılı şekilde Kürşat Yıldırım'ın eserinden okunabilir: *Bozkırın Yitik Çocukları Juan-juanlar.*

Bir diğer konu da doğudaki Avarların Akhunlarla ilişkisidir ki bu ikincilere Avar-Hun da denir. Dolayısıyla doğudaki Avarları Hun etnik geleneğindeki bir topluluk olarak görmek daha yerinde olur. Altay Dağları bölgesinde yaşayan Türk budun veya bizim Göktürk dediğimiz topluluk Avarlara bağlı yaşarken bir meseleden dolayı isyan ederler ve bağlı oldukları devleti yok edip yerine kendi düzenlerini kurarlar. Onlardan kaçan Avarların Çin ve Kore'ye sığındıkları sanılıyor. Bundan birkaç yıl sonra da Göktürkler Akhunlara saldırırlar ve Batı Türkistan'ı ele geçirirler (557).

Batı Türkistan'dan Göktürklerin önünden kaçan bu Akhun/Avar-Hunlara Avrupa tarihinde Avarlar denir. 558 senesinde Kafkaslarda, 562'de Macar ovasında belirirler. Orta Avrupa'nın önemli bir kısmını ele geçirir, zamanında Hunların kovmadığı German kavimlerini İtalya'ya sürerler. Burada 250 yıl sürecek sağlam bir egemenlik kurarlar. Avarlar bugünkü Balkanların ortaya çıkışında birinci dereceden sorumludur. Kendi sayıları az olduğu için kuzeyden kalabalık Slav kitlelerini Bizans'a karşı Balkanlara sürmüşler, onlar da yerli ahaliyi yok ederek Balkanlara yerleşmiştir. Avarların sürdüğü Slavların elinde birkaç tane önemli millet (Traklar, İllirler, Dardanlar gibi) ortadan kalkmıştır.

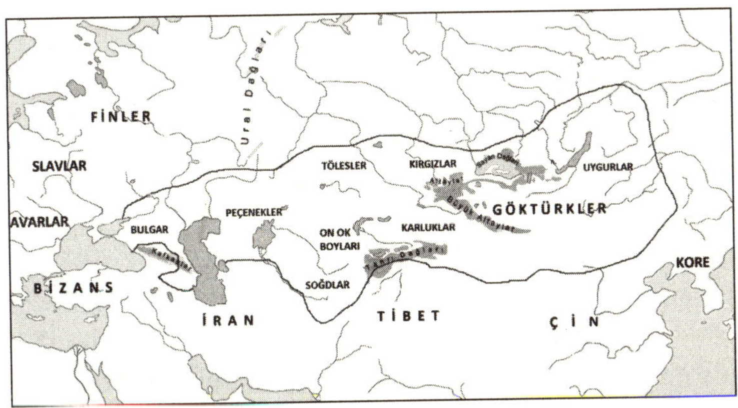

Harita 2. Göktürklerin yayılım sahası.

Göktürk Devleti kısa zamanda Kore sınırlarından Karadeniz'e kadar geniş bir alana yayıldıysa da istikrarlı ve uzun ömürlü olmamıştır. Sık sık çıkan isyanlar devleti zayıflattığı gibi, daha baştan, 576 yılından itibaren siyaseten doğu ve batı diye ikiye ayrılmışlardır. 630 senesinde her iki kol da iç çekişmelerin ardından ortadan kalkmış, doğudaki kol doğrudan Çin idaresine girmiştir. 50 yıl kadar sonra, 682'de doğuda devlet yeniden kurulmuş ancak Batı Türkistan'a tam hâkim olamamıştır. Orhon Yazıtları diye bilinen üç ünlü yazıt bu dönemden kalmadır. En son 744 yılında bu devlet; bağlı Türk boyları olan Uygur, Karluk ve Basmılların bir isyanı neticesinde ortadan kalkmıştır.

Doğu bozkırlarında Göktürklerin yerini Uygurlar almış ve 100 yıl kadar süren istikrarlı ve güçlü bir devlet kurmuşlardır. İlk yaptıkları iş de Karlukları sürmek olup, bu Türk kavmi batıya doğru göçerken Çin ve Arap ordularının savaş sahnesine rastlamış ve 751 senesinde Talas Vadisi'ndeki çatışmada Araplara yardım ederek Çin'i Orta Asya'dan kalıcı olarak kovmuşlardır. Doğudaki Uygurlar çok geniş bir alana yayılmadılarsa da Çin karşısında daima üstün oluşları ve Çin'in iç işlerini düzenlemeleri ile dikkat çekerler. Fakat bir iç çekişmenin davet ettiği Kırgız hücumu 840 senesinde bu devleti ortadan kaldırmış ve Uygurları batıya doğru göçe zorlamıştır. Böylece şimdiki Moğolistan arazisinden yola çıkan bu Türk budunu Doğu Türkistan vahalarına doğru yürümüş ve orada konarak yerleşik bir hayata geçmiştir. Günümüze kalan görkemli Uygur medeniyetinin kalıntıları bu bölgedendir.

Doğu bozkırlarından Uygurları kovan Kırgızlar, kendileri de buraya yerleşmemiş, anlaşılan artık ıssız ve Türksüz kalan bu yurtlara (Ötüken de buradadır) artık doğudan gelen Moğollar yerleşmeye başlamıştır. O tarihlerden beri Moğolistan bölgesi, batıdaki bazı küçük bölgeler hariç olarak Türksüzdür.

Göktürklerden sonra Batı Türkistan'da da güçlü bir devlet kurulmamıştır. Bir dönem Türkiş kağanlığı yükselmiştir. Bu yıllar İslam ordularının Türkistan sınırlarına eriştiği döneme rastlar. Türkişlerle İslam orduları arasında bazı savaşlar olmuşsa da bir süre sonra iki tarafta da askerî kudret kalmamış, bunun yerini devletsiz bölgenin Türk boylarıyla (en önemlileri Oğuzlar ve Karluklar) yerleşik dünyayı temsil eden Müslüman kentler arasındaki yüzyıllara yayılmış ticari ilişkiler almıştır. İşte bu ilişkiler sonucu doğan tanışma ve yakınlaşma ortamı Türklerin artan bir ivme ile İslamlaşmasına yol açmıştır.[31]

İslam'dan bahsedince eski Türklerin din ve inanç dünyalarına da birkaç cümleyle değinmekte fayda var. Aslında bu konu böyle bir kitabın bir bölümü olmalıydı ama maksadımız eski Türklerin tarihini yazmak değil, izlerini sürmek olduğundan, öbür türlü ayrıntılara fazla giremiyoruz.

Bugün birileri heyecanla veya kasten 'Şamanizm' kelimesini daha fazla gündeme taşıyor ve bilgisi az birileri de onlara takılıyor. Sanılanın aksine, bu ikincilerin milliyetçi bir duruşlarının açık olmadığını belirtelim. Genellikle kozmopolit, dünya vatandaşı bir noktada duruyorlar ve kendilerince günümüz Türk'ünün nasıl biri olması gerektiğini tanımlıyorlar.

Şamanizm, eski Türklerin dininin adı değildir. Kuzey yarım küredeki toplumların yaklaşık tamamında görülen, kabile sihirbazının dinî ve toplumsal etkinliğine dayanan, hiçbir tektürlülüğü olmayan ama sathi bir görünümde birleşen uygulamalar bü-

---

[31] Hep uçlarda tartışılan bu konuyu tarihî çerçevesine oturtarak gözlemleyen ve gerçeği ifade eden kimse Golden olmuştur: *Türk Halkları Tarihine Giriş*, s.248-251. Biz ise, ticari ilişkilerin işin temelinde olduğunu teslim etmekle birlikte, 860'lardan başlayan küresel bir algı sürecinin Türk İslamlaşmasını ivmelendirdiği yönünde bir fikir geliştirdik. Bkz. Karatay, *Türklerin İslam'ı Kabulü*, özl. s.139-144.

tününün adıdır.[32] Hatta bugünkü hâliyle bir din olmaktan tamamen çıkmış, bir meslek ve dahası gösteri sanatı hâline dönüşmüştür.[33] *Asteriks* filmlerinde eski Galyalılarda veya Finlandiya çıkışlı *Yüzüklerin Efendisi* gibi kurgularda, hatta bazı uzay filmlerinde, her yerde şamanı görüyoruz.

Şaman, Türklere özel olmadığı gibi eski ve yeni Türk toplulukları bu kelimeyi bilmezler bile. Bu söz Tunguzların büyücü/rahiplerinin adı olarak Rusça üzerinen bilim dünyasına yayılmış ve tabir hâline gelmiştir. Şimdilerde Hint-Avrupa kaynaklı olduğu görüşü hâkim hâle gelmiştir.[34] Nitekim Birûnî kendi zamanında (11. yy.) Hindistan, Çin ve Tuguzguz/Dokuz Oğuz (Uygur) ülkesinde yaşayan dinin mensuplarına 'Şamanî' demektedir ki[35] bu açık şekilde Buda inancını gösterir. Harva da bir Moğol halkı olan Buryatlarda şamanların uyguladıkları büyü ayinlerinin İran büyücülerinin etkisini taşıdığını söylemektedir.[36]

Günümüzde ve yakın geçmişteki Altay ve Sibirya Türklerinin Kızılderili kabilelerinin büyücülerini andıran şaman işlevindeki din insanlarının dünyası ve genel olarak şamanlık adı altında toplanan telakkiler bütünü eski Türk inancıyla karşılaştırıldığında birbirinden farklı şeyler oldukları görülüyor. Eski Türk inancı çok daha ileriydi.[37]

Eski Türk dinini 'Gök Tanrı inancı' olarak adlandırmak belki yerinde olabilir ama bu söz hem gereksiz bir ikilemeyi içeriyor,

---

[32] Bayat, *Ana Hatlarıyla Türk Şamanlığı*, s.115, 117; Günay ve Güngör, *Türk Din Tarihi*, s.117-118.

[33] Gömeç, *Şamanizm ve Eski Türk Dini*, s.87, 109.

[34] Gömeç, *Şamanizm ve Eski Türk Dini*, s.19; Günay ve Güngör, *Türk Din Tarihi*, s.119-120.

[35] Ebû Reyhan el-Birûnî, *Maziden Kalanlar*, s.173.

[36] Harva, *Altay Panteonu*, s.398-399.

[37] İnan, *Eski Türk Dini Tarihi*, s.1-2; Gömeç, *Şamanizm ve Eski Türk Dini*, s.5.

çünkü eski Türkçede gök ve tanrı kelimeleri birbirinin yerine kullanılmıştır, hem de 'Göğün Tanrısı' kavramını akla getirecek ve dolayısıyla 'Yerin Tanrısı' kavramını çağrıştıracaktır. Bu ise eski Türk inancında yoktur. Biz bu inancı Rusların 'Tengriyanstvo' adlandırmasıyla yaptıkları gibi, 'Tanrıcılık' diye adlandırmanın doğru olacağını sanıyoruz.

Bu inancın temelinde her şeyin yaratıcısı olan bir Tanrı,[38] ölümden sonra yeni bir hayatın başladığına iman ve o hayatta iyiliklerin mükâfat, kötülüklerin ceza göreceği düşünceleri yatmaktadır. Dolayısıyla ölmüş ataların ruhlarının şadlığı için dua ve kurban önem kazanmaktadır.[39] Bunlar açık bir şekilde İslam ve diğer semavi dinlerin temel öğretileriyle uyuşmaktadır ve eski Türk dininin zamanında bir peygamber tarafından vaaz edilmiş tek tanrılı bir din olduğu düşüncesini akla getirmektedir.[40]

İlk Müslüman Türk devleti en kuzeydeki devlet (İdil Bulgar) olmakla birlikte, genel olarak kuzey çizgisindeki Türkler arasına İslam geç girmiştir, hatta hâlen sürmektedir. Dolayısıyla er-

---

[38] İnan, *Eski Türk Dini Tarihi*, s.15 vd., eski Türklerin çok tanrılı olduğunu söylüyor ama saymaya başladığında tek bir Tanrı'nın adını veriyor. Saydıklarından Ülgen ve Yerlik eski Türklerin değil, bugünkü halkların inancındadır. Umay ise tanrı olarak görülemez.

[39] Günay ve Güngör, *Türk Din Tarihi*, s.33-97'de eski Türklerin dinî yaşamıyla ilgili bütün veri değerlendirilir. Ancak bu yazarlar kıyamet inancının sonradan, büyük dinlerin etkisiyle şekillendiği düşüncesindedir (*a.g.e.*, s.72). Ayr. bkz. Gömeç, *Şamanizm ve Eski Türk Dini*, s.90.

[40] Doğan, "İslamiyet'ten Önceki Türk İnancına Dair", s.314-317, eski Türk inancını Haniflikle tanımlar. Günay ve Güngör, *Türk Dini Tarihi*, s.127, böyle bir benzetmeye karşı çıkarlar ama dayanak olarak 'Gök Tanrı' inancının bozkıra ve Türklere mahsus olduğunu alırlar. Hâlbuki ne Türklerin temelli bozkırlı olduklarını söyleyebiliriz, çünkü göçebelik sonradan gelişmiştir, ne de Eski Türk dininin bozkıra haslığına dair bir verimiz olduğunu sanıyorum.

ken dönemlerde Sibirya kuşağından çıkan Türk toplulukları İslam'la tanış değillerdi. Buna aşağıda kısaca tekrar değineceğiz.

Göktürk Devleti yıkıldığında Hazar ve Kafkas bölgesindeki Göktürkler kendi başlarına kaldılar ve bir süre sonra bunların toparlanmalarıyla Hazar Devleti ortaya çıktı. Göktürklerin bölgeden çekilmesi Bulgarların bağımsız kalması demek olmuştur. Kafkasların kuzeyinden Karadeniz'in kuzeyi boyunca yayılan Bulgarlar 630'lardan itibaren geniş bir alanı yönetimlerine aldılarsa da haşmetleri uzun sürmemiştir. 670'lerde devletleri Hazarlar tarafından yıkılmış kendileri de beş parçaya ayrılmışlardır. Kafkaslarda kalanları şimdiki Karaçay-Balkarların atalarının önemli bir kısmını teşkil etmektedir. Don Nehri boylarındaki Bulgarların esas kitlesi zamanla kuzeye doğru kaymış ve ilk Müslüman Türk devleti olacak İdil Bulgar Hanlığı'nı kurmuştur. Bunların torunları şimdiki Tataristan ve çevresindeki Türklerdir.

Batıya Bulgarlardan üç kol gitmiştir. Asparuk idaresinde Aşağı Tuna'ya gidenler şimdiki Bulgaristan'ı ve Kuber idaresinde Makedonya'ya gidenler şimdiki Sırbistan'ı kurmuşlardır. Bunlar -sayıları az olduğu için- zamanla yönettikleri kitleler içinde kaybolmuş, kimliklerini yitirmişlerdir. Yalnız Bulgarların ismi yönettikleri Slav kitleye de geçmiştir. Alçak Han idaresindeki beşinci kol ise İtalya'ya giderek Ravenna bölgesine yerleşmiş, uzunca bir süre kimliklerini korumalarına rağmen nihayet onlar da İtalyanlaşmıştır.

Hazarlar 630'ların sonundan 966'ya kadar sürecek istikrarlı ve yerleşik bir devlet kurmuşlar, 730'lardan itibaren de kademeli olarak Musevilik dinine geçmişlerdir. Ancak bu dinin yaygın olmadığını, daha çok yönetici tabakayı ilgilendirdiğini vurgulayalım. Ticaretle zengin olan ve paralı asker istihdam eden Hazar Devleti'nde ordu gittikçe Müslümanlardan oluşmuştur. Şimdiki Rus ve Ukrayinlerin atalarının önemli bir kısmı Hazar egemenliğinde yaşamakla birlikte, Hazar Devleti'nin sonunu getirenler de onlar olmuştur.

Aral bozkırlarında yaşayan Peçenek Türkleri doğudan gelen baskılar neticesinde 890'larda batıya doğru göçmüş, 150 yıl kadar Karadeniz'in kuzeyindeki sahanın hâkimi olmuştur. Macarları eski yurtları olan Don Nehri boylarından şimdiki Macaristan'a sürenler de onlardır. Peçenekler askerî olarak güçlüydüler. Hazar Devleti'ni ortadan kaldıran Rus kağanı Svyatoslav'ı öldürmüşlerdir. Ancak güçlü ve merkezî bir devlet kurmamışlardır, dağınık yapıları da Ruslar karşısında uğradıkları bir bozgundan sonra ayakta kalmaya yetmemiştir. Balkanlar'a doğru giden Peçenekler, tam da doğudan Oğuzların Anadolu'ya geldikleri günlerde, 1050'lerle birlikte buraları istilaya başlamışlardır. Ancak diğer bir Türk kavmi olan Kumanlardan yardım alan Bizanslılar 1091 senesinde Edirne yakınlarında onları büyük bir yenilgiye uğratıp, sivil halkı dahi vahşice yok etmişlerdir. Hayatta kalabilenler Rodopların dağlık yerlerine sığınmıştır.

Peçeneklerin ardından 1000'li yıllarda henüz Müslüman olmamış Oğuzlardan bazı topluluklar da Karadeniz bozkırlarına gelmiş, Ruslarla girift bazı ilişkilerden sonra bir kısmı Balkanlara ilerlemiş, ancak hem Bizans, hem de Macarlarca yenilerek çeşitli yerlere iskân edilmişlerdir. Dobruca ve Makedonya'ya çokça yerleştikleri biliniyor. Bunların önemli bir kısmı Osmanlı döneminde İslamlaşmış ve Balkan Türklüğünü teşkil etmiş, Hıristiyan kalanlar da muhtemelen şimdiki Gagauzların bir kısmını oluşturmuştur. Önemli sayıda Oğuz'un da şimdiki Ukrayin nüfusun ataları arasında eridiği biliniyor.

Güney Sibirya'dan gelen Kuman-Kıpçaklardan büyükçe kitleler Batı bozkırlarını doldurmuş ve Peçeneklerin ardından bölgeye hâkim olarak Rusların Karadeniz'e inmelerini önlemiştir. Kuman nüfusun daha sıkı ve kalıcı olduğu görülmüştür. İlk dönemlerde genellikle galip olarak Ruslar üzerinde baskı kurarken, 12. yy. boyunca da Rusların durumu dengelediği görülüyor ama ortada çok taraflı oyunlar vardır. Yani Kumanlar birbiriyle mücadele eden Rus knezleri arasında kendi çıkarlarına göre hareket etmekteydiler.

1230'larda Doğu Avrupa'yı vuran Moğol kasırgası nüfus olarak en fazla Kuman-Kıpçakları etkilemiştir. Can kayıplarının yanında, Karadeniz bozkırlarındaki Kumanlar büyük ölçüde batıya kaçarak Macarlara sığınmışlar veya Tuna'nın her iki yanında şimdiki Bulgar ve Romenlerin atalarıyla karışmışlardır. Osmanlı orduları Bulgaristan ile Eflak ve Boğdan'ı (şimdiki Romanya'nın esas kısmı) alırken, karşılarında bulunan savaş beylerinin çoğu Kuman asıllıydı.

Batı bozkırlarında bunlar olurken Türkistan'da hızlı bir İslamlaşma yaşanıyordu. 8 ve 9 yy.larda Türkler arasında münferiden yayıldığını gördüğümüz bu yeni din, 10. yy.dan itibaren devlet dini hâline gelmiş, Batı Türkistan'ın doğu kısmında Karahanlılar ve şimdiki Afganistan arazisinde de Gazneliler 10. yy. ortalarında artık İslam'ı devlet seviyesinde sahiplenmişlerdir. Moğol istilalarının geldiği 1220'lere kadar kabaca bu iki devlet Türkistan'da hâkimdir.

Yalnız 10. yy.da Oğuzlar arasında İslam'ın hızla yayılması ve Selçuk Bey adlı bir komutanın başlattığı bir hareket dünya tarihini değiştirmiştir. Kendine bağlı Müslüman Oğuzlarla Aral havzasındaki Oğuz devletinden kopan ve güneye doğru yönelen Selçuk Bey'in bu hareketi, kısa bir süre sonra İran'a ve bütün Orta Doğu'ya egemen olacak büyük bir devleti doğuracaktır. 1040'larda Gaznelileri Horasan'dan atan ve kendi idarelerine alan Oğuzlar, hızla batıya doğru ilerlemiş ve 1050'lerden itibaren Anadolu ve Güney Kafkaslarda faaliyetlere başlamışlardır.

Harita 3. Selçukluların hâkim olduğu bölgeler.

Anadolu'yu fethetmek, yüzyıllardır Arapların bir türlü alamadığı bu geniş ülkeyi güçlü ve köklü Bizans'tan almak Oğuzlar için muhtemelen bir hedef dahi değildi ve olamazdı. Ama sık sık akın yapıyorlardı. İran'ı alıp bu sorunu kökten çözmek için büyük bir orduyla harekete geçen Romanos Diogenes'in yolda Malazgirt'te uğradığı büyük yenilgi ve Bizans ordusunun neredeyse yok olması (1071), Oğuzlara beklenmedik bir fırsat sundu ve birkaç yıl içinde Anadolu'yu sahiller hariç neredeyse tamamen ele geçirdiler. O gün bugündür de Oğuzların torunları bu topraklarda yaşıyor ve bütün dünya karşılarında olsa da kendilerine kader levhaları yazılırken verilmiş görevin icabı, tarihin en önemli oyuncularından biri olmayı sürdürüyorlar.

1220 yılı civarında Türkistan ve ardından İran, 1243'ten itibaren ise Anadolu Moğol istilasına uğramıştır. Moğolların askerî ve siyasi kabiliyetleri kadar, o dönem karşılarında uzak görüşlü yöneticilerin bulunmamasıyla da ilgili olan bu istilalar, sebep oldukları büyük felaketlerin yanında bir medeniyetin de çöküşüne zemin hazırlamıştır. Medeniyet merkezi olarak Irak,

Mısır ve Endülüs'le yarışan Maveraünnehr (şimdiki Özbekistan) bir daha eski günlerine kavuşamayacaktır. Daha da kötüsü, Cengiz soyundan gelen yöneticilerin kısa bir süre sonra birbirleriyle mücadeleye girişmeleri ve Orta Asya'nın 1922 yılına kadar iç çekişmelerin ve kardeş kavgalarının sebep olduğu kesintisiz savaşlarla 700 yıl boyunca kan gölü hâline gelmesidir.

Görkemli dönemini 1360'lardan 1460'lara kadarki bir asra yerleştirebileceğimiz Timur ve çocuklarının idaresi belli bir istikrar ve hatta ciddi bir yeniden doğuş (Timur Rönesansı) getirdiyse de takip eden Özbek ve Kazak hanlıkları döneminde (hepsi Cengiz soyludur) yine eski yıllara dönülmüş, bu ortam da 18. yy. sonundan itibaren Türkistan'ın kademeli olarak Rus hâkimiyetine girişine sebep olmuştur.

Moğol imparatorluğunun batı kısmının varisi olanlar Altınorda diye bildiğimiz devleti kurmuş ve 1230'ların sonundan itibaren uzunca bir süre Rusya'nın mutlak yöneticisi olmuşlardır. Ancak zaman geçtikçe Altınorda içinde bölünmeler ve taht kavgaları yoğunluk kazanmış, bu ortamda bağlı bulunan Rus bölgeleri güçlenmiştir. Tek olan Altınorda Devleti 15. yy. içinde parçalara ayrılırken çok sayıda Rus knezliğinden oluşan Rusya ise Moskova knezliği etrafında birleşmeye başlamıştır. Nihayet 1550'li yıllarda Moskovalılar dönüp yüzyıllardır kendilerini yöneten Altınorda'nın varislerinin topraklarını ele geçirmeye başlamışlardır. Bunlardan sadece Kırım hanlığı Osmanlı idaresi altında olduğu için varlığını uzun süre korumuş, o da 1780'ler-de Rus idaresine girmiştir.

Daha çok tarihî olarak yerleşik kimlikleriyle anılan üç ülke daha vardır ki neredeyse kesintisiz Türk idaresinde bulunmuşlardır. Gazneli Mahmut'un 1000'li yıllardaki seferleriyle Türk idaresinin girdiği Hindistan, en azından kuzey kesimleri, o tarihten sonra değişen hanedanların idaresinde sürekli Türklerce yönetilmiş, en son 1530'larda Timur soyundan gelen Babür'ün kurduğu devlet 1857'ye kadar yönetimde kaldıktan sonra İngilizlerce ortadan kaldırılmıştır.

Mısır'da 9. asır sonlarından itibaren halifeliğe bağlı Türk hanedanlar görülür. Selahaddin Eyyûbî 1180'lerde burayı ele geçirdikten sonra ordusunun esas kısmını oluşturan Kıpçak Türkleri Mısır'da birikmeye başlamıştır. 1250'den itibaren ise ülkeyi kendi aralarından seçtikleri sultanlarla yönetmişlerdir. Bu dönemde Mısır'da hâkim olan Kıpçak askerine dayalı bu devletin adı Türkiye'dir. Yavuz Selim 1517'de bu 'Türkiye'yi ele geçirmiştir.

Üçüncü ülke ise İran'dır. Büyük Selçuklu Devletinin merkez ülkesi olan İran, daha sonra da Moğolların Orta Doğu kolu olan İlhanlıların merkezi olmuştur. İlhanlı devletinin zayıflamasıyla çeşitli Türkmen beylikleri (en önemlileri Akkoyunlu ve Karakoyunlular) öne çıkmış, Timur dönemi de atlatıldıktan sonra İran, Irak ve Doğu Anadolu bağımsız Türkmenlerce yönetilmiştir.

Akkoyunlu mülkü içinde din yoluyla güç kazanan bir Türkmen beyi olan Şah İsmail ise kısa zamanda bu bölgedeki tüm güçleri ortadan kaldırarak Ceyhun Nehri'nden Anadolu içlerine kadarki tüm memleketleri idaresinde birleştirmiştir. Yavuz Selim'in 1514'teki büyük darbesi Şah İsmail'in batıdaki ilerleyişini durdurmuş ve bir bakıma Türkiye'nin İran olmasını önlemiştir. Safevilerin ardından Afşar ve Kacarlar İran'a egemen olmuş, böylece bu ülke 1925 yılına kadar dokuz asır boyunca kesintisiz, Türklerce yönetilmiştir.

İran diğer İslam ülkeleri gibi sömürge olmamıştır ama burada da Türkler Fars hâkimiyetine düşmüşler, dolayısıyla bağımsızlıklarını kaybetmişlerdir. Türkiye'den sonra en kalabalık Türk nüfusu buradadır ama henüz bağımsız değildirler.

BÖLÜM 3

NEREDE HATA YAPILIYOR?

Öncelikle hem köken hem de tarih araştırmalarında genel olarak dikkat edilmeyen bir konu var ki göz önüne almadığımız zaman başka alanlardaki tespitlerimizde haklı bile olsak gerçeği bulamamış olabiliriz: İnsanlar biraz ota, biraz da oduna benzerler. Biz âdemoğlu aynen bitkiler gibi sulak ve verimli toprakları severiz.

Şimdiki Suudi Arabistan arazisinde 1300 yıldır ne savaş oldu ne soykırım falan yaşandı. Arazi uçsuz bucaksız ama nüfus az. Buna karşılık tarih boyu savaşların hiç eksik olmadığı çok daha küçük topraklara sahip Irak'ta nüfus Arabistan'dan daha fazla. Üstelik Irak'ın da önemli bir kısmı çöl. Yemen'de biraz yeşillik var ve hemen nüfus artmış. Mısır ile Libya'nın kıyası da öyle. Libya'nın nüfusu İtalyanlar hepsini öldürdüğü için değil (katliamlar elbette gerçek), ülke çöllerle kaplı olduğu için az. Aynı şekilde, Ruslar Sibirya'da katliam yapmadıkları hâlde, büyükçe bir kıta büyüklüğündeki bu bölgenin toplam nüfusu neredeyse Türkiye'nin yedi bölgesinden birine eşit. Yerli halkın sayısı daha da az ve hepsini toplasanız İzmir'i doldurmuyor.

Kazakistan kuşkusuz bütün dünyada komünizmin acısını en fazla hisseden ülkedir. 1930'larda devletleştirme adına halkın elindeki tüm sürüler alınıp belli yerlerde toplandı. Ancak bu şekilde toplanan milyonlarca hayvanın bakımı yapılamadığı için açlık ve salgınlardan hayvanların yüzde 90'ı öldü (40,5 milyon hayvandan kalan 4,5 milyon baş). Tarımın olmadığı ülkede insanlar tek beslenme kaynağı olan hayvanlarını kaybedince, açlık baş gösterdi ve 1931-1932'de nüfusun yüzde 40'ı (1.750.000 kişi) açlıktan öldü.[41] Dünyada bir ülke halkının yarısının ölümüne en kötü savaş şartlarında bile rastlanmamıştır. Dünya cennetini kuran komünizm, barış zamanında nüfusun yarısını aç bırakarak yok etmeyi başardı. Bugünkü Kazakistan nüfusu iki kuşaktır toparlanmış bir manzarayı temsil ediyor. Nüfus çok hızlı artıyor ve bir taraftan artık geliştirilen tarım ve bir taraftan doğal kaynaklarla kendine fazlasıyla yetecek bir zenginliğe sahip.

Ama Moğolistan'da böyle şeyler, en azından bu derece vahşet olmadı. Bugün, Türkiye'nin iki katı büyüklükteki ülkenin nüfusu bizim Bursa kadardır. Sebebi arazinin fazla insanı besleyememesidir. Hunların, Uygurların, Karlukların, Kitayların, Moğolların ve nihayet Oyratların buradan çıkıp batıya doğru yayılmaları ile zaman zaman artan nüfus ihraç edilip toprak rahatlatılmıştır. Bu halklar seyrek nüfuslu bölgelere gittiklerinde varlık sergileyebilmişlerdir ama arazinin verimli ve insanın bol olduğu topraklara vardıklarında kaybolup gitmişlerdir.

Bugünkü Moğolistan'ın nüfusunun iki buçuk milyondan beş milyona çıktığını ve insanların sığmayarak yeni yurt aradıklarını düşünelim. Fazlalık olan nüfusu getirip Fergana'da Taşkent büyüklüğünde bir kent kurarak hepsini sığdırabiliriz. Özbekistan için ise ikinci bir Taşkent fazla hissedilir bir büyüme olmayacaktır.

Bugün Rusya'ya bağlı Dağlık Altay Cumhuriyeti'nin yüzölçümü 93 bin km^2 dir. 7000 göl ve sayısız çay ve derenin bulunduğu bu ülkenin nüfusunun üçte birini oluşturan Altay Türklerinin sayısı 70.000 civarında. Üstelik bu son üç kuşaktaki nispi

---

41 *Kazakistan Tarihi*, s.141.

rahatlıkta artmış bir rakam. Altayların etrafına genişçe bir daire çizelim ve Türkiye'nin iki katı büyüklüğünde bir sahayı faraza Türk ana yurdu olarak işaretleyelim. Bugünkü toplam nüfus herhâlde bir milyonu geçmeyecektir çünkü bu saha içinde verimsiz arazi çoktur.[42] Eski zamanda da durum şimdikinden farklı değildi. Tarım, avcılıktan 50 kat büyük bir nüfusu besleyebildiğine göre (aşağıda değineceğiz), tarım yapılan alanlar eskiden de çok kalabalıktı.

Şimdi bu yurtta türeyen Türkler sık sık huruç yapıp başka yerlere göçecekler, gittikleri yerlerde hemen tüm örneklerde onları muzaffer fatihler olarak göreceğiz, bununla da kalmayıp Fergana, İran, Azerbaycan, Anadolu ve İdil havzası gibi verimli ve yoğun nüfuslu bölgeleri etnik olarak dönüştürecekler. Buna matematik, fizik ve biyolojinin imkân tanımadığını hesaplayabiliriz. Avarların 250 yıl boyunca Avrupa'nın kalbine hükmettiklerini bilmek ayrı, muhayyilede çekirge sürüsü gibi kalabalık bir halk oluşturmak ayrı bir meseledir. Onların 20 bin kadar atlı ile geldiklerini ama o günlerde Selanik'in sur içi nüfusunun 100 bin olduğunu bilelim yeter. Öbür türlü, ana yurt ve yayılım konusunda yerleşik tarih kitaplarında okuduğumuz fikirleri uygulamaya koyduğumuzda, dünyadaki bütün Türklerin çıkarabileceği asker sayısının 800'lü yıllarda Abbasi halifelerinin has ordularındaki Türkler kadar ancak olabileceği gerçeğiyle karşı karşıya kalırız.

Yayılan etnoslardan hiçbiri kurak ve çorak bölge çıkışlı olamaz. Türkler bildiğimiz tarih boyunca çok yaygındılar, her yerde onlara rastlıyoruz; tarihin bilmediğimiz dönemlerinde de farklı olduklarını düşünmek zor. Öyleyse Türkler verimli topraklarda türemiş olmalılar.

---

[42] Bir nüfus çalışmamızda Göktürk çağında Altaylar ve doğusundaki Türk asıllı nüfusu en fazla 500 bin olarak hesapladık. Nispeten daha verimli olan Orta Asya bozkırlarındaki nüfus ise iki milyona zor ulaşıyor (Karatay, "Göktürk Çağı Türk Nüfusu Üzerine Düşünceler").

Türklerin ana yurdunu ve türeneğini İç Asya'ya veya Orta Asya'nın[43] doğusuna koyan yaklaşımlar, görünürde büyük bilimsel çabaların semeresini yansıtsa da bir bakıma konunun zorluğu karşısında pes etmenin ifadesi gibi görünüyor. 250 yıllık bilimsel birikime saygısızlık edemem ama mevcut açıklamalar konuyu basite indirgiyor. Bu anlayış işin zor taraflarıyla uğraşmıyor, üstelik bugünlerde konunun zor taraflarıyla meşgul olmayı bilim dışı faaliyet olarak yaftalıyor.

Vakıa, bugünkü sonuçlara ulaşmak için 250 yıl boyunca binlerce bilim insanını çalıştırmaya gerek var mıydı, o da tartışılır. Emeğe saygısızlık haddim değil, sadece varılan sonucu eleştiriyorum. Şimdi söylenenleri söylemek için Türklerle ilgili eski kayıtlara bir bakmak yeterliydi. Hepsi de Orta Asya'dan bahseder ve üstelik eski İslam coğrafya eserleri etnolojik sınıflamalar da yaparlar. Altaylılar veya Ural-Altaylılar yerine belki Yafesoğulları derler, belki kuzeyin çocukları derler, belki sadece Türk derler ama sonuçta değişik Türk kavimleriyle akrabalarını tek bir başlıkta toplamayı başarırlar. Esasında bugünkünden çok farklı bir şey söylemezler.

Eski kitaplar Türkleri Tuna ile Selenge ırmakları arasındaki uçsuz bucaksız düzlüğe yerleştirmektedir. Burası bir kıta büyüklüğünde olduğundan çağımız âlimlerine düşen şey, alanı biraz daha daraltmak olacaktır. Bu ise mevcut kaynak yokluğunda ancak eldeki araziyi komşu ve akraba diğer halklarla paylaştırarak yapılabilir. Ya da aşağılarda bir kısmına değinebileceğimiz

---

[43] Türkiye'de bugün ismi büyük hoca olarak geçen ve genel Türk tarihi çalışan bilim insanlarının Orta ve İç Asya kavramlarının ayırdında olmadıklarını görmek benim için şaşırtıcı ve üzücü olmuştur. Kabaca Cungar Geçidi'nin batısı Orta Asya, doğusu ise İç Asya'dır. Bu tespit boşuna veya kasten değil, ihtiyaç üzere yapılmıştır. Bizim inandığımız, Macaristan'dan Mançurya'ya bir tarihi etkileşimlik bütünü öngören jeokültürel gerçekliğe göre İç Asya, Avrasya jeokültürel kıtasının doğusunu, Orta Asya bu kıtanın ortasını ve Doğu Avrupa da batısını teşkil etmektedir.

yeni yöntem ve yaklaşımları ilave ederek aradığımız araziyi daha kesin ve daha dar olarak görebiliriz.

Nitekim Türklüğün türeneği yeterince daraltılmış, Türkiye'de hiçbir delili olmaksızın Altay Dağları bölgesine, Batı'da ise daha doğuya, neredeyse Büyük Okyanus kıyılarına atılmıştır. Batıdaki anlayış, bizde sanılanın aksine Orta ve İç Asya'yı hiçbir şekilde Türklüğe vermez. Altay Dağları da dâhil olmak üzere şimdi Türklerin yaşadığı hemen her yer sonradan gidilmiş yurtlar olarak değerlendirilir.[44]

Bizim basitleştirme ithamımızın temeli ana yurt olarak Türklerin ilk görüldüğü yerlerin düşünülmesidir. Maalesef Türklüğü eski çağların Türk budunu ile karıştıran çağdaş bilim buna çanak tutmaktadır. Buna göre, kesinlikle bilinen ilk Türkler bizim Göktürk dediğimiz Türk budun olduğuna göre, en kolayı bu kavmi izlemek olacaktır. Fakat bu iz sürmede de sorunlar bulunuyor ve bir noktada keyfilik hâkim hâle geliyor. Sadece Türk budun hakkındaki veriye dayanılsa ve başka hiçbir çarpıtma yapılmasa dahi sonuç şimdikinin tam tersi çıkacaktır. Bunu aşağıda ayrı bir bölümde göreceğiz.

Peşin olarak karar verilip Türklerin şimdiki Moğolistan'ın doğu kısmında aranması gerektiği noktasından yola çıkılıyor ve

---

[44] Bu görüşü açık ifadelerle Faruk Sümer de savunur: *Oğuzlar*, s.1. Türklerin çıkış yurduyla ilgili düşünceleri, Hasan Eren bir konuşma/makalesinde toplu hâlde sunmuştur: "Türklerin Ana Yurdu Sorunu". O burada değişik fikirleri özetler ama kendisi bir şey söylemeyip konuyu bazı öğütlerle yeni nesle emanet eder. Buna değineceğiz. Bununla birlikte, Eren'in Németh tarafından formüllendirilen Asya'nın batısında, Aral boylarında bir Türk yurdu fikrine yakın durduğu hissedilmektedir. Ayr. bkz. Golden, *Türk Halkları*, s.145-148. Golden kendisi ilk Türkleri Mançurya'ya yerleştirir: "Ethnogenesis in the Tribal Zone", s.92. En son çalışmalardan birini yapan Robbeets ise daha kesin bir dil kullanıp Güney Mançurya'daki Batı Liao Nehri boylarını Altay ailesinin yurdu yaparak batı hududuna Türkleri yerleştirir (Robbeets "The language of the Transeurasian farmers", s.95).

veri daha sonra değerlendiriliyor. Benim bildiğim, bilimde tam tersi yapılır. Önce veri toplanır, sonra tetkik edilir ve üzerinde düşünülür. Bizim örneğimizde ise peşin olarak karar verilmiş, sonra eldeki veri değerlendiriliyor. Tabii, gerçekler ön kararlara uymadığı için, veriyi çarpıtmak gerekiyor. Göktürklerin kökeniyle ilgili bilgi ve söylenceler Doğu Türkistan ile Hazar'ın kuzeyine işaret ediyor. Hazar'ın kuzeyiyle ilgili ipuçları hiç alınmıyor; Doğu Türkistan'da da Türklerin değil, Hint-Avrupalı halkların bulunması gerektiğinden, sonuçta ilk Türkler Hint-Avrupalı, daha açıkçası İranî, onların Türklük adına şekillendirdiği kitleler de Moğol asıllı oluyor.[45] Bu İranî ve Moğol karışımı topluluktan Türk dilinin nasıl çıktığının ise hiçbir izahı bulunmuyor.

A-şi-na kelimesini Soğdça veya Moğolcaya bağlama çabalarına karşı da Göktürk yazıtları cevabı veriyor. Yazıtlarda bu kelimenin neden hiç geçmediği hiç göz önüne alınmaz mı? Bir halkın kendi ismiyle ilgili önce kendi söylediğine bakılmaz mı? Evet, bunda Çince-Moğolca karışımı 'saygın kurt' veya Soğdça veya Toharca 'gökyüzü' anlamı aranabilir ama bunlar sadece ve sadece Çinlilere bilgi veren Moğol veya Soğd asıllı kimselerin çevirisini yansıtır. Nitekim Çin kaynaklarından başka A-şi-na ismi bir de Soğdça yazılı Buğut yazıtında geçer.[46] Demek ki kelime Türkçe değil Soğdça, Çinliler Soğd kaynaklarından öğrenmişler. Ama Türkler kendi içlerinde böyle bir şey kullanmıyorlar. Yazıtlarda gök (*kök*) ve kurt *(böri)* kelimeleri açıkça geçiyor.

Fakat tarihte Türkler ilk kez Göktürkler ile mi gözüküyor? Türklüğünü kesin olarak bildiğimiz başka topluluklar, Göktürk-

---

[45] Gumilëv, *Eski Türkler*, s.35-39, 'kurucu' Türkleri Moğol yaparken, Sinor, "Some Components of the Civilization of the Turks", s.351, değil Türk, Altaylı bile yapmaz. Bu İranî ve Moğol karışımı topluluktan Türk dilinin nasıl çıktığının ise hiçbir izahı bulunmuyor.

[46] Golden, "Ethnogenesis in the Tribal Zone", s.98-99.

lerden çok önce tarih sahnesinde varlık gösteriyorlar. Bunlardan birisi Kırgızlar. MÖ 2. yy.dan itibaren Çin kaynaklarında Kien-Kun adıyla görülüyorlar. Yakın zamanlara kadar bir bütün olarak şimdiki Hakas Cumhuriyeti civarında yaşıyorlarken esas kitleleri muhtemelen 13. yy. sonlarından başlayarak Çağatay arazisine doğru göçüyor ve Tanrı Dağlarındaki şimdiki yurtlarına yerleşiyorlar. Geride kalan akrabalarına ise şu anda edebî bir adlandırmayla Hakas diyoruz.[47]

Hakas bozkırındaki bir Kırgız yurdu, Türkler için öngörülen yurtların hayli batısında kalmaktadır. Burası Altay-Sayan bölgesinin batı tarafındadır. Ama eski Türklerin algı ve bilgisine göre Kırgızlar o kadar doğudaydı ki mesela bütün büyük Türk kavimlerinin çıkış hikâyesini vermeyi âdet edinen Oğuz Destanı'nın hiçbir nüshasında isimleri geçmez. Çünkü doğudadırlar, ücra bir yerdedirler ve Turan yurdundaki gelişmelerin hayli uzağındadırlar. Eski Türklerin Oğuzname üzerinden bize ulaşan algısının sonraki çağlarda oluştuğu söylenecektir. Peki, şimdiki bilim insanlarının algısı ne zaman oluşmuştur? Bu algının kökleri eski Türklerden daha eski zamanlara mı gitmektedir?

Bu arada bizce oldukça doğuda kalan, yaygın bilimsel anlayışa göre ise Türklüğün ana yurdunun hayli batısında yerleşen Kırgızların, kuşkusuz kökenleri Batı Türklüğüne dayanan Oğuzlarla -Türklük içi- etnik ilişkilerinin olduğu gözlemlenmiş ve bu Kırgız uruklarının tamgalarına yansımıştır.[48]

Kırgız sorununu çözmek için Çin ve İslam kaynaklarında geçen bir fizyolojik veriye Mağribî gibi sarılırlar. Bu veri Hakas

---

[47] Kırgızlarla ilgili temel ve başlangıç eseri olan Barthold'un çalışması Türkçeye çevrilmiştir. Bu Hakas açıklamasını da ona borçluyuz. Ayrıca Drompp, "Erken Dönemlerden Moğol İstilasına Kadar Yenisey Kırgızları" ve Butanayev, "Moğol-Cungar Hâkimiyeti Döneminde Yenisey Kırgızları" adlı makalelerinde güncel bilgilerle konuyu anlatırlar.

[48] Karataev, "Türk Boylarında Tamgalar ve Eski Kırgız-Oğuz Etnik Bağlantıları", s.386-390.

bozkırında yaşayan eski Kırgızları kızıl saçlı ve renkli gözlü olarak tarif eder. Önceden alınmış karara göre Doğu Moğolistan ve Mançurya kökenli olan Türkler renkli saç ve göze sahip olmamalıdır. Yurtları da 'batı'da olduğuna göre, en basit çözüm onların Türk olmadığını ilan etmektir. Tabii en başta İranî'dirler, olmazsa Yenisey Ostyakları falan olabilirler.[49]

Hâlbuki Kırgızlar dil bakımından en saf ve temiz Türkçelerden birini temsil ederler. Moğol istilaları çağının yadigârı olan bir kısım Moğolca kelime dışında dillerinde öyle başka bir tabakanın izi bulunmaz. Üstelik görünüme, yani renkli saç ve göze bakarsak, dünyada hiç Türk kalmaz çünkü eski Türklerin yaklaşık tamamı renkli olarak anlatılır. Bunu da ayrı bir bölüm olarak göreceğiz. Türk olarak bildiğimiz eski toplulukların yaklaşık hepsini (Oğuz, Göktürk, Kıpçak, Bulgar, Vusun, Kırgız vd.) Türklükten silersek bugünkü Türkler nereden geldi? Gökten geldikleri doğru mu? Bunun için mi Göktürk denmiş?

Kavimlerin dil değiştirdiklerini gören kimi bilim insanları, bunu zorda kaldıkları her durumda uygularlar. Kırgız hadisesindeki açıklama da Türkleşmedir. Yani Türkçeyi sonradan öğrenmişlerdir. İnsanlar dil değiştirir ama büyük bir kitlenin içinde azınlık olarak kaldıkları zaman. Belli bir yerde yeknesak etnik bir yapı olarak varlığını sürdüren bir topluluğun dil değiştirdiğinin benim bildiğim hiçbir örneği bulunmaz.

Eğer önemli ve büyük bir topluluk olan Kırgızlar dillerini bırakıp Türkçeye geçtilerse, eğitim ve basın-yayın yoluyla olmadığına göre, bunun açıklaması ancak Kırgızların etrafındaki herkesin, bütün Güney Sibirya halklarının ve Doğu Kazak bozkırındaki göçerlerin Türk olmasıyla yapılabilir. Böyle diyen birisi ise önceki söylediği her şeyden vazgeçmek zorunda kalacaktır zira Altay Dağlarının batısındaki uçsuz bucaksız bölgeye tamamen Türklerce yerleşildiğini söylüyor olacaktır.

---

[49] Harmatta, "A türkök eredetmondája", s.393.

Durum böyle ise gözlerinin ve saçlarının renkli oluşuna göre Kırgızları Türklükten ayırmanın mantığı ne olabilir? Çünkü böyle bir varsayımda Kırgızların etrafındaki araziyi dolduran ve sonradan karşımıza Kıpçak olarak çıkacak olan Türklerin neredeyse tamamı sarışındır, hatta saman sarısıdır. Kıpçaklar da mı Türk değil? Değilse onları kim Türkleştirdi? Bunun cevabı yok. Çünkü öyle bir topluluk bulunmuyor. Var olduğu iddia edildiğinde Avrupa'ya kadar daha büyük bir Türk topluluğu (Bulgarlar, Oğurlar?) daha aramamız gerekecektir. Sonuç ise bizi habire batıya kaydıracaktır; Türk ana yurdunu, bir bakıma da türeneğini batıda aramak zorunda kalacağız. Kendi tuzağına düşmek diye buna denir. Hâlbuki bunların hiçbirine gerek yok. Dil ve tarih gerçekleri açıkça söylüyor.

Çarpıtmaya uğrayan bir başka topluluk yine MÖ 2. yy.dan itibaren adı geçen ama MS dönemlerde önemini tamamen kaybederek tarih sahnesinden çekilen Vusun veya Osun adlı topluluktur. Çin kaynakları isimlerini bu şekilde verir.[50] Şimdi ise bunların kalıntılarının Başkırt, Karakalpak, Özbek ve Kırgız gibi Türk ulusları arasında Uysun, Uyşun, Usön gibi isimler taşıyan uruklar hâlinde yaşadığını biliyoruz.[51]

Moğolistan'da kurulan Büyük Hun Devleti'nin batıdaki önemli komşularından olan Vusunların dillerini Çince kayıtlardaki çok az veriye dayanarak tahmin edebiliyoruz. Bilhassa unvanları Türkçedir (*Kün Beg, Uluğ, Tarkan* gibi biçimler kurulmuştur). Üstelik de yönetici hanedanları ile Göktürk yönetici uruğu arasında akrabalık olduğu anlaşılmaktadır.[52]

Bu halk bir felaketten sonra Hun korumasına giriyor ve kaynaklar Hunlarla aralarında herhangi bir etnolojik farka işaret

---

[50] Vusun tarihi Sergei Yatsenko ve İlhami Durmuş'un "Vusunlar" başlıklı makalelerinde karşılaştırmalı okunabilir.

[51] Lezina, vd., *Bütün Türk Halkları*, s.547, 550.

[52] Amanjolov, *Türk Filolojisi ve Yazı Tarihi*, s.36-37.

etmiyor. Elbette sonraki çağlarda pek çok Moğol veya Mançur asıllı -küçük- topluluğun Türkleştiğini biliyoruz; bunlar da öyle olabilir. Bugünkü Uysun Kazakları Türk olmayan bir topluluktan geliyor olabilirler fakat bunun ihtimal dışında hiçbir delili yok. İhtimali zorlaştıran husus ise bunlarda da aynen Göktürklerdeki gibi kurt ana/rehber/koruyucu inancının bulunması, düşmanları Yüeh-chih'ler tarafından bütün halk öldürüldüğünde hayatta kalan hükümdar oğlunun bir kurt tarafından emzirilmesidir.[53]

Mağribîlik duygusunu körükleyen şey Vusunların aynen Kırgızlar gibi yeşil gözlü ve kırmızı saçlı anlatılmalarıdır.[54] Türklerin böyle olamayacağını düşünen Sinor, tiplerine bakarak bunları hemen İranî bir halk olarak tanımlar. Dolayısıyla da kurt motifi Türklere İranî halklardan geçmiş ithal bir kültür ürünüdür.[55] Harmatta ise Türk etnik oluşumuna 'İranî halkların', Sakaların etkisine dikkatimizi çekerek kurt motifinin anaerkil dönemin bir yadigârı olarak Göktürk destanlarına girdiğini söyler. O, bunun için örneklendirmede Vusunlarla yetinmez ve Ahameniş İran'ına, Kuraş (Kyros) zamanına uzanmakla kalmayıp, bir öncesine geçerek Medçe *spaka* 'bir köpek türü' kelimesinde bir büyük büyükanne bulmaya çalışır.[56]

Ama tuhaf olan şey ne böyle renkli İranî kimselere, ne de bildiğimiz İranî topluluklar arasında kurt motifine rastlamamızdır. Kurt da renkli saç ve göz de Asya'da sadece Türklerle ilgili olarak geçer. Günümüzde yapılacak bir sihirbazlığın o kadar eski geçmişe tesir etmesi beklenemez ve tarih sihirle veya el çabukluğuyla değiştirilemez.

---

[53] Golden, *Türk Halkları Tarihine Giriş*, s.60.

[54] Eberhard, *Çin'in Şimal Komşuları*, s.105.

[55] Golden, *Türk Halkları Tarihine Giriş*, s.138.

[56] Harmatta, "A türkök eredetmondája", s.389. Bu Medçe kelimeye aşağıda, kitabın sonuna doğru değineceğiz.

Vusunları İranî sayıyorsunuz, onlarda geçen kurt ögesini de Türklerin sonradan aldığını söylüyorsunuz. Hâlbuki sonraki dönemlerde İranî oldukları kesin bilinen halklarda böyle bir kurt ata ögesi bulunmaz. Türklerde bulunur, hem de en üst seviyede bir vurguyla. Dolayısıyla hemen bütün Türk topluluklarının sahip olduğu kurt ögesine anlatılarında sahip olan Vusunların tartışmasız ve katışıksız bir Türk topluluğu olduğunu düşünmek zorunda kalacağım.

Burada kısaca da olsa her bir eski Türk topluluğuna atfedilen etnolojik sorunları tartışmak ve kısa tarihlerini vermek hem kitabın amacına uygun değildir hem de bahisleri uzatacaktır. Vurgulayacağımız şey, eğer ana yurt tespitinde ilk göründükleri yerleri alacaksak, Türklerin beklenenin aksine rahatça ve esaslıca batı taraflarda göründükleridir. Kırgızlar Hakas bozkırında, Kıpçakların ataları daha da batıda, Güneybatı Sibirya ve Batı Kazakistan düzlüklerinde, Vusunlar ise Yedisu'da görünmekteler. Üstelik buraya Uzak Doğu'dan, Okyanus kıyılarından geldiklerini düşünmemizi engelleyen çok bariz bir delil var. Bunlar renkli saç ve gözlerle tasvir ediliyor. Göktürklerin veya Türk budunun ilk kez Altay bölgesinde ortaya çıkmadığını ise bir sonraki bölümde başlı başına tartışma konusu yapacağız.

İkinci husus, Türklerin hep doğudan geldikleri, batıda da kimlerin yaşadığının belli olduğu inancına dayanır ve kök zamanda Türklere batıda yer olmadığını haykırır. Buna göre Asya'nın kuzeybatısı Ugor halkların yurdudur. Kuzeyde eski (Palaeo) Sibir halkları ve Samoyedler bulunur. Altaylardan Başkırdistan'a uzanan çizginin güneyi, yani Orta Asya'nın tamamı, Altayları, Doğu Türkistan'ı hatta Çin'in kuzeyindeki Ordos gibi bölgeleri de içine alacak şekilde Hint-Avrupalı kavimlere verilir. Geriye sadece Sibirya'nın doğu kısımları ile Mançurya kalıyor. Türkler işte burada bir yerde türemiş olmalıdır.

Kuzey için diyecek söz yok ancak Orta Asya'yı tastamam İranî halklara vermek etnoloji bilimiyle çelişiyor. Eğer Hint-Avrupalılar diyelim MÖ 4-5. binyılda Anadolu'da, şimdiki Ukrayna arazisinde veya daha başka bir yerde ortaya çıktılarsa, diğer yerlerde başka insanlar, dolayısıyla başka halkların ataları yaşıyordu. Eğer Hint-Avrupalıların doğuya giden kolu olan Arilerin (Hindî ve İranîlerin ataları) Asya'ya geçişleri MÖ 2. binyılın başlarında olduysa ve Hazar'ın doğusundan kitlesel olarak İran ve Hindistan'a indilerse, Orta Asya'nın büyük kısmında yine başka halklar bulunuyordu.

Mantıki sebepler olsa bile, dil delilinin yokluğunda eski dönemlerdeki kazılardan çıkan malzemeye bakarak bir kültürü şu veya bu halka vermek tamamen farazi olacaktır.[57]

Cevabını hiçbir kitap ve makalede bulamadığımız sorular peşpeşe geliyor: Arilerin bir yarısı olan İranî topluluklar şimdiye kadar hiçbir ulusun başaramadığı kadar bir alana yayılıp Karpatlardan Altayların ötesine ve Urallardan Hint okyanusu kıyılarına kadarki tüm ülkeleri ele geçirdilerse, etnik olarak nasıl dönüştürdüler? Yani bu kadar geniş bir sahayı İranîleştirecek nüfusu nereden getirdiler? Bir yerlerden getirmiş iseler sonra iz bırakmadan nereye gittiler? Eğer yerli nüfusu dönüştürmedi veya yok etmedilerse, demek ki bir arada yaşamaya devam etmişler. O zaman tarih kitaplarında buralara başka toplulukları sokmamamın anlamı nedir?

Ve esas ölümcül nokta: İranîlerin böyle 'şanlı' bir geçmişi olduğundan neden haberimiz yok. İranlılara aitliği kuşkulu olan Şehname (en azından Feridun bahsi) dışında neden böyle görkemli bir geçmişten bahsedilmiyor? İranî halkları tarif eden en erken kaynak olan Herodotos, onları Medlerin köle olarak gör-

---

[57] Golden, *Türk Halkları*, s.17.

düğü, aşağı sınıf bir topluluk olarak tasvir eder.[58] Hitler'e ilham veren 'üstün' Ari ırkı ancak Batı Türkistan ile Hindistan'ı yakıp yıkmayı başarmıştır ama Alan, Harezm ve Soğdluların yaşadığı güney kuşağı dışında Orta Asya'da etnik hâkimiyet kurduklarının delili bulunmaz.

Aslında Orta Asya'yı külliyen İranîlere vermenin bir delili var. Bu da yanlış düşüncelerin kaynağında bulunduğunu sandığımız üçüncü hususla koşutluk arz ediyor: İnsan kemikleri İranîlere verildiğini söylediğimiz söz konusu bölgede MÖ 3. Bin yıldan itibaren beyaz bir ırkın yaşadığını gösteriyor. Türkler beyaz ırktan olmadığına göre... bu bölgede Türk aranmamalıdır. Altayların kuzeyi ile doğusundaki çekik gözlü insanların yaşadığı geniş bölgeler Türklere de yurt aramak için yeterlidir.[59]

Burada, *İran ile Turan* adlı kitabımızda yaptığımız tartışmaları tekrarlamamak için fazla ileri gitmeyeceğiz.[60] Türklerin sarı ırktan olup olmadığı yukarıdan beri incelenmektedir ve ilerleyen sayfalarda daha başka bahisler de gelecektir. Vakıa sarı veya kara ırktan olmak gocunacak bir şey olamaz. Üstün insan olmanın ırki mensubiyetle ilgisinin olmadığını her gün görmekteyiz. Her şey şartlarla ilgilidir. Zencilerin fırsatı bulunca her alanda başarılı olduklarını gördüğümüz gibi, Hint-Avrupalı olmayan Japon veya Macarların günümüzdeki en ileri toplumlar arasında bulunduğunu hatırlamak yeter. Bugüne kadarki en üstün medeniyet olan Osmanlı'yı kuran Türklerin üstünlüğünü ise anlatacak kelime bulunmaz.

---

[58] Persleri efendileri olan Medlere karşı ayaklandırmaya çalışan Kyros, onlarla kendisini izlerlerse artık köle olarak çalışmayacakları yönünde konuşurken, bir Med komutanın iş birliğiyle Kyros tarafından yenilen son Med hükümdarı Astyages de "Medlerin dünkü köleleri, bugün efendisi oldular." diye yakınır. Herodotos, *Herodot Tarihi*, I/126 ve 129 (s.58-59).

[59] Bunu belki de bir Sovyet bilim geleneği olarak görmeliyiz: Golden, *Türk Halkları*, s.45.

[60] Karatay, *İran ile Turan*, s.34-58 arası bu tartışmalara ayrılmıştır.

Üstelik Avrupalı kimliğiyle beyaz insanı özdeşleştirenler, eski dönemlerde Avrupa'da hiçbir medeniyetin kurulmadığını biliyor olmalılar. Yunan medeniyeti Orta Doğu'dan ithal kültür mallarının işlenmesiyle oluşmuştur (*Elif* 'alfa' olur, *bet* harfi 'beta' ve *tet* harfi 'teta' haline gelir) ve de Avrupa'ya değil, Akdeniz dünyasına aittir.

Türklüğün ana yurdunu ararken yapılan dördüncü ama en büyük yanlış ise Altay kuramına bel bağlamaktır. Buna göre Türkçe bir Altay dilidir, yani dar alanda Moğolca ve Mançu-Tunguzca, geniş alanda ise buna ilaveten Korece ve Japonca ile aynı topluluğa aittir. Diller akraba ise halklar da akrabadır. Bu yüzden Türklerin türeneğini tüm bu halkların ortak alanlarında aramak gerekir. Bu ise açıkça Uzak Doğu'dur.

Eğer Türkçe gerçekten bu dillerle akraba ise söyleyecek söz kalmıyor, bu Uzak Doğu halklarının hepsine birden ortak bir çıkanak aramak gerekiyor. Bunu da şimdikinden farklı bir bölgede varsaymak zor. Bu yüzden Türklerin yeryüzüne merhaba dediği topraklar da oralarda bir yerde olmak zorundadır. Velev ki tüm bu halkların ortak atalarının başka bir yerden Asya'nın doğu uçlarına gittiği ispatlanmasın. Ama durum öyle midir? Önce Altay kuramına bakmak lazım.

BÖLÜM 4

CENGİZ YASASI DEĞİL, ALTAY KURAMI

Bir dilin içindeki lehçeler, eğer arada siyasi vs. kopukluklar olur da halklar birbirinden ayrılırsa, zaman içinde birbirinden iyice kopar ve ayrı diller hâline gelirler. Ayrılma yakın zamanlardaysa birbirlerini anlarlar. Zaman uzadıkça anlama imkânı azalır. Mesela Türkiye ve Azerbaycan 500 yıl kadar önce kesin hatlarla birbirinden koptu. Ayrı siyasi yapılar içinde ayrı kimlikler gelişti. Üstelik Azerbaycan lehçesine çok uzak olan İstanbul Türkçesi Türkiye'de resmiyet ve yaygınlık kazandı. Sonuçta araya bir kopukluk girdi. Türkiye'de Erzurum ağzı hâkim olsaydı bu kopukluk elbette daha az olacaktı. Ama yine de bir Azerbaycanlıyı rahatça anlıyoruz.

Türkmenistan'daki Türkmenlerden, yani geride kalan Oğuz boylarından ayrılış ise bin yıl önceki bir hadise. Bu yüzden onları çok daha zor anlarız. Sonuçta anlayabiliriz ama bir Azerbaycanlıyı anlama kolaylığında değil. Özbekleri bundan da zor anlarız. Kırgızlar konuşurken önce yabancı bir dil gibi gelir ama kulak kabarttığımızda bir süre sonra kelimeler seçilmeye başlar ve bir Türk dili konuştuklarını görürüz. Bu şekilde zaman ve mekândaki mesafe arttıkça diller birbirinden ayrışır. Yine bir Türk dili olan Çuvaşçayı ise ancak bilim insanları anlayabilir.

Bir örnek verirsek, bizdeki *ayak* (eski biçimi *adak*) kelimesi Çuvaşçada *ura* olarak geçiyor. Bunlar aslında aynı kelimedir. Bir dizi kurallı ses değişikliği bunları farklılaştırıyor. En eski biçimi muhtemelen *padak* olan (ve bu biçimiyle Nostratik bir görünüme kavuşan, Latince ve diğer Batı dillerinde de görülen) kelimemizde önce "*p*" düşüyor. Çuvaşçanın atası olan lehçede sondaki "*k*'"lar nizami olarak siliniyor (*hılha* ~ *kulak* gibi). İlk hecedeki "*a*" seslisi "*u*" haline geliyor (*katla* ~ *hutla* gibi). Ortadaki *d* ünsüzü de iki kademe de *r* hâline geliyor.

Şöyle bir örnekte değişik Türk halklarının aynı şeyi nasıl söylediğini görmek mümkün:

Ey güzel kız, söyle bana nerdensin? (Türkiye)

Ay gözel kız, söyle mene hardansan? (Azerbaycan)

Ay gözel gız, maŋa ayt nirden bolar sen? (Türkmenistan)

Ay yahşi kız, ayt meŋe kayerdensen? (Özbekistan)

Ey güzel kız, eytkın maŋa keyerliksen? (Doğu Türkistan)

Ey sulu kız, ayt magan kaydansın? (Kazakistan)

Çaraş kıs, çugaala menee kayıın sen? (Tuva)

Ey mattur hir, kala mana ışta esi? (Çuvaşistan)

Buradaki bizim kullanmadığımız kelimeler bizim Türkçemizde unutulmuş olan kelimelerdir, yabancı olanlar değil. Örneğin Yunus'un şiirinde "Çiçek eydür derviş baba" satırında *eytmek* 'demek, söylemek' fiili geçmektedir. *Yahşi* kelimesini biz sadece *yakışıklı*ya indirgemişiz. *Ka-* köklü soru zamirlerinde Türkiye'de sadece *hangi* ve *kaç* kelimeleri kalmış. En eski Türkçe döneminden 'konuşmak' fiili olan *kele*nin hatırası olarak *gelin* kalmış (muhtemelen kaynanaların taktığı bir isim olarak). İşte, kimi kelimeler bir bölgede kullanımdan düşer, kimilerinin anlamı, kimilerinin telaffuzu değişir. Farklılıklar büyüdükçe ağızlar, lehçelere, lehçeler dillere dönüşür.

Sonuçta bu dil ve lehçeler toplamı, kelime hazinelerinin büyük ölçüde uyuşması ve yapısal benzerlikler sebebiyle bir aile teşkil ediyorlar. Tarihî olarak da bunların tek kaynaktan geldiğini biliyoruz. Türkiye, Azerbaycan ve Türkmenistan'da konuşulan dil veya lehçeler Oğuzların dilinden gelmektedir. Oğuzca ise genel Türkçenin bir kısmını teşkil eder.

Benzer şekilde başka aileler de vardır. Örneğin Sırpçada kurt kelimesi *vuk* iken, Bulgarcada *vılk*, Rusçada ise *volk* (oku *valk*) hâline geliyor. Bu ses değişikliklerinin yanında, belli kavramları ifade ederken farklı kelimeler de kullanılır. Bir Sırp *hvala* diyerek teşekkür ederken Bulgar *blagodarya*, Rus ise *sposibo* diyecektir. Böylece hem aynı kökenden gelen kelime ses değişikliğine uğruyor hem de anlam kaymaları ile aynı kelime farklı dillerde farklı şeyler ifade edebiliyor. Bu durum insanların birbiriyle anlaşmasını zorlaştırıyor, rahat anlaşma imkânının kalmadığı noktada ise başka bir dilin sınırına geçiliyor. Ama hepsi birbirinin akrabası olarak kalıyor ve bir aile teşkil ediyorlar.[61]

Bu durum zamanla ilgilidir. Zamanı geriye alıp insanları da atalarının yaşadıkları yerlere topladığımızda, diller ortak noktada toplanıyor. Bu yüzden 1000 yıl kadar önce şimdiki Türkmenlerin ataları olan Oğuzlarla şimdiki Kazakların ataları olan Kıpçaklar yaklaşık aynı dili konuşuyorlardı. Ve yine 1200 yıl önce bütün Slavların anladığı bir dil vardı ki bunun temelinde kilisede kullanılan dil geliştirilmiştir.

Şimdi zamanda geriye gidip Slavca çağına gidelim. Onların Hun veya Avar hâkimiyetinde yaşadıkları ve tek bir dillerinin olduğu dönemi düşünelim. Bugün Rusça, Çekçe ve Sırpçanın birbiriyle akrabalık ilişkisi gibi, o günlerde de ata dilleri olan Slavcanın başka dillerle benzer akrabalık ilişkisi olacaktır. İngilizce *new* 'yeni' kelimesinin İtalyancada *nova*, Rusçada *nov* ve Farsçada *nev* olduğunu ve yine İngilizce *two* 'iki' kelimesinin İtalyancada *duo*, Rusçada *dva* ve Farsçada *dü* olduğunu gördüğümüzde bu konuda ışıklar beliriyor.

---

[61] Dilde değişme konusunu, Almanca merkezli olsa da ilginç ve güzel örneklerle Porzig inceler: *Dil Denen Mucize II*, s.71-126. Neden ve nasıl değiştiğini ise basit bir dille Ruhlen anlatır: *Dilin Kökeni*, s.31-33.

Bir taraftan emin olmak için daha fazla kelimeyi karşılaştırıyoruz, bir taraftan da yapısallığa göz atıyoruz. Bir dili bilmek için kelime bilmek yetmez. Cümle içinde kelimeleri nasıl dizdiklerini ve dahası kelimeler üzerinde nasıl oynadıklarını da bilmeliyiz. Mesela biz *gelemeyecekmiş* deriz. Bir İngiliz, birkaç tane örnek haricinde, kelimenin başına veya sonuna böyle ekler koyarak yeni anlamlar veremez. Bizim bu 'kelime' cümlemizi şöyle söyler:

It has been learned that he will not be able to come.

Biz bunu şöyle çevirmeyiz:

O var idi öğrendi ki o ister hayır ol –ebilir –e gel.

Hâlbuki aynı şeyi Rusça söylediğimizde yaklaşık İngilizcedekine benzer bir yapı kurarız. Macarca söylediğimizde ise biçim Türkçeye benzer.[62] Kelimeler çok benzemeyebilir ama yapısallık önemli ve belirleyicidir. Sonuçta dillerin nasıl işlediğini ve hangi kelimelere sahip olduğunu kıyaslayarak birbiriyle ilişkisini belirleriz. Ama dillerin birbiriyle kelime alışverişinin yoğunluğunu düşünürsek, incelememizde çok fazla seyahat etmeyen kelimelere öncelik veririz. Mesela sayılar, temel sıfat ve fiiller, akrabalık ve organ isimleri kolay kolay değişmez. Başka bir dilden *beş, uzun, koşmak, baba* ve *ayak* gibi kelimelerimizin yerine kolay kolay başka kelimeler almayız. Türkçedeki bu 'kalıcı' kelimelerin bir listesi sonraki bölümde verilecektir.

Böylece, bu karşılaştırmalarla örneğin yukarıdaki incelemede İngilizcenin ait olduğu German dil ailesi, İtalyancanın mensubu bulunduğu Latin ailesi, Rusçanın geldiği yer olan Slav ai-

---

[62] Macarca zaman bakımından çok fakirdir. Dünyada ise miş'li geçmiş zaman bildiğim kadarıyla sadece (şimdiki) Bulgarcada bulunur. Bu yüzden bu örnekte Macarca cümle de aslında tam Türkçe gibi kurulamıyor ve kabiliyeti 'bilmek' fiiliyle anlatması dışında İngilizce ve Rusçaya daha yakın duruyor: "*Azt mondta, hogy nem fog tudni jönni*" (Bunu dediler, ki (o) değil –ecek bilmek gitmek).

lesi ve Farsçanın dâhil olduğu İran ailesi uzak bir geçmişte ortak bir noktada birleşiyor gözükmektedir. Bunlara Hint-Avrupa ailesi denir. Hemen bütün diller bu şekilde aileler teşkil etmekte, bu aileler daha üst atalarda birleşmekte, bu ataların da başka atalarla kardeş olduğu görülmektedir. Bugün gelinen noktada, makarayı geriye sardığımızda, bütün dillerin ortak bir kaynaktan çıktığına inanılmaktadır.[63]

Aynı şeyi Türkçe için de düşünmek gerekir. Dünya üzerinde yalnız olamayacağına göre, Türkçenin de yakın ve uzak akrabaları olmalıdır. Sibirya'da uzun süren bir esaretten sonra ülkesine dönen İsveçli subay von Strahlenberg 1739 yılında yayınladığı bir eserde bir kısmına aşina olduğu Finceden oralarda öğrendiği Moğolcaya ve Türkçeye kadar Avrasya'nın kuzeyindeki tüm dillerin ve halkların birbiriyle akraba olduklarını öne sürmüştür. Daha sonra bir asırlık bir sessizlik hüküm sürmüş, ardından Castrén adlı Fin bilgini konuyu akademik olarak ele alıp ilk söz karşılaştırmalarını yapmıştır. Ondan sonra ise konu en üst düzeyde bilimsel bir çalışma alanı hâline gelmiştir.[64]

Varsayılan Ön veya Ana Altay dilinin illa da Asya'nın doğusuna yerleştirildiğini düşünmek de doğru değil. Örneğin Japoncayı da ekleyerek bu aileyi kendi tasavvurunda iyice büyütmüş olan Miller'a göre Ön Altay dili Batı Sibirya'da çıkmış ve doğuya doğru yayılmıştır.[65]

Altay kuramındaki sıkıntı esasında araştırmaların kuramdan mı, yoksa kuramın araştırmalardan mı çıktığının belli olmamasındadır. Konu bilimsel bir üretime tabi gözükse de bu fikrin ortaya çıkışı daha çok bir algı ve hisle ilgili gözüküyor. Doğal

---

[63] Ruhlen bu fikrin dava adamıdır: *Dilin kökeni*, özl. s.160-162. Bu konudaki fikirlerin gelişimini ise s.65-67'de aktarır.

[64] Poppe, *Altayistiğe Giriş*, s.187 vd.; Tuna, *Altay Dilleri Teorisi*, s.7-11; Bayat, *Türk Dili Tarihi*, s.33-41.

[65] Golden, *Türk Halkları*, s.21.

olan şey önce araştırmaların yapılması, ardından kuramın oluşturulmasıdır ama bu örnekte kuram peşin olarak hazırlanmış, araştırmalar ona göre yapılmış gözüküyor. Böyle bir ailenin olması gerektiğine inanılıyor, bu inanç istikametinde hareket ediliyor.

Bu algının bir sebebi coğrafya ise bir sebebi de bu coğrafyaya bağlı olarak gelişen jeokültürdür ki Türk ile Moğol'u bizzat İlhanlı Moğol sarayının tarihçisi Reşidüddin'in ağzından kardeş yapar.[66] Öyle ya, ortada ayrım çizgileri olmayan, sınır kavramının neredeyse bilinmediği bir coğrafya var. Burada Türkler ve Moğollar en az 2500 yıldır iç içe yaşıyorlar. Dolayısıyla birbiriyle dil ve soy akrabalığının olması beklenmelidir.

Ama bu beklenti beraberinde peşin bir kararı ve ön yargıyı getirmemeliydi. Önce Türkçe ve Moğolca, ardından Mançu-Tunguzca ve ulaşılan sonuca göre Korece ve Japonca diğer dil ailelerinin geçtiği muayeneden geçmeliydi.[67] Muayene ise yukarıda bahsettiğimiz temel kelimelerin karşılaştırılmasından başlar. Tamamını olmasa da bir kısmının kıyasını biz yapalım. Aşağıdaki tabloda iki dili kıyaslarken ilk elde bakılması gereken kelimeler bulunmaktadır. Bunların elbette fazlası vardır, daha birçok kelime eklenebilir. Mesela *su* kelimesi çok temeldir. Ama listede fazladan bulunan bir kelime yoktur.

Dil bilimde iki dil karşılaştırılırken her ikisinde de kelimelerin en eski biçimi alınır. Mecbur kalınmadıkça günümüzdeki iki kelime karşılaştırılmaz. Mesela bugünkü Rusça *moloko* 'süt' kelimesinin *malako* okunuşundan da ilham alan bir Türk hemen *mal* 'sığır' kelimesinden süte bir anlam bağlantısı kurabilir.

[66] Bunu ünlü Ergenekon destanının anlatıldığı metnin başlarında okuruz: Gömeç, *Türk Kültürünün Ana Hatları*, s.266.

[67] Vovin yeni bir çalışmasında Koreceyi tek başına bir aile olarak alır ve başka hiçbir bir dille akraba olmadığını iddia eder: "Korean as a Paleosiberian Language", s.235-254.

Hâlbuki 9 asır önce bu Rusça kelime *mleko* biçimindeydi, bu da Almanca *milch* ve İngilizce *milk* 'süt' ile bağlantılı bir kelimedir. Öte yandan bizim bugün kullandığımız *mal* kelimesi Arapçadan gelmiştir, bildiğimiz kadarıyla eski Türkçede geçmez.

Biz aşağıdaki tabloda önce bir anlamın bugünkü dilimizde söylenişini verdik. İkinci sütun bunun eski Türkçe biçimini veya söylenişini verir. Üçüncü sütunda ise Moğolca kelime bulunur. Eğer Türkçe kelime ile alaka kurulabilecek bir Moğolca söz varsa dördüncü satırda anlamı verilir. Öbür türlü, bir Moğolca kelimenin anlamı aynı satırın ilk sütununda verilen anlamdır. Bu aynı zamanda arada bir bağlantı olduğu anlamına gelecektir ve bu yüzden ayrıca bir işaretleme yapılmamıştır.

Tabloya geçmeden önce tarihî Türkçenin temel bir özelliğinden bahsetmek gerekir. Yukarıda aynı aileden değişik dil ve lehçeler arasında ses değişiklikleri olduğunu söylemiştik. Mesela bizde *y-* ile başlayan kelimeler Kazakça ve Kırgızcada *j-* veya *c-* ile başlar. *Yol* kelimesi sırasıyla *jol* ve *col* olur. *Yazmak* yerine *caz*mak, *yurt* yerine *curt* derler.

Bu şekilde Türkçenin iki kolu arasında öyle büyük bir değişiklik vardır ki birinde *-z* ile biten kelimeler diğerinde *-r*, birinde *-ş* ile biten kelimeler diğerinde *-l* hâline gelir. Aynı şekilde birinde *b-* ile başlayan kelimeler diğerinde *p-* başlangıcına sahiptir. Sesli harflerde de bazı değişiklikler olur. Tarihte Bulgar/Oğur Türkleri genel Türkçeden böyle farklı kalmış bir lehçeyle konuşurken, bugün de Çuvaş Türkleri aynı dil özelliğini sürdürmektedir. Bu yüzden örneğin bizdeki *baş* kelimesi Çuvaşçada *pıl*, bizim *beş* Çuvaşçada *pel*, bizdeki *kız* Çuvaşçada *hir* ve *öküz* kelimesi *vökür* biçimindedir.[68]

---

[68] Bu durum R'leşme ve L'leşme diye adlanır veya bu iki denklik esas alınarak dillerden birine (bizimkine) *ŞAZ*, diğerine ise *LİR* denir. Geniş bilgi için bkz. Tuna, *Altay Dilleri Teorisi*, s.17-19; Poppe, *Altayistiğe Giriş*, s.229-230.

Son araştırmalar Bulgar/Oğur Türkçesinin eskiden tüm Türklerin konuştuğu dil olduğunu, bizim lehçemizin ondan saptığını göstermiştir.[69] Bu yüzden Moğol ve Macarcadaki Türkçe ile alakalı en eski kelimeler büyük ölçüde Bulgar/Oğur Türkçesine denk gelmektedir. Biz de sonraki bölümdeki tabloda dilimizdeki en eski biçimleri mümkün olduğunca Bulgar-Oğur Türkçesine göre vermek isterdik ama bunlar için yazılı kayıt bulunmuyor. Bu yüzden aslında Moğolca ve daha sonraki bölümde görüleceği üzere Macarca ile kıyaslanmaması gereken Ortak Türkçenin en eski biçimlerini almak zorunda kaldık.

[69] Tuna, *Altay Dilleri Teorisi*, s.31. Yalnız bizce bu durum R'leşme için söz konusudur. L'leşmenin eski Türkçede var olduğunu söylemek için yeterince delil olmadığına inanıyoruz.

BÖLÜM 5

TÜRKLER VE MOĞOLLAR: KURULTAY İHTİYACI

Aşağıdaki kelimeler başta Swadesh listesi olarak çeşitli kaynaklardan derlenerek tarafımızca oluşturulmuş, eski biçimlerin yazım ve tespitinde ise en çok Décy'nin *The Turkic Protolanguage* kitabından yararlanılmıştır.

Yukarıda bazı kavramları ifade eden kelimelerin temel olduğunu, her dilde bulunduğunu, başka bir dilden bunları ifade için kelime almaya gerek olmadığını söylemiştik. M. Swadesh adlı dil bilimci en temel 100 ve tamamlayıcı 100 olmak üzere 200 kelimelik bir liste hazırlamış, dillerin buna göre kıyaslanmasını önermiştir.[70] Tabii farklı dillere uygulamalarda coğrafyaya göre düzenleme yapılır. Örneğin sıcak iklimdeki bir dilden kar ve buzla ilgili maddeler çıkartılır. Biz ise burada sınıflamayı esas

---

[70] Swadesh, "Lexico-Statistic Dating of Prehistoric Ethnic Contacts", s.452-463. Ancak uygulamada bu listenin her zaman güvenilir sonuçlar vermediği iddia edilmiştir. Türkçede bir eleştirisi için Clauson'un makalesine bakılabilir ("Altay Teorisinin Leksikoistatistiksel Bir Değerlendirmesi", s.156 vd.). Bu listelerin Türkçe bağlamında ayrıntılı bir incelemesi Gökdağ ve Şimşek tarafından yapılmıştır ("Temel Sözcükler Bağlamında Türkçenin Görünümü", s.183-221). Son zamanlarda Tadmor vd., Swadesh'in bir kısım kelimelerini koruyan yeni bir liste önermişlerdir: "Borrowability and the Notion of Basic Vocabulary", s.239-241.

alarak bir liste hazırladık ve 200'lük listeyi biraz genişlettik. Swadesh'teki bazı kelimeler ise burada dışarıda kaldı.

Her şey gibi böyle bir liste de keyfi olarak istenen amaçla kullanılabilir. Mesela temel 100 listesini kullanan Clauson Türkçe ile Moğolca arasında ancak üç dört kelimenin tartışma olmaksızın bağlantılı sayılabileceğini söyler. Bu inanılmaz düşük bir rakamdır. Değil herkesin akraba diye bildiği Türkçe ile Moğolca, dünyanın en alakasız iki dili arasında bile daha fazla kelime ortaktır.

Şimdi, örneğin Türkçe *el*in karşısına Moğolca *gar* 'el' kelimesini koyarsak, ilk bakışta bunlar ilgisiz ve ayrı olarak gözükecektir. Ama *qar*ın eski Türkçede kol olduğunu düşünürsek, el ve kol kavramında Türkçe ile Macarca ve Moğolca bir araya gelecektir. Aynı şekilde Macarca *nyák* 'boyun' kelimesi Türkçede beklenen tam karşılığı ile ilgisiz gözüküyor lakin karşısında *yaka* kelimemizin olduğunu bilmeliyiz. Konuya soğuk bir ciddiyetle yaklaştığımızda, sadece iki lehçe kadar birbirinden ayrılan Türkiye ve Azerbaycan Türkçeleri en temel kelimelerde bile mesafeli durmaktadır: Az. *tapmak* 'bulmak', *danışmak* 'konuşmak', *yahşi* 'iyi', *bala* 'çocuk, oğul', *harda* 'nerde' gibi.

İnanılmaz bir şey ama listeyi 'soğuk ciddiyetle' uyguladığımızda ortaya çıkan manzara bu iki Oğuz lehçesini birbirinden hayli uzak gösterebilir. Yukarıda bir cümlenin değişik Türk lehçelerinde söylenişini vermiştik. Cümle anlamlıdır, zira bütün kelimeler temel listeye aittir. Fakat Türkiye'den doğuya doğru gittikçe ciddi kaymaların olduğu görülüyor. Bu yüzden, bu tür listeleri dikkatli kullanmak gerekiyor.

Aşağıdaki listede Türkçedeki eski biçimleri esas aldık ama bazı temel kelimelerimiz eski kaynaklarda hiç geçmiyor. Bu, o kelimenin eskiden olmadığı anlamına gelmez. Mesela *duymak* fiili eski metinlerde yoksa Türkler bunu yakın zamanlarda yeni çıkardı veya başkasından aldı denmez. Bu tür kelimeler diğer

Türk lehçelerinde yaygınsa eski dilimizde de var olduğuna hükmedebiliriz.

Bir de açıkçası çeşitlendirme yapmak gerektiği için liste uzadı. Örneğin Swadesh listesindeki *all* 'hepsi' yerine biz sadece bu kelimenin eski biçimi olan *köp*ü alırsak ve *bütün* kelimemizi kullanmazsak Moğolca *büten* 'hepsi' kelimesindeki bağlantıyı göremeyiz. *Yapmak* derken, *etmek, eylemek, kılmak, işlemek* gibi fiilleri ayrı tutamayız.

Burada önce Moğolca için abartısız genişletilmiş bir temel kelimeler listesi sunuyoruz. Açık görülecektir ki burada herhangi bir Moğolca kelimeyi gözden kaçırtmayı amaçlayan bir tasarrufa yeltenilmemiştir. Gayemiz her şeyin açıkça görülmesidir. Daha sonra, müteakip bölümde bu listenin içeriği Macarca için kullanılacaktır. Böylece bu iki dili Türkçe ile eşit şartlarda kıyaslamış olacağız. Burada ilgili olan veya olabilecek kelimeler renklendirme ile vurgulanmıştır.

Türkçe	**Eski Biçim**	**Moğolca**	**Anlam**
Sayılar			
Bir	bir	neg	'aynı'
İki	iki	hoyor	'aynı'
Üç	üç	gurav	'aynı'
Dört	tört	döröv	'aynı'
Beş	biş	tav	'aynı'
Altı	altı	zurgaa	'aynı'
Yedi	yiti	doloo	'aynı'
Sekiz	sekiz	naym	'aynı'
Dokuz	toquz	yös	'aynı'

On	on	arav	‘aynı’
Yüz	yüz	neg zuu, zuun	‘aynı’
Bin	min	miyang	‘aynı’

Zamirler, Edatlar ve Bağlaçlar

Ben	men/ben	bi	‘aynı’
Sen	sen	çi	‘aynı’
O	o, ol	ter	‘aynı’
Biz	miz/biz	bid	‘aynı’
Siz	siz	ta	‘aynı’
Onlar	olar	ted	‘aynı’
Kendi	kentü	gendün	‘aynı’
Öz	öz	öör	‘aynı’
Bu	bo	ene	‘aynı’
Şu	şo	in	‘aynı’
Kaç	kaç	hed	‘aynı’
Kim	kim, kayu	hen	‘aynı’
Ne	ne	yuu	‘aynı’
Ne zaman	kaçan	hezee	‘aynı’
Nere	kança, kanı	yamar gazar; ali gazar	‘aynı’
Hangi	kangı	yamar; ali ni	‘aynı’
Nasıl	neçük	yamar	‘aynı’
Niye	neke	yagaad	‘aynı’
Ve	takı	ba	‘aynı’

İle	ile, bilen	ba?; bas?; hamt (-tay)	'aynı'
Eğer	ha, -se	herev	'aynı'
De/da (yine)	de/da	bas	'aynı'
Değil, yok	degül, yok	bus	'aynı'
Tüm,	köp, tüm, bütün	büten	'aynı'

Temel Fiiller

Aç	aç	neeh	'aynı'
Ak	ak	aki	'aynı'
Al	al	avah	'aynı'
Ayıt 'sormak'	ayt	nuruugaa üüreh	'aynı'
At	at	hayah	'aynı'
Avla	avla	avlah	'aynı'
Bağla	ba	baglah	'aynı'
Bak	bak	harah	'aynı'
Bil	bil	medeh	'aynı'
Bin	min	suuh	'aynı'
Böl	böl	huvaah	'aynı'
Bul	bul, tap	tavah	'aynı'
Bula	bulga	önhrüüleh	'aynı'
Bur	bur	muşgiddah	'burulmak'
Bük	buk, büg	niitgih	'aynı'
Çık	çık	garah	'aynı'
Çek	çek	çiheh	'itmek'

Çiz	çiz	jirüh	'aynı'
De	ti	yerih, ögüüleh, heleh	'aynı'
Dik (elbise)	tik	hadah	'ilmeklemek'[71]
Doğ	tuğ	töröh	'aynı'[72]
Dol	tol	bolovsroh düüreh	'aynı'
Döv	toqı	nüdeh	'aynı'
Duy, işit	eşit	duulah	'aynı'
Er	er	hüreh	'aynı'
Eş	eş	uhıh	'aynı'
Et	et	hiih, üildeh	'aynı'
Gel	kel	ireh	'aynı'[73]
Gez	kez	gerü	'dolaşmak'
Gir	kir	oroh	'aynı'
Git	kit	yavah	'aynı'
Giy	ked	kedüre	'aynı'
Gör	kör	harah, üzeh	'aynı'
Gül	kül	ineeh	'aynı'
İç	iç	uuh	'aynı'
İn	in	buuh	'aynı'
İste	iste	hüseh	'aynı'
Kap	kap	şüüreh	'aynı'

[71] Krş. *kat-* 'iliştirmek, ilmeklemek'
[72] Krş. *törü-* 'türemek'.
[73] Krş. *er-* 'varmak'

Kaz	qaz	uhah, maltah	‘aynı’
Kıl	kıl	ki	‘aynı’
Kes	kes	hasah, hesegleh	‘aynı’
Konuş	tın	yarih	‘aynı’
Koru	qorı	hamgaalah	‘aynı’
Kur	kur	zasah, ugsrah	‘aynı’
Ol	bol	boloh	‘aynı’
Öl	öl	üheh	‘aynı’
Öl	öl	alah	‘öldürmek’
Ör	ör	göröh	‘örmek’
Piş	bış	boloh, şarah, huurah	‘aynı’
Say	sa, san	sanah	‘sanmak’
Say	sa, san	tooloh	‘aynı’[74]
Sev	sev	hayrlah	‘aynı’
Sor	sor	asuuh	‘aynı’
Sön	sön	sönüh	‘aynı’
Söyle	söyle	heleh, yarah	‘aynı’
Süz	süz	şüüh	‘aynı’
Tak	tak	zuuh; ölgöh	‘aynı’
Tanı	tanu	tanih	‘aynı’
Taşı	taşu	jüge	‘yük’
Tıka	tıq	taglah	‘aynı’

---

[74] *Tül-* ‘düşünmek’ üzerinden bir bağlantı düşünülebilir.

Tut	tut	barih, zuurah	'aynı'
Uç	uç	niseh	'aynı'
Uyu	udı	untah	'aynı'
Var	bar	baygaa; baidag	'aynı'
Var 'gitmek'	bar	hüreh	'aynı'
Ver	bir	ögöh	'aynı'
Vur	ur	tsohih	'aynı'[75]
Yala	yala	dalugah	'aynı'
Yap	yap	hiih	'aynı'
Yar	yar	yarah	'aynı'
Yarat	yarat	buteeh, üüsgeh	'aynı'
Yaşa	yaşa	amdrah	'aynı'
Yaz	yaz, biti	biçih	'aynı'
Ye	yi	ideh	'aynı'
Yıka	yıka	ugaah	'aynı'
Yokla	yok	temtreh	'aynı'
Yürü	yor, yür	yavah, alhah	'aynı'
Yüz	yüz	seleh	'aynı'

[75] Krş. *sok* 'sokmak, zorlamak, vurmak'. *Sok-* fiilindeki darbe anlamı İngilizce *shock* ile örtüşüyor. Benzer bir kelime Sümercede de vardır.

Temel Sıfatlar

Acı	açı	gaşuun	'aynı'
Ağır	ağar	hünd	'aynı'
Ak	aq	tsagaan	'aynı'
Ala	ala	alag	'aynı'
Alçak	alçak	nam; namhan	'aynı'
Alt	ala, as	dood	'aynı'
Arka	arqa	ar tal, ard	'aynı'
Az	az	aray	'oldukça az'
Başka	başqa	öör; ondoo	'aynı'
Bol	bol	elbeg, delbeg	'aynı'
Boş	boş	hooson	'aynı'
Boz	boz	bor	'aynı'
Büyük	bög, bedüg	tom	'aynı'
Çok	çok, köp, qop	ih; olon	'aynı'
Dar	tar	nariin	'aynı'
Dış	taş	gadna	'aynı'
Erken	er; erte	erthen	'aynı'
Eski	eski	huuçin	'aynı'
Geç	kiç	oroy; oroyın	'aynı'
Geniş	en	örgün	'aynı'
Geri	kirü	hoyşoo	'aynı'
Gök	kök	höh	'aynı'
İç	iç	dotor	'aynı'
İlk	il, ilk	anh	'aynı'
İnce	yinçe	şingen	'aynı'

İyi	edgü	sain	‘aynı’
Kara	qara	har	‘aynı’
Kısa	qısğa	namhan	‘aynı’
Kızıl, al	qızıl, al	ulan	‘aynı’
Kötü	yaman, yavuz	muu	‘aynı’
Kuru	kuru	huuray	‘aynı’
Küçük	kiçig	baga, caahan	‘aynı’
Ön	öng	urd	‘aynı’
Sağ	sağ, ong	baruun	‘aynı’
Sarı	sarıg	şar	‘aynı’
Serin	serin	serüün	‘soğuk’
Sıcak	sıcak, yılık	dalagan	‘aynı’
Soğuk	soğıq	huyten	‘aynı’
Sol	sol	züün	‘aynı’
Son	song	süüliin	‘aynı’
Ulu	uluğ	üleg	‘aynı’
Uzun	uzun	urt	‘aynı’
Üst	üst, üze	deed	‘aynı’
Yeğ	yig	sein; deer	‘aynı’
Yeni	yanggı	şine	‘aynı’
Yeşil	yaşıl	nogoon	‘aynı’
Yuvarlak	tegirmi	dügerig	‘aynı’
Yüksek	yüksek	öndör	‘aynı’

Kişi ve Akrabalık Tabirleri

Abla	eke	egç	'aynı'
Ağabey	içi	ah	'aynı'
Amca	*abaca	avga	'aynı'
Ana	ana, ög	eh; eec, eke	'aynı'
Ata 'baba'	ata	aav	'aynı'
Ata 'ecdad'	eçü	etsig	'aynı'
Apa 'yaşlı akraba'	apa	ambaa	'aynı'
Baba	qang	aav	'aynı'
Bacı	bacı	egç	'aynı'
Can, ruh	tın	çınar	'solumak'
Çocuk	çocuk, bala	hüühed	'aynı'
Dayı	tağay	nagats	'aynı'
Dede	dede 'baba'	övöö	'aynı'
Er	er	erhün, er	'aynı'
Hala	tağay ece	avag egç	'aynı'
Halk	kün	kün	'kişi'
Kadın	urağut, tişi	emegtei, eme	'aynı'[76]
Kardeş	ini	düü	'aynı'
Karı	uragut	avgay	'aynı'
Kız	qız	ohin	'aynı'
Kız kardeş	öke	ohin düü	'aynı'

[76] Krş. *eme* kelimesi Anadolu'da hälen 'hala' yerine kullanılır.

Kişi	kişi	hün	'aynı'
Nine	nene	emee	'aynı'
Oğul	og	hövuun, hüü	'aynı'
Teyze	tağay ece	nagats egç	'aynı'

Organ İsimleri

Ağız	ağız	am	'aynı'[77]
Akıl	ög	uhaan	'aynı'
Ayak	adak	adag	"ırmağın kolu"
Bacak	but	höl	'aynı'
Bağır	bağır	tseec, henhdeg	'aynı'
Baş	ba, baş	tolgoi	'aynı'
Beyin	meñi	tarhi	'aynı'
Boy	bod	bodo	'vücut, nesne'
Boyun	boyun	moyinog	'boyun derisi'
Burun	burun	hamar	'aynı'
Dil	til	hel	'aynı'
Diş	tiş, tih	şüd	'aynı'
Diz	tiz	övdög	'aynı'
El	el	gar	'aynı'[78]

---

[77] Bu kelime kadınlık uzvu manasıyla ilişkilendirilir. Böyle ise Türkçedeki o kelime Moğolcadan bir alıntı olmalıdır. Zira bu gibi konularda mecazla anlatım esastır. Erkeklerde de eski Türkçe silah anlamındaki kelime bizde bugün bu şekilde kullanılmaktadır.

[78] Krş. Eski Türkçe *qar* 'kol, omuz'.

Göğüs	köküz	höh	‘aynı’
Göz	köz	nüd	‘aynı’
Kalp	yürek	zürh	‘aynı’
Kan	qan	tsus	‘aynı’
Karın	karın	gedes	‘aynı’
Kemik	süngük	yas	‘aynı’
Kıl	qıl	hyalgas	‘aynı’
Kol	qol, qar	gar; mutar	‘aynı’ (yuk. bkz.)
Kulak	qulğaq	çih	‘aynı’
Mide	quruğsaq	hodood	‘aynı’
Saç	saç	üs	‘aynı’
Sakal	saqal	sahal	‘aynı’
Ten	tan	aris; biy	‘aynı’
Tüy	tü	üs	‘aynı’
Us	es, us	uhaan	‘aynı’
Vücut	bod	bayh, biye	‘aynı’ (ykr. bkz.)
Yüz	yüz	dür	“şekil, çehre”

Başlıca Hayvanlar

Arslan	arslan	arslan	‘aynı’
At	at	mori	‘aynı’
Aygır	adgır	acirga	‘aynı’
Ayı	adığ	baavgay	‘aynı’

Balık	balık	zagas	'aynı'
Boğa	buqa	buh	'aynı'
Boran	boran	selh	'aynı'
Böcek	bög	horhoy	'aynı'
Buzağı	buzagı	biragu	'küçük dana'
Çakal	çakal	tsöövör	'aynı'
Dana	tana	şar	'aynı'
Davar	tavar	bog mal	'aynı'
Deve	teve	temee	'aynı'
Eşek	eşgek	ilcig	'aynı'
İnek	inek, ingek	ünee	'aynı'
Kaplan, pars	bars	bar	'aynı'
Keçi	keçi	yama	'aynı'
Koyun	qoy	honi	'aynı'
Köpek	ıt, it, köpek	nohoy	'aynı'
Kurbağa	baqa	melhii	'aynı'
Kurt	böri, kurt	çono	'aynı'
Kuş	quş	şuvuu; jigüürten	'aynı'
Kuyruk	qudrıq	kudurka	'kuyruk sokumu'
Kuzu	quzu	hurga	'aynı'
Öküz	öküz	buh	'aynı' (yuk. bkz.)
Ördek	ördek	nugas	'aynı'

Sıçan	sıçqan	hulgana	'aynı'[79]
Sığır	suğur	üher, buh	'aynı'[80]
Tavşan	tavışkan	tuulay	'aynı'
Tavuk	taguqı	tahia	'aynı'
Yılan	yılan	mogoy	'aynı'[81]

Başlıca Bitkiler

Ağaç	ığaç	mod	'aynı'
Arpa	arpa	arvai	'aynı'
Buğday	buğday	buudai	'aynı'
Burçak	burçaq	---	---
Çalı	ı	but	'aynı'
Çam	çam	nars	'aynı'
Çiçek	çiçek	tsetseg	'aynı'
Darı	tarı	şar buda	'aynı'[82]
Elma	alma	alim	'aynı'
Ekin	ekin	tarilg, taria	'aynı'[83]
Ekmek	etmek	tarih (yuk. bkz.)	'aynı'
Kavak	qavak	uliangar	'aynı'
Kayın	qadın	haylaas	'aynı'

---

[79] Eğer bizim kelimenin aslı *sışgan*a gidiyorsa, bir ilgi kurulabilir.
[80] Krş. *öküz* > *üher*.
[81] Eski Türkçe 'ejderha, canavar' anlamındaki *büke* ile uyuşuyor.
[82] Tam karşılığı 'sarı buğday'. Her iki kelime de önceden geçtiğinden, burada işaretlenmemiştir.
[83] Krş. *tar-* 'ekip biçmek' (> *tarım, tarla, tırmık*).

Kök	kök	ug, ündes	‘aynı’
Meyve	yemiş	jimis	‘aynı’
Orman	yış, orman	oy	‘aynı’
Ot	ot	övs	‘aynı’

Zaman Tabirleri

Akşam	aqşam	oroy	‘aynı’
Ay	ay	sar	‘aynı’
Bahar	yaz	havar	‘aynı’
Dün	tün	öçigdör	‘aynı’
Gece	tün	şönö	‘aynı’
Gün	kün	ödör	‘aynı’
Güz	küz	namar	‘aynı’
Öğle	tüş, ödle	üd	‘aynı’
Kor (vakit)	qor	tsag	‘aynı’[84]
Kış	qış	övöl	‘aynı’
Öd (zaman)	öd	hugatsaa	‘aynı’
Yarın	yarın	daruça	‘ertesi’
Yaz	yay	niray	‘taze’
Yıl	yıl	cil	‘aynı’

[84] Krş. *çağ*.

Fiziki, coğrafi vd. tabirler

Altın	altun	altan	'aynı'
Ateş	od, ot	oçi	'kıvılcım'
Ay	ay	sar	'aynı'
Bakır	baqır	zes	'aynı'
Bel (dağda)	bel	temdeg, şinc	'aynı'
Dağ	tağ	uul	'aynı'
Deniz	tengiz	tengis	'aynı'
Elmas	almas	almas	'aynı'
Gökyüzü	kök	höh tenger, ogtorgui	'aynı'
Göl	köl	nuur	'aynı'
Güneş	küneş	nar	'aynı'[85]
Irmak	ırmak, ögüz	gol	'aynı'[86]
Su	sub, suv	us	'aynı'
Taş	taş	çulu	'aynı'
Toprak	toprak	tovrog	'aynı'
Toz	toz	toos	'aynı'
Yağmur	yamgur	boroo	'aynı'[87]
Yel	yel	salhi	'aynı'
Yer	yir	gazar, şal	'aynı'
Yıldız	yultuz	od	'aynı'

---

[85] Krş. *yaru-* 'parlamak, ışımak'.
[86] Krş. *köl* 'göl'.
[87] Krş. *boran*.

Tamamlayıcı Swadesh listesinin yüzde 50 genişletilmişi (ama *kanat, tırnak, kirli* vs. kelimeleri dışlayan) olan bu liste 300 maddeden oluşuyor ve Türkçeyle Moğolca arasında bunlardan 105'i ilgili gözüküyor. Bunların içinde alıntı olduğundan kuşku duyalamayacak *höh tenger*, *tsetseg, jimis* ve *jil* gibi kelimeler ile onaylanmayan *döröv* 'dört' gibi olanları çıkarttığımızda sayı biraz daha azalıyor. Swadesh 207 listesinde ise 41 kelime alakalı gözüküyor. Alıntı olup çıkartılabilecek kelimeler bu listenin içinde.

Ortaklıklar toz toprak vs. kelimelerde ve evcil hayvanlarda artıyor. Bir de Moğolcanın renk isimlerini büyük ölçüde Türkçe ile paylaşması çok ilginç. Akrabalıklarda düzenli bir ilişki gözükmüyor. Sıfatlarda ortaklıklar biraz çoğalırken fiillerde olağan seyrediyor. Sayılarda açıklanamayan ve hâlen kuşkulu duran 'dört' dışında, tek bir kelime ortak gibi. Sayılarda Hint-Avrupa dilleriyle bile ortaklık daha fazla (*beş* ~ Farsça *penç*, Slav *pet', pyat'* vd. 'beş'; *yedi* ~ Farsça *heft*, Slav *sedam* vd. 'yedi'; *on* ~ Latin *uno* vd. 'bir', *yüz* ~ Doğu Hint-Avrupa *sat* 'yüz'). Zamirler ise evrensel uyumluluk beklentisinin çok altında. Dünyanın herhangi iki dilindeki şahıs zamirleri, hatta Türkçe ve Latince karşılaştırmasında olduğu gibi soru zamirleri uyumluluk gösterir. Ama burada bu yok.

Gördüğümüz gibi listedeki kelimeler arasında aslında çok fazla ortaklık yok. Hatta benzerlikler akraba sayılan iki dile göre yok denecek kadar az. Bu demek değildir ki Türkçe ile Moğolcanın ortak kelimeleri bundan ibaret. Listeyi ne kadar genişletirsek ortak kelime sayısı o kadar artacaktır. Esas görünüme iki tarafın sözlüğündeki bütün kelimeleri karşılaştırdığımızda ulaşacağız. Fakat o zaman karşımıza bambaşka bir durum çıkacak. Bu listede birinci sütunda verilen anlamlara dayanarak Arapça ve Sırpça ile Türkçeyi kıyasladığımızda hemen hiçbir ortak kelime bulamayacağız. Ama sözlükleri elimize aldığımızda Türkçede en az 10.000 kadar Arapça kelimenin,[88] Sırpçada ise 5.000 kadar Türkçe kelimenin bulunduğunu göreceğiz. Hâlbuki en geniş sözlükleri karşılaştırdığımızda Türkçe ile Moğolcanın ortak kelimelerinin sayısı belki 1000'i geçmeyecektir.

Bu durumda Arapça ve Sırpçanın Türkçeye Moğolcadan daha yakın olduğunu mu söyleyeceğiz? Kesinlikle hayır. Bu yüzden kıyaslamada temel kelime hazinesini esas alıyoruz. Diller birbirine sürekli kelime alıp verirler ama bu alışverişin metası büyük ölçüde kültür kelimeleridir. Yukarıdaki listede geçen kelimeler genellikle bir dilden diğerine kolaylıkla geçmez, geçse bile asıl kelime unutulmaz. Mesela dilimize Farsçadan *peder* kelimesi gelmiştir ama *baba* ve *ata* bir yere gitmemiştir. Aynı şekilde Arapçadan *beyaz*, Farsçadan *siyah* kelimelerini almışız, fakat *ak* ve *kara* da küçük bir duruş değişikliğiyle olduğu yerde duruyorlar.

Dıbo, Altay dillerinin Swadesh listesini inceleyen bir köken sözlüğü yayınlamıştır. Bu değerli çalışmada ilk 100'deki bütün kavramları ifade eden kelimeleri inceler. Ama bir kavram karşılığı alınan çok sayıda kelimeden biri herhangi bir Altay dili, diğeri başka bir Altay dili ile ilgili olabilir. Örneğin 'hep' kavramı için *bütün, bar, kamu, kop, yomku, yara, alku, totoş, ködörö, üze* vb. çokça kullanılan veya kısıtlı kalan veya ödünçleme olan bütün

[88] Bu tamamen keyfî ve tahminî bir rakamdır. Galiba kimse hiçbir zaman gerçek sayıyı hesaplayamayacak. Dilimizde Arapça asıllı kelimelerin sayısının hızla azaldığı bir gerçek. En bilindik *müteahhit* gibi bir kelime dahi yerini *yüklenici*ye bırakıyor. Şu sene veya şu zaman aralığı için diyerek bir hesaplama yapılabilir ama ülkenin dilini sadece o senelere hapsetmek mümkün olmaz. İnsanlar 1957 senesindeki kitapları okumayacaklar mı, okuyacaklarsa kelime hazinesi, en azından yazılı dilde muhatap olunan sayı değişiklik gösterecektir. Öte yandan, 2019 itibarıyla sadece matbuat alınsa dahi dilden düştüğünü düşündüğümüz pek çok kelimenin çeşitli kalemlerce yaşatıldığına şahit olacağız. Bu yüzden, TDK'nin sözlüğünü yaşayan dili en iyi yansıtan derleme olarak alıp, belki oturup onun içindekileri saymaktan başka çare gözükmüyor.

kelimeleri inceler. Bu ise bağlantı bulma imkânını artırır. Fakat sonuçta Altay ailesi söz konusu olduğunda onun da ifade edeceği rakam 26 kelime, yani yüzde 26'dır.[89] Kendisinin de hazırlayıcılardan olduğu Altay köken sözlüğünde de Türkçe ile Moğolca'nın Swadesh ortaklığı 25 kelime ile verilir.[90] Burada örneğin yaprak (*yapur-gak*) karşılığı önerilen Ana Moğolca denklik olan *labçi* kelimesi Macar *levél* ve Fin *lehti* kelimelerine daha yakın durmaktadır. Yani Ural-Altay bölgesindeki dil ortaklıkları hem görece azdır hem de karmaşık ve çok boyutludur.[91]

Sorun sadece Türkçenin Moğolca ve diğer Altay bölgesi dilleri ile ilişkisinde değil, ilgili tüm diller sorunlu bir ilişki barındırıyor. Türkçenin Mançu-Tunguzca ile ortaklıkları da yüzde 25 olarak kalırken, yüksek olmasını beklediğimiz Moğolca ve Mançu-Tunguzca ortaklıkları sadece yüzde 29. Türkçenin Koreceyle ortaklığı yüzde 17 ve Moğolcanın yüzde 18 iken, Koreceye komşu olan Mançu-Tunguzcanın ortaklığı sadece yüzde 23'e çıkıyor.[92] Starostin ve takımının hazırladıkları sözlüğün verisini yorumlarken dikkat etmedikleri en büyük sorun ise -geniş Altay ailesi bir tarafa- Türkçe, Moğolca ve Mançu-Tunguzcanın üçünün birden ortaklıklarının sadece yedi tane olması. Bunlardan da üçü zamirdir: Tr. **ti-*, Mo. **te-re*, M-T **ta* 'o' (işaret zamiri); Tr. **bi-ŕ*, Mo. **ba*, M-T **bue* 'biz'; Tr. **kem*, Mo. **ken*, M-T **xia* 'kim'.[93] Biz yukarıda Türkçe işaret zamiri *ti-* gibi bir kurulumu

[89] Dıbo, *Etimologiçeskiy slovar' tyurkskih yazıkov -IX-*, s.16.

[90] Starostin vd., *An Etymological Dictionary of the Altaic Languages*, s.230-2.

[91] Starostin'in sözlüğündeki yeniden kurmalarda fonetik sıkıntılar için bkz. Jankowski, "Altaic Languages and Historical Contact", s.531.

[92] Starostin vd., *An Etymological Dictionary of the Altaic Languages*, s.234.

[93] Bu ilişkiler sisteminde üçlü kombinasyonların sıkıntısını dile getiren Doerfer, Tunguzcanın konumunu 'açık' olarak niteler, yani Moğolca üzerinden Türkçe paylaşımlar içermektedir (Doerfer, "Akraba Olmama Kanıtlanabilir mi?", s.165-7).

Macarca veya Fince kıyaslarında kullanmadık. Bunlar evrenseldir, çok alakasız bölgelerde karşımıza çıkabilirler. Özellikle Hint-Avrupa dilleriyle Türkçenin zamir ortaklıkları kayda değer seviyededir ve kısaca değineceğiz. Dolayısıyla yedi rakamı tesadüfi benzeşme oranının da altındadır ve Altay ailesinin varlığını ciddi manada sorgulatır.

Benzer bir listeyi kendisi hazırlayan Clauson ise ödünçleme ve zamir vb. olan birkaç kelimeyi çıkarttıktan sonra Türkçe ile Mançu-Tunguzca arasında temel listede bir tane bile kelime kalmadığı ve bu iki dilin hiçbir şekilde akraba olamayacağı sonucuna ulaşır. Moğolcada ise geniş listede sadece 16 denklik bulur ve itirazlarını dile getirip ortaklık oranını yüzde 2'ye indirir.[94] Hatta Türkçe ile Mançu-Tunguzcanın ilgisizliğini tespit ettikten sonra, bunun Moğolcanın her ikisiyle birden akraba olmasını engellediğini ve toplamda Altay dil ailesinin mevcut olmadığını söyler.

Yukarıdaki netice Türkçe ile Moğolcanın yakın akraba oldukları ümidini baştan boşa çıkartıyor gibidir. Araştırma elbette bununla kalmayacak. Kelime hazinesini biraz daha genişleteceğiz ve biraz Moğolca kelimenin daha Türkçe ile alakalı olduğunu göreceğiz: *tar* 'kel' (krş. *dazlak* < *tazlak*), *toyık* 'topuk', *çınar* 'solumak' (krş. Türkçe *tın* 'ruh, nefes'), *kudurka* 'kuyruk sokumu', *kutuk* 'talih, kut', *kerü* 'dolaşmak' (krş. *kez* 'gezmek'), *köge* 'köpürmek', *kebidesün* 'geniş', *kirga* 'kırmak', *boroğan* 'yağmur' (krş. boran), *daluga* 'yalamak' (krş. Macar *nyal* 'yalamak'), *dalda* 'gizli, dulda', *dali* 'örtmek, yaşurmak' (bu kelime bizde bir tür başörtüsü anlamındaki *yaşmak* olarak kalmıştır), *görö* 'örmek', *gere* 'şahit' (krş. Eski Türkçe *kert*

---

94 Clauson, "Altay Teorisinin Leksikoistatistiksel Bir Değerlendirmesi", s.172, 174.

'inanmak'), *sağa* 'sağmak', *solugay* 'solak', *sögöd* 'diz çöktürmek, sökürmek', *şigür* 'süpürge', vs.[95]

Poppe, Moğolca kelime hazinesinin yüzde 25'inin Türkçe kökenli olduğunu söylemek abartı olmayacaktır, der.[96] Bunlardan hareketle ortak kökler kuran Starostin vd. ise toplamda 672 madde başına ulaşır.[97] Ancak bunun büyük çoğunluğu erken dönem ödünçlemelerinin sonucudur.[98] Temel kelimelerde bile kendini gösteren ödünçleme faaliyeti, konu kültürel kelimeler tabakasına gelince hayli artmaktadır. Ödünç kelimelerin çokluğu akrabalığı değil, uzun zamanlı komşuluk ilişkilerini gösterir.[99] Bu uzun ve yakın komşuluk zamanla temel kelime hazinesi ve biçim özelliklerine kadar nüfuz edecek bir etkileşim doğurmuştur. Örneğin daha az ilişkinin cari olduğu Sırpçada sadece Türkçe kelimeler değil, *-luk* (*-lik/-lık*) ve *-ci* (*-ci/cı*) gibi ekler de bulunur. Dolayısıyla bu ilişkiyi açıklamak için daha başka bir çözüm gerekmektedir.

Eğer ortaklıklar ırsi değil, ödünçlemeyle oldu ise bunları ayıklayınca ilginç bir resim ortaya çıkıyor. Clauson'a göre yüzde 20'nin biraz altında olan Moğolcadaki Türkçe unsurlar çıkarıldığında geriye avcı-toplayıcı, uruk seviyesinde ve köyden büyük olmayan yerleşimlerde yaşayan ilkel bir Tunç Çağı toplumunun (Avrasya'da Tunç Çağı MÖ 3000-1000 arasıdır) dili ortaya çıkıyor. Bu dilin tarım ve hayvancılığın başa baş gittiği ve yüksek bir toplumsal örgütlenmeyi içeren Demir Çağı

---

[95] Bu kelimelerin büyük kısmı Poppe'nin *Altay Dillerinin Karşılaştırmalı Grameri* ve *Introduction to Altaic Linguistics* kitaplarından derlenmiş, ayrıca Alimcan İnayet Bey'in verdiği Gao zhau rı ge tu'nun *Menggu yu zu yu yu Tujue yu zu yu* adlı kitabından faydalanılmıştır. Bu Çince kitapta Moğolca ve Türkçe listelerin Latin harfleriyle hazırlanmış olması işimizi çok kolaylaştırdı.

[96] Poppe, *Altayistiğe Giriş*, s.232.

[97] Starostin vd., *An Etymological Dictionary of the Altaic Languages*, s.235.

[98] Schönig, "Turko-Mongolic Relations", s.404.

[99] Jankowski, "Altaic Languages and Historical Contact", s.529.

görünümüne kavuşması için Türkçe kelimelerin eklenmesi gerekiyor.[100] Dillerin saf hâlinin bir ekolojik bütünlüğü temsil etmesi önemli bir noktadır ve dikkate alınmalıdır.

Diyelim bugün Sırpça sözlük 100 bin kelime içeriyorsa bu dildeki 5.000 Türkçe kelime yüzde 5'lik bir paya sahip olacaktır. Öte yandan, 5.000 kelimesi olduğunu düşündüğümüz eski bir dil ile hemhâl isek bu dildeki 1.000 kelime yine yüzde 20 nispete ulaşacaktır. Osmanlı asırlarında Türklerle Sırpların etnik teması yok denecek kadar az olmasına rağmen dört asır içinde bu kadar kelime geçmiş. 3.000 yıl boyunca birbirinin içinde, diyebiliriz ki aynı çadırda yaşayan Türklerle Moğolların etnik temasını ona göre hesaplayalım, dillerindeki kelimelerin az veya çok olduğunu ondan sonra konuşalım.

Yukarıda gördüğümüz gibi, temel kelime hazinesinde Türkçe ile Moğolca fazla bir şey paylaşmıyor. Evrensel dil bilim anlayışında bu durum, kuramın sağlığını tehdit eder. Poppe olmayan kelimelerin kuramda bir zayıflık teşkil etmediğini, olanlara bakmanın daha önemli olduğunu vurguluyor.[101] Fakat olanlar beklentiyi karşılamıyorsa ne yapacağız? İkinci, üçüncü dereceden kelimeler ödünçlenebilirlik ihtimali yüksek olan kelimelerdir. 3.000 yıllık birliktelikte ödünçleme faaliyetlerinin had safhaya vardığını kabul etmeliyiz. Eğer Türkçe ile Mançu-Tunguzca, Moğolcadan bağımsız olarak kayda değer ortaklıklar sergileseydi bu ikinci ve üçüncü dereceden kelimelerin varlığını bir soy bağlantısı kurmak için nazara alabilirdik.

Bir konu var ki Altay kuramı üzerindeki kuşkuları en üst seviyeye çıkartıyor. Türkçe ile Moğolcanın belli bir derece ortaklıkları var. İş Türkçe ile Mançu-Tunguzca ilişkisine geldiğinde ortaklıklar ani bir düşüş gösteriyor. Kuşkuyu artıran husus, bu ikinci ortaklıktaki kelimelerin birincide de bulunması. Mançu-

---

[100] Clauson, "Turk, Mongol, Tunguz", s.111.

[101] Poppe, *Altayistiğe Giriş*, s.226.

Tunguzcanın bir kelimesi Türkçe ile ilintili ise genellikle Moğolca ile de ilintilidir. Bunun yorumu Türkçeden Moğolcaya geçmiş kelimelerin Moğolcadan da Mançu-Tunguzcaya geçtiği olabilir.[102]

Öbür türlü, bunlar atalardan kalan kelimeler olsaydı, daha farklı ve rastgele bir dağılım gösterirlerdi ve Türkçenin bir kısım kelimeleri Moğolcada olmayıp Mançu-Tunguzcada olurdu. Bazı örnekler olmakla birlikte (mesela Man. *gemu* 'hepsi' ~ Tr. *kamu*, Man. *amba* 'büyük' ~ Tr. *amma* 'hayli', Man. *huhun* ~ Tr. *göğüs*, Man. *gala* ~ Tr. *kol*, Man. *abala* ~ Tr. *avlamak*, Man. *huthu* ~ Tr. *bağlamak*), durum büyük resim itibarıyla böyle değil. Alıntılanabilir türden olmayan Türkçe-Moğolca koşutluklarının sayısı çok az.[103]

Geriye çok az kelime kalıyor. Bunlar için de illa soy akrabalığı düşünmeye gerek yok. Dünyanın herhangi iki dili arasında bu kadar ortaklık bulunabilir. Türkçe ile Fince arasında da benzer kelimeler, hatta denklikler bulunabiliyor. Aşağıda Macarca-Fince kıyaslarında Türkçenin paylaştığı Fince kelimelerin bir kısmını verdik. Bunun dışında örneğin *onni* 'mutluluk' (krş. Türkçe *onmak*), *vero* 'vergi', *valkoinen* 'beyaz' (krş. *ala, alka*), *viikset* 'bıyık', *ja* 've' (krş. Türkçe *ya* edatı; Kazakçada aynı kelime, tabii *je* biçimiyle 've' anlamında kullanılır; aynı kelime Mançucada da vardır), *eri* 'ayrı, farklı', *käjdä* 'gitmek' (krş. *kayıtmak*), *sairas* 'hasta, sayralı', *öinen* 'gece' (krş. *öğle*; bu kelimenin kökünde *öd* 'zaman' vardır), *mina* 'ben', *sina* 'sen', *hän*

---

[102] Poppe, *Altayistiğe Giriş*, s.233.

[103] Róna-Tas, "The Reconstruction of Proto-Turkic", s.77. Róna-Tas bunu söylemekle birlikte Altay kuramına sıkıca bağlıdır ve buna rağmen soy ilgisini nazara alır. Yine onun kaydettiği üzere (*age*, s.77), Nostratik kuramın öncü savaşçısı, yani Ural, Altay, Hint-Avrupa, Dravit (Güney Hindistan'da bir grup dil), Kartvel (Gürcüce ve akrabaları) ve Sami (Arapça ve akrabaları) dillerinin ortak bir kaynaktan geldiğini savunan Sovyet alimi İlliç-Svitıç bile Türkce ile Moğolcanın beklenen yakınlığı göstermemelerinden yakınır.

'o', *unohtaa* 'unutmak', *kaappaa* 'kapmak', *pää* 'baş', *puoli* 'yarım' (krş. *bölmek*), *pura* 'burmak', *päät* 'bitmek, son bulmak', *kesä* 'yaz' (krş. *güz*). Bu dildeki mastar eki *-ma* ve fiilden isim eki *-s* Türkçedeki mukabilleriyle neredeyse aynıdır.[104]

Hatta Latince ile Türkçeyi karşılaştırmak bile mümkün. Mesela *primus* 'ilk' kelimesinde bizim *bir* rakamımızı görmek mümkün. *Aqua* 'su' sözcüğü *akmak* ile karşılaştırılabilir. *Gena* 'yanak' kelimesi bizim yanak ile benzeşir ki bizdeki –k eki ikiz organların sonuna getirilen bir çoğuldur (ayak, bacak, kulak gibi). 'Kopya' biçiminde dilimize geçen *copia* 'çok' demektir. Bizdeki mukabil kelime ise dilimizde şimdi kullanılmayan *köp*'tür (şimdi bu kelimeyi *hepsi* biçimine getirmişiz). *Vir* 'er' ve ondan türeyen *virtus* 'erdem' böyle bir koşutluk taşırlar. Üstelik Hint-Avrupa dillerinde birinci anlam için *man* beklememize rağmen. Latince istek kipi bildiren *si*'nin Türkçe aynı işlevdeki *-se/-sa* ile benzerliği çarpıcıdır. Hatta çok benzeşen zamir ve ekler de vardır.[105]

Palus 'bataklık' kelimesi evrensel bir köke gidiyor gözükmekte ve bir yerde Türkçe *bal* 'balçık, çamur' ile buluşur.[106] *Oratio* 'konuşmak' kelimesi eski Türkçe *orı* "bağırmak, seslenmek" ile kıyaslanabilir. *Vocatio* 'çağırmak' kelimesi Türkçe *oku-* 'çağırmak' fiiline benziyor. *Element* ve onun Fransızca okunuşu olan *eleman* kelimelerinden bildiğimiz Latince söz Macarcada *elem* olarak geçer. Bu ise Bulgar/Çuvaş Türkçesin-

---

[104] Bunları daha önce şu makalede incelemiştik: "Türk-Slav İlişkilerinin Başlangıç Dönemleri Üzerine", s.537.

[105] Karatay, *İran ile Turan*, s.128-130.

[106] Bu evrenselliği şu çalışmada açıklamıştık: Karatay, "Balık 'Kent' Kelimesinin Kökeni ve Eski Türklerde Şehirciliğe Dilbilimsel Bir Yaklaşım".

deki *elem* 'ilk, birinci' kelimesiyle kökteştir. Ortak anlamına gelen Latince *communis* bizdeki *kamu* kelimesiyle bitişir.[107]

Creatio 'yaratmak' fiilinde açıkça *yarat* (krş. Macar *gyár* 'üretmek, türetmek') kelimesi görülüyor. *Incisio* "çizmek, oymak, hâk etmek" içinde *çizmek* görülebilir. *Toccare* 'dokunmak' (*tok-*) fiili ilk bakışta görülüyor. Hatta Arıkoğlu, Greenberg'in listeleri üzerine yorumunda, bazı kelimelerde Latince söz başındaki *s-* harflerini kaldırınca düzenli olarak Türkçe kelimelere ulaşıldığını tespit etmiştir.[108] Yine İngilizcede *cave* olarak bulunan Latin *cavus* 'mağara' kelimesi Türkçe *kov* (> *kovuk*) ile karşılaştırılabilir. Yine temel kelimelerden *os* 'ağız' şaşırtıcı. *Cauda* 'kuyruk' bizim *kudruk* biçiminin kökünü taşıyor sanki. *Cor* 'yürek'te de böyle bir görünüm var (Fransızcadan alıp anlamını biraz değiştirdiğimiz *bonkör* aslında 'iyi kalpli' demektir).

Bu sözlerin tamamına yakını temel kelime hazinesiyle ilgili ve toplama vurulduğunda Türkçe-Mançuca ilişkisinden neredeyse daha yakın bir görünüm sergiliyor. Tabii ki öyle değil ama sormadan olmuyor: Acaba Latince Türkçeye Mançucadan daha mı yakın?

Roma medeniyetinin temelinde Etrüsklerin yer aldığı biliniyor. Dilleri farklıydı, Hint-Avrupa ailesinden değildi. Latince zamanla bu dili ortadan kaldırdı ama derinlerde sağlam bir tabaka bıraktığından da kuşku duyamayız. Son dönemde Etrüskler Türk'tür türü ifadeler çoğalmaya başladı. Bu konudaki araştırmaların ilginç sonuçlarını göz ardı edemeyiz ama Etrüsklerin Türk olmasına imkân yok. Sadece eskilere giden bir bağlantıdan bahsedilebilir. Bize ulaşan kelimeleriyle oluşturulan sözlükleri

---

107 Gerçi Farsçadan Türkçeye geçtiği söylenir: Clauson, "Altay Teorisinin Leksikoistatistiksel Bir Değerlendirmesi", s.166. Öte yandan krş. Mançu *gemu* 'hepsi'.

108 Arıkoğlu, "Greenberg'in Avrasyatik Dil Teorisi ve Türkçe", s.58.

inceledim. Şaşırtıcı şekilde Türkçe ve bazı örneklerde Macarca ile uyuşan kelimeler var. Ama Slav dilleriyle uyuşanlar da şaşırtıcı derecede.

Latincenin Türkçeyle uyuşan kelime hazinesinin bir kısmını Etrüskçe üzerinden farazi bir ortak kaynağa götürebiliriz ama önemli bir kısmı da insanlığın ortak malı olan kelimelerdendir. Bu ortak mal bizi şaşırtmamalı. Dünyanın hangi diline bakarsak bakalım, en az Türk olduğunu sandığımız Kızılderililerin dillerindeki kelime kadar Türkçeyle uyuşan kelime göreceğiz.

Altay adı altında sınıflanan dilleri incelerken söz varlıklarının uyuşmasından öte önemi bulunan konu, yapısallıklarıdır. Moğolca da aynen Türkçe gibi eklemeli bir dildir. Yapım ve çekim ekleriyle bir kelime köküne yeni anlamlar yüklenir. Bu iş yapılırken ses uyumu diye bir kurala uyulur. Bunun dışında cinsiyet yokluğu, ön ek yokluğu, fiil kökünün emir oluşu, çokluk ifade eden bir sıfattan sonra ismin tekil kalması ("üç kalem" veya "çok kalem" ama diğer dil ailelerindeki gibi "üç kalemler" veya "çok kalemler" değil), sıfat karşılaştırmasının ayrılma ekiyle yapılması ("Ahmet Mehmet'*ten* büyüktür") gibi ortaklıklar bulunur.[109] Ayrıca yüze yakın ekin Türkçe ve Moğolcada (bazen Mançu-Tunguzcayla da paylaşmak üzere) ortak olduğu öne sürülmüştür.[110]

Yapısal benzerlikler söz konusu olduğunda elbette Türkçe ile Latince veya Almancanın benzerliğini konuşmak zor olur. Daha doğrusu çok uzaklardan bir bağlantı kurulabilir. Vakıa, yapısallık da kesinlik arz etmez; sürekli değişime tabidir. Mesela Macarcada bileşik cümlelerin aynen Türkçedeki gibi yapılması ge-

---

[109] Ayrıntılı olarak bkz. Poppe, *Altayistiğe Giriş*, s.255-280. Ayrıca bkz. Tuna, *Altay Dilleri Teorisi*, s.35; Ercilasun, *Türk Dili Tarihi*, s.18, 26-27.

[110] Tuna, *Altay Dilleri Teorisi*, s.35. Robbeets, "How the actional suffix chain connects Japanese to Altaic", s.51, Japoncanın da bazı çekim ekleri üzerinden Altay ailesine bağlandığına inanır.

rekirken ve eskiden öyle iken, gittikçe çevredeki Hint-Avrupa dillerine benzeyen bir yapı gelişmiştir.

Az az ember, aki bezsél, az barátom.

"Şu adam, ki konuşuyor, arkadaşımdır."

Az beszélő ember az barátom.

"Şu konuşan adam arkadaşımdır."

Biz de Farsçadan aldığımız *ki* bağlacıyla böyle bir yapı geliştirmişiz ama şükür fazla ileri gitmemişiz. Biçimsel alanda da akraba diller arasında farklılıklar oluşabilir. Mesela Slav dillerinde tanımlık (İng. *the*, Arapça ve İspanyolca *el*, Fransızca *la* gibi) yok iken Bulgarca ve Makedoncada vardır. Hint-Avrupa dillerinde cinsiyet varken İngilizcede tamamen kaybolmuş ve geriye sadece *he* ve *she* zamirleri kalmıştır. Hatta İngilizce çekimleri de büyük ölçüde terk ederek alabildiğine basitleşmiş ve yapısal olarak Hint-Avrupa dillerinden çok Çinceye benzemiştir. Kelimeyi koyduğunuz yere göre anlam değişir.

Aile kabul ettiğimizde Türkçe ile Moğolcanın bu derece farklılaşmasını açıklamanın bir yolu ailenin bölünme tarihini çok erken devirlere almaktır.[111] Çok sayıda dil üzerinde yaptığı gözlemlerle ortak kelimelerdeki kayıpların, yani akraba olduğu bilinen iki dilin ayrışma sürecinin bir zaman karşılığı olduğuna inanan Swadesh, 100'lük listenin 1000 yılda yüzde 14.207'lik listenin ise % 19 oranında değiştiğini söyler.[112] Kayıp her iki dilde de yaşanacağı için, sonuçta bin yıl sonra korunan ortak ke-

---

[111] Aynı şey aynı sorunu yaşayan Ural dilleri için de geçerlidir ki bunu ifade eden Janhunen daha kısa bir zaman mesafesi koyar ve Ana Ural dilinin 5000 önce bölünmeye başladığını söyler: "Proto-Uralic—what, where, and when?", s.68, 72.

[112] Swadesh, "Lexico-Statistic Dating of Prehistoric Ethnic Contacts", s.455-459; "Archeological and Linguistic Chronology of Indo-European Groups", s.350.

limelerin oranı yüzde 66 ± 3 olacaktır. Evrenselliği veya zaman tayininin genelgeçerliliği sorgulansa da,[113] çalışmamızda bunu denemekte fayda var. Buna göre, ortak bir atadan gelen Türk ve Moğol dilleri 6 ila 7000 yıl önce ayrışmaya başlamış olmalı ki bugünkü duruma gelmiş olsunlar. Starostin vd. Altay dilinin parçalanması için MÖ 6. bin ylı verirken, aile içinde ikiz kabul ettikleri Türkçe ve Moğolcanın MÖ 4000 civarında ayrıldıklarını yazar,[114] Osman N. Tuna daha ayrıntılı bir dil istatistiği çalışması yapar ve ana Türkçenin 8352 yıl önce oluştuğunu öne sürer.[115] Bu da Ana Altaycanın bir kolunun Türkçe ve Moğolcanın ortak atası olduğu varsayımına dayanır.

Fakat böyle bir açıklamanın önünde iki büyük engel var: Birincisi, diller ayrıştıktan sonra kelime alışverişi sürmüştür ama Türkçe ile Moğolca arasındaki en eski ödünçlemeler dahi tarihlendirilebilir nitelikte ve nispeten çok yakın zamanlara dayanıyor. Moğolcadaki en eski Türkçe ödünçlemelerinin Hun çağında (MÖ 3. yy. ve sonrası) olduğunu öngören Schönig, bunların *–r* dili, yani Bulgar-Çuvaş tipi olduğuna dikkat çekiyor.[116] Dolayısıyla sıkı Altaycı Poppe de dâhil, bugün bilim âleminde yaygın görüş olarak *–r* dilinin Türkçenin tarihinde daha eski ve esas olduğunu ve bunun 2 ila 4. yy.a kadar sürdüğünü belirtiyor.[117] Ortak Türkçede *–z* ile biten kelimelerin Bulgar-Çuvaş Türkçesinde *–r* ile bitmesinden hareketle Türkçe temel olarak iki kola ayrılır.

---

[113] Embleton, *Statistics in Historical Linguistics*, s.50-61.

[114] Starostin vd., *An Etymological Dictionary of the Altaic Languages*, s.234, 236.

[115] Tuna, *Altay Dilleri Teorisi*, s.54.

[116] Schönig, "Turko-Mongolic Relations", s.404-5.

[117] Schönig, "Turko-Mongolic Relations", s.410; Poppe, *Altayistiğe Giriş*, s.194; Dıbo, *Hronologiya tyrkskih yazıkov*, s.784; "Material'nıy bıt rannıh turok. Jilişte", s.230.

Dahası 13. yy. öncesindeki Türkçe-Moğolca ödünçleme ilişkisi tek yönlüdür; Türkçe Moğolcadan hiçbir kelime almamış, hep vermiştir.[118] Bu tek yönlü ilişkiyi açıklamanın yolu olmadığını (çünkü her iki toplumun da 'aynı' kültürel seviyede bulunduğunu) düşünen Starostin vd., meseleyi ödünçleme olarak gözüken kelimelerin tamamını Ana Altay dilinin ortak malı yaparak çözmektedir. Bu durumda bu ortaklıkların yeni zamanlılığı sorusu geliyor. Buna verilen cevap da eski Türkçenin (Göktürk, Uygur, Karahanlı vb.) Moğolca ile hiçbir teması olmayan bir Ön Türk lehçesinden indiği, teması olan Ön Türk lehçesinin ise ortadan kalktığı şeklindedir.[119] Hâlbuki Orta Moğolistan bölgesinde yaşamış Göktürk ve Uygurların dilinin Moğolca ile temasta olmadığını iddia etmek yerine, yukarıdaki *–r* dili çözümlemesine başvurmak tüm sorunu çözecektir. Ortak Türkçe *–r* dilinden dönüşümle miladi çağlarda ortaya çıkmıştır.

Diğer engel ise 7000 yıl önce bağımsız bir dil olarak ortaya çıkmış olması gereken Türkçenin bu kadar uzun bir süre tek bir dil olarak kalıp, ancak günümüzden 1600 küsur yıl önce takip edilebilir bir düzenlilikle ikiye ayrıldığını açıklamanın zorluğu. Türkçenin muhafazakâr bir karakterde olduğu iyi biliniyor. Örneğin bir İngiliz'in 1000 yıl önceki İngilizceyi değil anlaması, İngilizce olduğunu fark etmesi bile çok zordur.[120] Fakat günümüzdeki bir Türk 1300 yıl önceki yazıtların dilinin Türkçe olduğunu hemen fark eder ve önemli bir kısmını da anlayabilir. Nitekim 100'lük Swadesh listesinde Türkiye Türkçesinin yüzde 92, Özbekçenin yüzde 91 gibi beklenen yüzde 86'nın çok üzerinde, 200'lük (tamamlayıcı) listede ise sırasıyla yüzde 84 ve 88 ile yine beklenen yüzde 81'in çok üzerinde bir korunmuşluk

---

[118] Starostin vd., *An Etymological Dictionary of the Altaic Languages*, s.13.
[119] Starostin vd., *An Etymological Dictionary of the Altaic Languages*, s.17.
[120] Mallory, *Hint-Avrupalıların İzinde*, s.27-8, 107.

sergilediği gözlemlenmiştir.[121] Eğer bu hep böyle ise Türkçenin değişme hızı Swadesh önerisindeki ortalamanın çok altındadır; bu da var ise bir ana Altay veya Ural-Altay dilinden kopuşu çok daha erken tarihlere götürecektir.

Bir kısır döngü olarak, bu kez Türkçenin çok daha uzun bir zaman birliğini korumasını açıklamak zorunda kalacağız ki değil 8-10 bin yıl, birkaç bin yıl boyunca bütünlüğünü koruduğunu düşünmek bile zordur. Çünkü örneğin Hint-Avrupa ana dilinin 4500 ila 5000 yıl kadar önce ayrışmaya başladığı hesaplanıyor ki[122] bundan günümüzün İrlandalılarından Bangladeşlilere kadar birçok ulusun dili doğmuştur.[123] Altay (ve Ural) bölgesinde ayrışma tarihinin eskiliğini açıklamakta sıkıntı olduğu için, bölgesel özellikleri nazara alan yeni teklifler gerekmektedir. Türkçe ve Moğolcayı 'ikiz' kabul etmeyip, var ise Ana Altay dilinden ayrı kopuşlar sergilediklerini düşünmek bir yol olabilir. Böylece ikisi de birbirinden ziyade Ana Altay dilinden uzaklaşacakları için, toplam korumayı 1000 yılda yüzde 66 ± 3'e muhafazakârlık payı ekleyerek yüzde 70 olarak aldığımızda, 4000 yılda yaklaşık bugünkü durumlarına geleceklerdir. Türkçenin veya bir başka dilin 4000 yıl boyunca da bütünlüğünü koruması zordur ve bu öneri Moğolcadaki Türkçe ödünçlemelerin yeniliği meselesine de çözüm sunmuyor. Üstelik yukarıdaki kar-

---

[121]Clauson, 2004, s.162. Öte yandan bunun dilin bir özelliği mi olduğu, yoksa öbür türlü çevresel unsurlardan etkilenmeyle fazlaca değişmeye açık bir doğasının olup olmadığı iyi tartışılmalıdır. Nitekim Çuvaşçada bu oranlar sırasıyla yüzde 77 ve 62 olarak evrensel ortalamanın çok altındadır (Clauson, "Altay Teorisinin Leksikoistatistiksel Bir Değerlendirmesi", s.162). Yukarıda geçtiği gibi komşu dillerden çok fazla etkilenmesi bunu tetiklemiş gözüküyor.

[122] Anthony, *The Horse, The Wheel and Language*, s.21.

[123]Ana Hint-Avrupa dilinden önceki dönemi Ön Hint-Avrupa olarak niteleyen Anthony, Anadolu dilleri Hititçe, Luvice ve Palicenin MÖ 4000 civarında ayrıldıklarını düşünür (Anthony, *The Horse, The Wheel and Language*, s.48).

şılaştırmalar Türkçenin temel listede Moğolca ile eş düzeyde, genişletilmiş listede ise daha fazla oranda Macarca ile de akrabalık bağını gündeme getirmiştir. Böylelikle bu üç sorunu birden halledecek bir çözüm önerisine ihtiyaç doğmaktadır.

Tüm bunları akılda tutarak Altay tartışmasında söyleyebileceğimiz şey, Türkçe ile Moğolca ve Mançu-Tunguzcanın eldeki verinin yetersizliği ışığında bir yakın aile çatısı altına alınmasının zorluğudur. Öte yandan Sinor'un önerdiği soy akrabalığı iddia edilemez ama Altay kavramını bir jeokültürel olgu olarak kullanabiliriz[124] ifadesinin ilk kısmı da biraz zor. Yapısal benzerlikler bu dillerin belli bir dereceden yine de akraba olduğunu, en azından bu dillerin Türkçeye Hint-Avrupa ve Sami dillerinden daha yakında bulunduğunu gösterir. Peki ama bu yapısal özellikler sadece Altay dilleri diye anılan toplulukta mı vardır?

[124] Sinor, *Inner Asia*, s.22.

BÖLÜM 6

TÜRKLER VE MACARLAR: GULÂŞTAN ÖTE

Macarların Batı dillerindeki ismi olan Hungar kelimesinin ilk hecesi bize daima ilginç ve çekici gelmiştir. Her iki Türk'ten biri burada 'Hun' kelimesini görür, diğeri ise tasdik eder. Bu doğru değildir. Doğru olan şey bunun başka bir Türkçe kelime oluşudur: On Oğur. Bugünkü Macarlığın içinden çıktığı, ortak ismi Oğur olan on kabilelik bir birliğin adı.[125] Ama Macarlar hakkında geçmişte ve şimdi öyle bir çağrışım vardır ki, daima Türklükle birlikte anılırlar. Hatta Orta Çağ'da kaynakların önemli bir kısmı onları Türk diye adlandırırdı, muhtemelen kendileri de öyle diyorlardı.[126] Buna değineceğiz.

Çağdaş bilim döneminde eski söylenceler bir kenara bırakılarak başta dile dayanan daha somut araştırmalar başladı. Ayrışma da bununla birlikte geldi. Macarca, bir Türk tarafından anlaşılması imkânsız olan bambaşka bir dildir. Ama öte yandan Türkçe ile ortak çok fazla kelime içerir ve yapısallık düzlemin-

---

[125] Róna-Tas, *Hungarians and Europe in the Early Middle Ages*, s.282-287.

[126] Eski Macarlarla ilgili en fazla ve ayrıntılı bilgiyi 948-952 yıllarında Bizans imparatoru 7. Konstantinos tarafından yazılan (sonradan verilen bir isimle) *De Administrando Imperio* adlı kitaptan almaktayız. İmparator bu kitaptaki bilgileri, aralarında efsanevi Macar hükümdarı Àrpad'ın torununun da olduğu bir Macar elçilik heyetinden dinleyerek kayda geçirtmiştir. Yani birinci el bilgi almıştır. Ve bu kitap onlara daima 'Türk' der. 'Macar' sadece yedi kabileden birinin adıdır.

de aralarında fark yok gibidir. Bir Macar konuşurken Türk gibi düşünür:

Òl-om-ban sok kecske-m van. (oku *şok keçke*)

"Ağıl-ım-da çok keçi-m var."

Türkiye'de maalesef bir casus, II. Abdülhamid'in casusu olarak çok tanınan Vámbery bu özelliklerin farkına vardı ve ciltlerce eser yazarak Macarcanın aslen Türkçe ile aynı kaynaktan geldiğini göstermeye çalıştı. Macaristan o zamanlar bağımsız değildi, Habsburg İmparatorluğu'na, Viyana'ya bağlıydı. Kuşkusuz sadece Vámbery'ye bağlayamayacağımız böyle bir fikir[127] Viyana'da çok tehlikeli bulundu. Zaten 1848 isyanında başarısız olan Macar önder Kossuth, Türkiye'ye sığınmış ve Türkiye hiçbir baskıyı umursamayarak onu en iyi şekilde misafir etmişti (Kütahya'daki evi şimdi müzedir).

Böyle bir yakınlaşma elbette Avrupa'da kimsenin işine gelmiyordu. Bu fikri destekleyenlere uygulanan baskının yanında, tersi fikirler için de seferber olundu. Bu yolda özellikle iki Alman'a önemli bir görev verildi. Budenz ve Hunfalv 'bilimsel' çalışmalar yaparak Vámbery'yi yalanlamaya çalıştılar ve Macarcanın Fin-Ugor dil ailesine mensup olduğunu iddia ettiler. 1870'lerdeki bu fikrî mücadeleye Macar fikir hayatında 'Ugor-Türk Savaşı' (Ugor-Török Háború) denir.[128]

---

[127] Belirttiğimiz gibi, eskiden beri zaten bir Macar-Türk çağrışımı vardı. 1739'da bütün kuzey dillerinin akraba olduğunu öne süren von Strahlenberg Macarcayı da bu 'Tatar' dillerine katmıştı. Bu alanın kurucu ustası olan Castrén, Ural-Altay birliğinin varlığından kuşku duysa da, açıkça redde de yanaşmamış ve en azından üçünün, Fin-Ugor, Sameyod ve Türk kollarının birbirine yakınlığının görüldüğünü söylemiştir. Caferoğlu, *Türk Dili Tarihi*, s.11, 17-18.

[128] Türkiye'de neredeyse hiç bilinmeyen bu konu L. Marácz tarafından Eylül 2010'da Ankara'da yapılan Türk Tarih Kongresi'nde bildiri olarak sunulmuştur. Marácz yenilerde bunu *Ortak Türk Tarihi*'ndeki "Macarlar" bölü-

Böylece Macarca ile Türkçenin akrabalık bağlantısını göstermeye çalışan girişimler devlet eliyle, bazen çok şiddetli baskı ve işten kovmalarla sindirildi ve Fin-Ugor yanlısı görüş hâkim hâle getirildi. Dünyada zaten bu, ısrarla böyle gösteriliyordu. 1918 sonrasında Macarlar bağımsız oldular ama hem 1. Dünya Savaşı'ndan en zararlı çıkan ulus olarak[129] kendilerine gelmeye çalışıyorlardı hem de başta Németh olarak Habsburg döneminde yetişmiş olan 'milli' bilginleri uluslararası fikriyatın aksine düşmeyerek bir taraftan Fin-Ugor kuramını desteklediler, bir taraftan da farklı yorumlarla Macarlar ve Türkleri yakın gösterdiler.[130] Daha sonra komünist dönem şiddetli bir Türk düşmanlığı isterken şimdi de Avrupa Birliği anlaşılır sebeplerle Türk bağlantısını görmemeyi öğütlemektedir ve eski komünist, yeni Avrupacı bilim insanları farklı fikirlere bağnazlıkla karşıdırlar.

Dünyada hâkim olan ve Macaristan'da zorla benimsetilen fikre göre,[131] Avrupa'nın kuzeyinde Sibirya'ya doğru uzanan alandaki diller kendi aralarında birlik teşkil ederler. Bunların içinde bugün yalnız Finler ve Estonlar bağımsızdır. Diğerleri zaten Rusya'nın kuzeyine dağılmış çok küçük topluluklardır:

---

münde de yazdı. Ayrıntı için bkz. Marcantonio, vd., "The 'Ugric-Turkic Battle': A Critical Review"; Marcantonio, *The Uralic Language Family*, s.35-42.

[129] Topraklarının yarısını kaybetmekle kalmadılar, milyonlarca soydaşları da sınır ötesinde azınlık olarak kaldı. Marácz, *Hungarian Revival*, s.115-238, bu konuyu ayrıntılı inceler. Türkiye'nin toprak kaybı nispeten fazla gözüküyor ancak oralarda zaten çok fazla Türk nüfus bulunmuyordu.

[130] Bunu en bariz olarak "Macarların babaları Türk, anaları Fin-Ugor'dur." düsturunda bulmaktayız. Rásonyi, *Tarihte Türklük*, s.118.

[131] Bunu komünist dönemin bir Macar araştırmacısı 1970 senesinde merd-i Kıptî lisanıyla ifade eder ve öfkesini kusar: "*Macaristan'da onların* (yani Sümer taraftarlarının, daha doğrusu Fin-Ugor kuramına karşı çıkanların) *çalışmalarını yayınlama olanakları bulunmamaktadır. Ancak Arjantin ile Amerika Birleşik Devletleri'nde merkezleri vardır...*" (Papp, "Sümerce-Macarca Sorunu", s.84). Yazar âdeta yurt dışındaki Macarların bu tür araştırmalarının da yasaklanmasını istemektedir. Ve buna bilim diyoruz.

Batıda Karel, Vep, İngri, Liv, Vod, doğuda İdil havzasında Komi, Udmurt, Mordva ve Mari. Bunlardan bazıları kendi içlerinde bölümlere ayrılır. Doğuda ise bunlardan tamamen farklı iki halk yaşar: Hanti (Ostyak) ve Mansi (Vogul).[132]

Bu son ikisi Macarca ile birlikte Ugor koluna dâhil edilir ve diğerleriyle birlikte tüm aileye Fin-Ugor denir. Yani Macarcanın dünyadaki en yakın iki akrabasının Sibirya'nın batısındaki toplam konuşanları 25 bin kadar olan bu iki dil olduğu iddia edilir.

Ancak bu yakınlık hiçbir şekilde anlaşma zemini sağlamaz. Fin-Ugor kuramını tavizsiz savunanlardan biri olan, 20. yy. sonlarının en önemli Macar tarihçilerinden Engel, Macarca ile Hanti ve Mansice arasındaki mesafeyi İngilizce ve Galce ile kıyaslar.[133] Bu çok büyük bir uçurumdur. İngilizce Hint-Avrupa ailesinin German grubuna aittir, Galce ise adı üstünde Kelt grubundan inmektedir. Hiçbir şekilde bir İngiliz ile bir Gal'in anlaşma imkânı yoktur. Belki 3.000 sene önce kopmuşlardır ve aralarındaki yakınlığı çıplak gözle görmek çok zordur.

Hanti ve Mansi dilleriyle mesafesi bu kadar büyük olan Macarcanın aileye adını veren Fince ile mesafesini ise tartışmaya bile gerek yok. İki asırdır süren onca çalışma, sıhhatli bir düzine kelime bile bulamamıştır. Macarca ile Fince, abartı değil, kelime hazinesi bakımından belki Türkçe ile Latincenin ortaklığı kadar bir ortaklığa sahip. Bu konuda bir listeyi daha önce yayın-

---

[132] Marcantonio, *The Uralic Language Family*, özl. s.55-67; Róna-Tas, *Hungarians and Europe in the Early Middle Ages*, s.171-186.

[133] Engel, *The Realm of St. Stephen: A History of Medieval Hungary*, s.9. Sinor ise Macarca ve Fincenin mesafesini İngilizce ve Rusça ile kıyaslar (*Inner Asia*, s.22). Ama bu çok iyimser bir yaklaşımdır. Rusça sözlüğü inceleyen benim gibi acemi bir okurun rahat görebileceği İngilizce ile bağlantılar, usta bir dilci tarafından Fince ile Macarca arasında görülemiyor.

lamıştık.[134] Buna göre, Macarca ile Fincenin kökteş fiilleri olarak verilen 28 kelimeden 20 tanesi Macarca ile Türkçe arasında da ortak. Hatta bazıları Türkçeye daha yakın: Fin *ui-* 'yüzmek' ~ Macar *úsz* 'yüzmek' ~ Türk *yüz-*. Fin *katoa-* 'kaybolmak' ~ Macar *hagy-* 'ayrılmak'; buna karşılık Türkçe *ad*(*rıl*)- 'ayrılmak' Macarca ile neredeyse aynıdır. Fin *pelkää-* 'korkmak' ~ Macar *fél-* 'korkmak' ~ Türk *belin* 'telaş, korku'; Fin *juo-* 'içmek' ~ Macar *isz-* 'içmek', burada da Macarca kelime Türkçeye daha yakın duruyor. Fin *kuuntele-* 'dinlemek' ~ Macar *hall* 'duymak' ~ Türk *kul-* 'duymak' (> *kulak*); Fin *kytke-* 'bağlamak, iliştirmek' ~ Macar *köt-* 'bağlamak' ~ Türk *kat-* 'sıkıca iliştirmek'; Fin *tuo-* 'getirmek' ~ Macar *toj-* 'yumurtlamak' ~ Türk *tavuk* (Macarcası *tyúk*) ve de *tog* 'doğmak'.

Gürüldüğü gibi bunlar hayli zorlama önerilerdir. Getirmek ile yumurtlamak ilgili olabilir ama makası bu kadar açarsak, dünyada birbiriyle ilgisiz kelime kalmaz. Veya *juo* kelimesini *isz* ile benzeştirip içmek fiilinin ortak olduğunu düşünmek zor bir iştir.

Buna karşılık Fin *lyö-* 'vurmak, çarpmak', Macar *lő-* 'vurmak'; Fin *lykkä-* 'tıkmak, itmek', Macar *lök-* 'itmek', Fin *näke-* 'görmek', Macar *néz-* 'bakmak' gibi kelimeler vardır ki, ilk harfi l- ve n- olanların zaten Türkçe ile ilintili olmasına imkân yoktur, çünkü Türkçede söz başında bu harfler bulunmaz. Veya değişmiş seslerle bir denklik bulunabilir.

İlginç olan şey Türkçenin Fince ile benzeşip Macarcadan ayrışan fiillerinin de bunlardan daha az olmamasıdır. Örneğin Fin *ime-* 'emmek', *ole-* 'olmak', *vetä-* 'çekmek', krş. Türk *it-*, Fin *syö-* 'yemek', krş. Türk *söyüş* 'bir yemek türü', *sula-* 'sıvı', krş. Türk *sulu* gibi. Aşağıda Türkçeyle ilintili, hem de temel kelime hazinesinden pek çok Fince kelime verilmektedir.

---

[134] Karatay, "Türklerin ve Macarların Atalarının Ortadoğu Kökenlerine Dair", s.39.

Macarca ile Fincenin kelimeleri diğer alanlarda da çok uyuşmaz. Daha doğrusu akraba olduğu iddia edilen iki dil arasında beklenen ortaklıklara çok çok az rastlanır. Önceki bölümdeki temel kelimeler tablosuna dâhil edilebilecek şu kelimelerin ortak olduğu iddia edilir: Mac. *mi*, Fin *me* 'biz'; Mac. *ti*, Fin *te* 'siz'; Mac. *ki*, Fin *kuka* 'kim'; Mac. *mi*, Fin *mikä* 'ne'; Mac. *más*, Fin *muu* 'başka'; Mac. *egy*, Fin *yksi* 'bir'; Mac. *kettő*, Fin *kaksi* 'iki'; Mac. *négy*, Fin *neljä* 'dört'; Mac. *nő*, Fin *nainen* 'kadın'; Mac. *hal*, Fin *kala* 'balık'; Mac. *tetű*, Fin *täi* 'bit'; Mac. *fa*, Fin *puu* 'ağaç'; Mac. *szem*, Fin *siemen* 'tohum'; Mac. *kéreg*, Fin *kaarna* 'kabuk'; Mac. *irha*, Fin *iho* 'deri'; Mac. *vér* Fin *veri* 'kan'; Mac. *mony* Fin *muna* 'yumurta'; Mac. *szarv*, Fin *sarvi* 'boynuz'; Mac. *fő* Fin *pää* 'baş'; Mac. *szem*, Fin *silmä* 'göz'; Mac. *száj*, Fin *suu* 'ağız'; Mac. *kéz*, Fin *käsi* 'el'; Mac. *szív*, Fin *sydän* 'kalp'; Mac. *máj*, Fin *maksa* 'karaciğer'; Mac. *emik*, Fin *imeä* 'em-'; Mac. *néz*, Fin *nähdä* 'gör-'; Mac. *hall*, Fin *kuulla* 'duy-'; Mac. *tud*, Fin *tietää* 'bil-'; Mac. *fél*, Fin *pelätä* 'kork-'; Mac. *él*, Fin *elää* 'yaşa-'; Mac. *hal*, Fin *kuolla* 'öl-'; Mac. *úszik*, Fin *uida* 'yüz-'; Mac. *víz*, Fin *vesi* 'su'; Mac. *jó*, Fin *joki* 'ırmak'; Mac. *só*, Fin *suola* 'tuz'; Mac. *kő*, Fin *kivi* 'taş'; Mac. *por*, Fin *pöly* 'toz'; Mac. *felhő*, Fin *pilvi* 'bulut'; Mac. *lom*, Fin *lumi* 'kar'; Mac. *jég*, Fin *jää* 'buz'; Mac. *tűz*, Fin *tuli* 'ateş'; Mac. *új*, Fin *uusi* 'yeni'; Mac. *vén*, Fin *vanha* 'eski, yaşlı'; Mac. *tompa*, Fin *tylppä* 'kör'; Mac. *sima*, Fin *sileä* 'düz'; Mac. *név*, Fin *nimi* 'isim'.[135]

Görüldüğü gibi geniş Swadesh listesinde toplam 47 adet öge Fince ve Macarca arasında ortak. Bunlardan bazıları Hint-Avrupa ödünçlemeler olarak görülüyor: Mac. *név*, Fin *nimi* 'isim'; Mac. *vér* Fin *veri* 'kan'; Mac. *víz*, Fin *vesi* 'su'; Mac. *só*,

---

[135] Bu karşılaştırmaları yaparken başka notların yanında özellikle Benkő vd.nin köken sözlüğünden (*A Magyar Nyelv Történeti-Etimológiai Szótára*, IV, s.172-5) faydalandık ama Türkçe ile karşılaştırmalar tamamen tarafımıza aittir.

Fin *suola* 'tuz' gibi. Bunları çıkarınca sayı daha da azalıyor. Öte yandan kelimelerin bir kısmı Türkçe ile ortak: Mac. *mi*, Fin *me* 'biz'; Mac. *ti*, Fin *te* 'siz'; Mac. *ki*, Fin *kuka* 'kim'; Mac. *más*, Fin *muu* 'başka'; Mac. *fő* Fin *pää* 'baş'; Mac. *máj*, Fin *maksa* 'karaciğer'; Mac. *emik*, Fin *imeä* 'em-'; Mac. *hall*, Fin *kuulla* 'duy-', Krş. Tr. 'kulak'; Mac. *fél*, Fin *pelätä* 'kork-', krş. Tr. *belin* 'korku'; Mac. *úszik*, Fin *uida* 'yüz-'; Mac. *kő*, Fin *kivi* 'kaya' gibi her üç dilin 11 ortaklığı bulunuyor.

Öte yandan önemli sayıda Macarca kelime Fince ile paylaşılmayıp Türkçe ile paylaşılıyor: *ő* 'o', *sok* 'çok', *hosszú* 'uzun', *kis, kicsi* 'kiçi, küçük', *anya* 'ana', *atya* 'ata, baba', *gyermek* 'çocuk', *gyümölcs* 'yemiş', *gyökér* 'kök', *köt* 'kat-, bağla-', *toll* 'tel, telek, tüy', *ajak* 'ağız', *térd* 'diz', *nyak* 'boyun', krş. Tr. *yaka, iszik* 'iç-', *eszik* '*ye-*', *öl* 'öldür-', *ás* 'kaz-, eş-', *ül* 'otur-', krş. E. Tr. 'olur-', *ad* 'ver-', krş. Tr. 'at-', *számol* '*say-*', *szól* 'söyle-', *fagy* 'don-', krş. Tr. 'buy-', *tenger* 'deniz', *homok* 'kum', *ég* 'gökyüzü', krş. Tr. *iye, ige* 'Tanrı, ruh', *szél* 'yel', *sárga* 'sarı', *hűs* 'soğuk', krş. Tr. 'üşü-', *tele* 'dolu, dolmuş', *jó* 'iyi, yeğ', *–val/-vel* 'ile', *és* 've', krş. Tr. 'eş', *ha* 'eğer, ha' gibi 34 kelime. Böylece temel listede Türkçe ile Macarcanın toplam 46 ortaklığı bulunuyor. Bu Fincenin Macarca ile ortaklıklarına eşit.

Yine bir kısım Fince kelime Macarca ile paylaşılmayıp Türkçe ile paylaşılıyor: *minä* 'ben', *sinä* 'sen', *viisi* 'beş', *paksu* 'pek, kalın', *isä* 'eç, baba', *kieli* 'dil', krş. Tr. *keleçü* 'söz', *jalka* 'ayak', krş. Tr. 'yaya', *maha* 'bel', krş. 'bağır', *juoda* 'iç-', krş. 'yut-', *vuori* 'dağ', krş. Tr. *or* 'yüksek', *valkea* 'ak', krş. Tr. *alka*; *ja* 've', krş. Tr. *ya* gibi. Buradaki 12 kelimeyle birlikte toplam 23 temel kelime Türkçe ve Fince arasında ortak.

Macarcanın resmi köken bilimi sözlüğü 400 küsur kelimenin Fince ile ilişkili olduğu iddiasında. Diğer kelimelerde de durum bundan farklı değil. Görüldüğü gibi, el, kan ve su gibi birkaç kelime gerçekten de ilham verircesine benzerlik taşıyor. Ama toplama bakıldığında manzara hayal kırıklığına uğratıyor. 200'e yakın olmasını beklediğimiz temel kelimelerden çok az bir kısmının ilgili olduğu görülüyor. Bunlardan da ciddi bir kısmı sorunlu ve kuşkulu öneriler. Toplamın yarısına yakını Türkçe bağlantılı kelimelerden oluşuyor. Hatta yukarıda görüldüğü gibi, bazı Fince kelimeler bile Türkçeye daha yakın.

Değil Fince, tüm Ural bölgesi dilleri alınsa bile sonuç değişmiyor. Akademi'nin Macarca köken sözlüğünün (Benkő vd., *A Magyar Nyelv Történeti-Etimológiai Szótára*) ilk cildinde (A-Gy) yer alan kelimelerin yüzde 49,3'ü bilinmeyen kökenli ve sadece yüzde 7,3'ü Fin-Ugor kökenli gösteriliyor. Türkçe kökenliler yüzde 5,5'i oluştururken Fin-Ugorca olduğu söylenen hayli kelime Türkçede de geçiyor.[136] Yani Türkçe tek başına 24 tane sözde Fin-Ugor dilinin toplamına yakın bir ortaklığa sahip Macarca ile. Geniş bir alana yayılmış çok sayıda oluşan Ural bölgesi dillerinden Macarca kelimelere bu kadar az eşlenek bulunması düşündürücüdür. Bunun açıklanması lazım. Ural ailesinin varlığı ispatlansa bile bu görünümü ile Macarcanın işbu topluluğa dahli zor gözüküyor. Bilinmeyen kökenli kelimelerin büyük bir kısmının Türkçe karşılıklarının ilk bakışta gözüktüğünü de hatırlatalım. Yani Macarcanın sözde bütün akrabaları bir tarafta, Türkçe tek başına bu ilişkide daha güçlü durmaktadır.

Önceki bölümde Türkçe-Moğolca kıyasında kullandığımız genişletilmiş listenin muhteviyatına göre Türkçe ile Macarcanın şimdilik görülebilen ortaklıkları şu şekildedir (okunuşlar: Macar *s = ş, sz = s, j = y, gy = d', cs = ç*):

---

[136] Marácz, *Towards Eurasian Linguistic Isoglosses*, s.81.

Türkçe	Eski Biçim	Macarca	Anlam
Sayılar			
Yedi	yiti	hét	'aynı'
On	on/van	van	'(basamaktaki) on'
Yüz	yüz	száz	'aynı'
Zamirler ve Bağlaçlar			
Sen	sen	te	'aynı'
O	o, ol	ő	'aynı'
Biz	biz	mi	'aynı'
Siz	siz	ti	'aynı'
Kendi	kentü, öz	az, ez	'o, bu'
Kim	kim	ki	'aynı'
Ve	takı, eş	és	'aynı'
İle	ile, bilen	vele	'aynı'
De/da 'ama'	de/da	de	'aynı'
Ha 'eğer'	ha	ha	'aynı'
Tüm, bütün, hep		töm	'doldurmak'
Temel Fiiller			
At	at	ad	'vermek'
Ayt 'söylemek'	ayt	ejt	'telaffuz etmek'

Bağla	ba	füg	'aynı'[137]
Bin	min	men	'gitmek'
Biti	biti 'yazmak	betű	'harf'
Böl	böl	fél	'yarı'[138]
Bula	bulga	bolygat	'karıştırmak'
Bur	bur	fúr	'aynı'
Doğ	tog	toj	'yumurtlamak'
Dol	tol	töl, tel	'aynı'
Döv	toqı	dob	'davul'
Er	er	ér	'varmak, ermek'
Eş	eş	ás	'kazmak'
Et	et	hat	'etkileme'
Gel	kel	kere	'gel' (emir kipinde yaşıyor)
İç	iç	isz	'aynı'
Kap	kap	kap	'almak'
Kat	kat 'sıkı bağlamak'	köt	'bağlamak'
Kes	kes	kés	'bıçak'
Koru	qorı	őr	'aynı'
-le	-le 'hale getirmek'[139]	le	'olmak'

---

137 Listedeki bazı örneklerde de görüleceği üzere Macarca *f-* ve Türkçe *b-* denkliği vardır.

138 Bu aslında Ruhlen'in *pal* 'iki' (< *yarım*) olarak kurduğu (*Dilin Kökeni*, s.103-105) evrensel bir köke gidiyor. Ruhlen Altaycanın mukabil kelimesi olmadığından bu köke katılmadığını söyler. Doğrudur, Türkçe Altay dili olmadığı için işbu kelimeyle katılıyor.

Ol	bol	vol	‘aynı’ (geçmiş zamanda)
Öl	öl	öl	‘öldürmek’
		gyil	‘öldürmek’
		hal	‘ölmek’
Piş	bış	fől	‘aynı’
Say	sa	szám	‘sayı’
Sön	sön	szün	‘aynı’
Söyle	söyle	szó	‘söz’
Süz	süz	szűr	‘aynı’
Tanı	tanu	tanu(l)	‘öğrenmek’
Tıka	tıq	dug	‘aynı’
Var	bar	va	‘olmak, bulunmak’
Yala	yala	nyal	‘aynı’
Yaz	yaz	ír	‘aynı’
Yar	yar	ír	‘yazmak’[140]

[139] İsim ve sıfattan fiil yapan ve bütün dünya dillerinin kıskanacağı görkemde bir ek olan *–le*’den bahsediyoruz. Arkadaşımız Ahmet’e benzediğimizde “Ahmet*le*şiriz”; ülkemizin uydusu olduğunda “uydu*la*nırız”, yoğurdu “sarımsak*la*rız”. Eklerin kelimelerden geldiği bilindiğine göre, bunun çok eski dönemden, Türkçede söz başında *l-* bulunduğu zamanlardan kalan ve zamanla ekleşen bir kelime olduğunu, Macarcada ise fiil olarak kaldığını düşünebiliriz.

[140] *Yaz* ve *yar* fiillerimizin aynı kökten geldiklerini ve r’leşmenin bulunduğunu sanıyoruz. *Yirmek* fiilimiz de bunlarla ilgilidir (krş. Mac. *nyír* ‘kesmek, yirmek’). Macarcada *rov-* ‘oymak’ fiiliyle ifade edildiği gibi, eski Türk yazısı oymakla, yarmakla ilgili bir işti. Bugün Batı’daki kullanım olan ‘Runic’ yerine ‘oyma yazı’ tabirini kullanmaktayız. Yarmak belki ortadan

Yarat	yarat	gyár	'üretmek'
Yaşa	yaşa	él	'yaşamak'
Ye	yi	e	'aynı'
Yok	yok	jó	'iyi'
Yok	yok	jog	'hak'[141]
Yüz	yüz	úsz	'aynı'

Temel Sıfatlar

Alt	ala	ala	'aynı'
Alt	ala	alsó	'aynı'
Alçak	alçak	alacsony	'aynı'
Başka	başka	más	'aynı'
Bol	bol	bő	'aynı'
Büyük	bög	magas	'yüksek'
Çok	çok	sok	'aynı'
Eski	eski	ös	'aynı'
Geç	kiç	kés	'gecikmek'

---

ikiye ayırmayı anlatsa da yazı amacıyla tahtaya uygulandığında sonuçta benzer bir iştir. İngilizce *write* 'yazmak' dahi oymaktan gelir (Klein, *A Comprehensive Etymological Dictionary of the English Language -II-*, s.1754).

[141] Güney Azerbaycanlı dil bilimci Dr. Cihangir Kızılözen, bir sohbette ilginç bir tespitini aktardı. Tebriz çevresinde bir kimse istenen bir şeyin kendisinde bulunmadığını söylemek için 'bereket' dermiş. Bu örnek Arapça *hayr* 'iyilik' kelimesinin dilimizde "olumsuzluk kelimesi" hâline gelmesiyle örtüşüyor. Bunu Türk zihniyetindeki bir tezahürle açıklayabilir miyiz? *Yeğ* 'iyi' sıfatımız bir taraftan *yok* (*yoğ*) fiiliyle bağlantılı gözüküyor, bir taraftan da Macarcadaki *jó* 'iyi' ile buluşuyor.

Gök	kök	kék	'aynı'
İlk	il, ilk	elő	'aynı'
İnce	yinçe	gyenge	'zayıf'
İyi	edgü	Egy	'Tanrı'
Küçük	kiçik	kicsi, kis	'aynı'
Sarı	sarıg	sarga	'aynı'
Son	song	szün	'aynı'
Uzun	uzun	hosszú	'aynı'
Yeğ	yig	jó	'iyi'
Yuvarlak	tegirmi	teker	'sarmak'

Kişi ve Akrabalık Tabirleri

Ağabey	içi	öcs	'kardeş'
Ana	ana	anya	'aynı'
Ata 'baba'	ata	atya	'aynı'
Apa 'baba'	apa	apa	'aynı'
Boy	'bod'	fáj	'ırk, soy'
Çocuk	çocuk, bala	gyermek	'çocuk'
Er	er	úr	'bay, bey'
Halk	kün	hon	'yurt'
Nine	nine	neni	'aynı'

Organ İsimleri

Akıl	ög	agy	'beyin'
Akıl	ög	okos	'akıllı'
Ayak	adak, *padak	fut	'koşmak'
Bağır	bağır	máj	'karaciğer'
Baş	baş, *ba	fej	'aynı'
Bel	bel	bél	'bağırsak'
Burun	burun	orr	'aynı'
Diz	tir	térd	'aynı'
Kol	kar "kolun üst kısmı"	kar	'aynı'
Kulak	kulkak	hallgat	'dinlemek'
Mide	yumur	gyomor	'aynı'
Sakal	sakal	szákall	'aynı'
Tüy	tüy, telek	toll	'aynı'
Us	es, us	ész	'aynı'
Yaka	yaka	nyák	'boyun'

Başlıca Hayvanlar

Arslan	arslan	oroszlán	'aynı'
Baran	baran	bárány	'kuzu'
Boğa	buqa	bika	'aynı'
Böcek	bög	bogár	'aynı'
		pók	'örümcek'
Buzağı	buzağı	borjú	'aynı'

Çakal	çakal	sakál	‘aynı’
Dana	tana	tinó	‘aynı’
Deve	teve	teve	‘aynı’
Keçi	keçi	kecske	‘aynı’
Koç	koç	kos	‘aynı’
Kurbağa	baka	béka	‘aynı’
Kurt	böri	farkas	‘aynı’
Öküz	öküz	ökör	‘aynı’
Tavuk	taguqı	tyúk	‘aynı’

Başlıca Bitkiler

Ağaç	ıgaç	ág	‘dal’
Arpa	arpa	árpa	‘aynı’
Buğday	buğday	búza	‘aynı’
Burçak	burçaq	borsó	‘bezelye’
Darı	tarığ	dara	‘irmik’
Elma	alma	alma	‘aynı’
Ekmek	etmek	vet	‘(ekin) ekmek’
Kök	kök	gyöker	‘aynı’
Orman	orman	erdő	‘aynı’
Yemiş	yemiş	gyümölcs	‘aynı’

Zaman Tabirleri

Bahar	yaz	nyár	'yaz'
Öğle	tüş	dél	'öğle'
Güz	küz	ösz	'aynı'
Zaman	öd	idő	'aynı'
Zaman	qor	kor	'yaş,çağ, zaman'

Fiziki, coğrafi vd. tabirler

Deniz	tengiz	tenger	'aynı'
Gök	kök	ég	'aynı'[142]
Yel	yel	szél	'aynı'

Moğolcaya uyguladığımız listenin aynısını burada Macarca için kullandık. 300 kelimeden toplam ortaklık sayısı 132 olarak çıkıyor. Moğolca ile bu sayı 104 idi. En dikkat çekici ortaklık

[142] Macarcanın resmî köken bilim: sözlüğü bu kelimenin kökeninin bilinmediğini söyler (Benkő vd., *A Magyar Nyelv Történeti-Etimológiai Szótára -I-*, s.710). Hâlbuki bu çok basit bir kelimedir. Hemen her dilde gök ve Tanrı kelimeleri bağlantılıdır. Macarca *Egy* 'Tanrı' kelimesi de aynı şekilde bununla bağlantılıdır. *Egy* ise bir taraftan bizim *iyi* (eski *edgü*; krş. İng. *God* 'Tanrı'; *good* 'iyi') kelimemizle, bir taraftan da *iye* "bir yerden sorumlu ruh, sahip" ile anlam ilgisine sahiptir. İskandinav baş ilahı Odin'in isminin Slav dillerinde 'bir' anlamına geldiğini düşünürsek, eski insanların Tanrı ve bir kelimelerini özdeşleştirme eğilimi doğru ve yaygın ise, Macarca *egy* 'bir' kelimesi de *Egy* 'Tanrı ' ile bağlantılı olabilir (Vakıa sözlüğün son cildinde Türkçe bağlantısı kabul edilir). Bunun için Sami dillerinden kökler de önerilir. Agostini, "Language Reconstruction Applied to the Uralic Languages", s.112, Fince *üksi* 'bir' kelimesini İbranice (ve Arapça) *ehad*'a bağlarken Macarca *egy*'nin bir diğer Sami dili olan Akadçadan geldiğini düşünür: *ēd(u)* 'bir'.

fiillerde gözüküyor. Fiiller kendi içinde değişken olabilen ama diller arasında fazla geçişken olmayan kelimelerdir. Evcil ve yabani hayvan isimleri ve tarım ürünlerindeki ortaklık da dikkat çekici. Ayrıca renklerde Moğolcadan geri kalsa da diğer temel sıfatlarda Türkçeye daha yakın duruyor. Bu arada temel sıfatlar arasında renklere sakıngan yaklaşmalıyız. Zira bir dilden diğerine çok rahat geçerler. Bizdeki örneklere bakalım: mavi, siyah, beyaz, bej, gri, pembe, eflatun, turuncu... Hepsi de yabancı. Bu arada, işbu listeye alınmamış, Clauson'un bize özel alınmasını önerdiği Swadesh kelimelerinden 'ok' için Macar *nyíl* 'ok' ~ Türk *sış* 'şiş' gibi denklikler de vardır.

Arslan, deve, sakal gibi kelimelerin nispeten yeni dönemde Türkçeden Macarcaya geçmiş ödünçlemeler olduğu ilk bakışta görülmektedir ama tamamını ödünçleme olarak kabul etmek, Macarların at dışında neredeyse hiçbir hayvanı ve neredeyse hiçbir tahıl ürününü tanımadığı, pek çok temel fiilinin eksik olup Türkçeden telafi ile kapattığı gibi bir anlama gelecektir. Bu kelimeleri çıkarttığımızda bir Macar konuşamaz hatta yaşayamaz. Yerine koyacak başka kelimeler de yoktur. Bunun da dünyada başka bir örneği yoktur.

Fiillere özellikle dikkat etmek lazım. Temel fiiller kolay alıntılanmaz, alıntılandığı zaman da fiilden fiil yapma ekleri kendini belli eder. Örneğin Macarca *csinál* fiili ödünçlemedir; bir Slav dilinden, muhtemelen Sırpçadan alınmıştır ama kök biçimi muhtemel kaynağa göre *činja* veya *čini* şeklindedir. Macarca *-(á)l* eki ile bunu kendine uyarlamıştır.[143] Ama Türkçe ile ortak fiillerde bu durum görülmez, Macarcada da aynen Türkçedeki gibi kök biçimleriyle bulunmaktadırlar. Bu durum ödünçleme olmaları ihtimalini ortadan kaldırmaktadır. Düzenli bir ses ilişkisinin olmaması da bu iki dilin ilişkisinin uzun vadeli ve muhtemelen akrabalık düzeyinde olduğunu gösterir. Örne-

---

[143] Benkő vd., *A Magyar Nyelv Történeti-Etimológiai Szótára -I-*, s.532-533.

ğin Ortak Türkçe *y-* için Macarcada *gy-* beklentisi olağandır ve örneklerin çoğu bu şekildedir: *gyapjú* 'yapağı', *gyász* 'yas', *gyúr* 'yoğur-', *gyöngy* 'inci, yinci' gibi. Ama Tr. *y-* birçok örnekte Mac. *ny-*'yi karşılar: *nyal* 'yala-', *nyír* 'yir-, kes-', *nyár* 'yaz' gibi. Yukarıda geçtiği gibi aynı durum için Mac. *sz-* örnekleri de vardır: *szél* 'yel'. Türkçe ile Macarcanın bütün ortaklıklarını burada sıralama imkânı bulunmuyor.

Görüldüğü gibi Macarca ile Türkçenin benzerlikleri Moğolca-Türkçe ve Fince-Macarca ortaklıklarının çok üzerinde. Kıyası bir tarafa bırakalım. Bu sınıftaki bir kelime ikinci ve üçüncü dereceden birkaç, hatta bazen onlarca kelimeye bedeldir. Temel kelime hazinesinde bu kadar benzerlik varsa (ki buna Hint-Avrupa dillerinin müşterek unsurlarında ulaşılamıyor), bu noktada soy sorgulaması başlar. Türkçe ile Macarcanın köken ilgisi yoksa normalde görülmeyen böyle bir tablo nasıl oluşuyor? Çünkü bunlar kolay kolay ödünçlenemeyen kelimelerden oluşuyor. Veya tersinden soralım: Buradaki bunca kelime Türkçe ile Macarcayı akraba kılmaya yetmezken çok daha az kelime Türkçe ile Moğolcayı nasıl aynı aileye sokuyor?

Poppe Moğolca-Türkçe kıyaslamasında olmayana değil, olanlara bakılması gerektiğini söylemişti. Biz de burada, Türkçe-Macarca kıyaslamasında olanlara bakmayı öneriyoruz. Üstelik zorlama veya dolaylı bağlantıları buraya hiç almadık.

Eski Türkçenin köken sözlüğünü yazan Clauson, Moğolca ile Türkçenin iki akrabadan beklenen yakınlığı göstermediklerini belirterek Altay kuramını reddediyor. Buna yukarıda değinmiştik. Öte yandan bir makalesinde "*Ural dillerinin birbirleriyle soyca akraba olduklarını kimse inkâr edemez.*" ifadesini kullanıyor.[144] Ama Ural dillerinin birbirleriyle uyuşma oranı sözde Altay dillerinden de az. Burada en az üç tane aile gözüküyor: Fin, Ugor ve Samoyed. Ugor kolunun kendi içindeki soruna,

[144] Clauson, "On the Idea of Sumerian-Ural-Altaic Affinities", s.493.

yani Macarca ile Hanti ve Mansi dillerinin 'uzaklığına' yukarıda değinmiştik.

Aynen Moğolca gibi Macarcada da Türkçe ile ilişkili çok sayıda ikinci ve üçüncü derecede kelime bulunur. Bunların bazıları açıkça sonraki zamanlarda ödünçlenmiştir ama önemli bir kısmı eski zamanlara işaret eder: *ács* 'marangoz', *ásíta* 'esnemek', *bagoly* 'baykuş', *bélyeg* 'pul' (beleg, belge), *bér* 'ücret' (< vergi), *betű* 'harf' (biti 'yazmak'), *bilincs* 'kelepçe' (bilekçe), *bor* 'şarap' (bor 'bağ'), *borz* 'porsuk', *bölcs* 'bilge', *bölcső* 'beşik', *bütyök* 'budak', *bű* 'büyü', *cigány* 'Çingene' (< çıgan 'yoksul'), *csal* 'dolandırmak' (< çalmak), *csap* 'çarpmak', *csatáz* 'çatışmak', *csat* 'çatmak' (eklemek), *csat* 'toka', *csavar* 'çevirmek', *cselez* 'çalımlamak', *csípa* 'çapak', *csizma* 'çizme', *csónak* 'kayık' (< çanak), *derék* 'bel' (< direk) gibi.[145]

Akademi'nin Macarca köken bilimi sözlüğü Türkçe kelimelere karşı sakıngan davranmasına rağmen 500'den fazla kelime listeliyor. Bu sayı Fince ile ortaklıkların iki katından fazla ve de onların önemli bir kısmı zaten Türkçe ile açıklanabilen kelimeler. Macarcanın güya en yakın akrabaları olan Vogulca ile 660, Ostyakça ile 780 kadar kelime ortak. Bunların ciddi bir kısmı elbette hem birbirleriyle hem de Türkçeyle kesişiyor. Vogul ve Ostyak dilleri ikiz olduğundan kelime hazineleri de büyük ölçüde ortaktır.

Dolayısıyla Türkçe Macarca ile kelime ortaklığı bulunan münferit diller arasında açık farkla en önde gideni. Öte yandan,

[145] Her gün yeni kelimeler listeye ekleniyor. Mesela daha önceki çalışmalarda bulunmayan Macar *máj* ~ Türk *bag* 'bağır' bunlardan tarafımızca önerilen birisi olup, Marcantonio tarafından 2010 yılında Montreal'de düzenlenen *17. Fin-Ugor Çalışmaları Kongresi*'nde sunulan bildiriyle duyurulmuştur. Róna-Tas ve Berta'nın Macarcadaki Türkçeler sözlüğü (*West Old Turkic. Turkic Loanwords in Hungarian*) bu kitabın ilk yayınlandığı yıl çıkmıştı ama bu eserde tartışması bulunmayan 450 kadar kelime verilir ve adının da gösterdiği üzere, Türkçeden geçmiş olduğu düşünülen kelimeleri anlatır.

bir dilin en yakın akrabasıyla 700 kelimesi var ise kelimenin tam anlamıyla 'ayıptır'. Bizzat kardeşleri olduğu iddia edilen Vogul ve Ostyak dilleriyle ilişkisi sorunlu olan Macarcayı daha geniş bir aileye (siyasi yöntemler dışında) nasıl oturtabileceğiz?[146] Durum, soruların hızlı geçiştirilerek özetlerin verildiği şekilde basit değil. Belki de Denis Sinor bunu itiraf etmektedir: "*Kesinlikle inanıyorum ki tüm Ural ve Altay dillerinden sadece Kuzey Tunguz ve Ob-Ugor dilleri bilinseydi, kimse bunların soy ilgisini inkâr etmeyecekti. Aslında Kuzey Tunguzca ve Uralca pek çok bakımdan birbirine Moğolca Tunguzcadan daha yakındır... Moğolca ile Fin-Ugorcaya yakın ilgisi gözüken Türkçe arasında temelden farklılıklar vardır.*"[147] Bunu zaten biz yukarıdaki tablolarda gördük. Moğolca ile Türkçe arasında beklenen ölçüde tatmin edici bağlantılar bulamazken, Macarca ile Türkçenin şaşırtıcı yakınlığına şahit olduk.

Ruhlen'ın dediği gibi, iki dil arasında kazara benzerlik olabilir ama bu 'kaza' tekerrür etmez.[148] Bizim örneğimizde o kadar çok kaza var ki, durumdan kuşkulanmamak elde değil.

Dille ilgili başka bir husus daha var. Macarcanın kayıtlarını sekiz asırdır biliyoruz. O da tam değil. 10. asırdan sonra küçük Türk toplulukları sürekli Macaristan'a yerleşmiş ve kısa zamanda erimişlerdir. Dillerinin izleri de kalmıştır ama bunlar birkaç kelimeden ibaret olup genel yapıyı etkileyecek nicelikte değildir. Alman (~yüzde 10) ve Slav (~yüzde 20) denizi içinde

---

[146] Bu sorunun cevabını, bu konudaki en kapsamlı ve eleştirel çalışmayı (*The Uralic Language Family. Facts, Myths and Statistics*) yapan Marcantonio uzun uzadıya vermiştir. Kendisi bu kitabındaki fikirlerinin özetini, yeni bazı bulgularla birlikte 2010 yılında Çeşme'de yapılan Türk kültürü kurultayına da sunmuştur: "Macarcanın Kökeni: Macarca, Fince ve Türkçe Koşutluklar".

[147] Sinor, "The Problem of Ural-Altaic relationship", s.738. Belki de Ruhlen'in Kuzeydoğu Sibirya'nın Yukagir dilini Fince ve Macarcayla kıyasını (*Dilin Kökeni*, s.47-48) bu çerçeveye almalıyız.

[148] Ruhlen, *Dilin Kökeni*, s.18.

tek başına bulunan Macarca, sürekli bunlardan kelime almış ve özü bakımından erimiştir. 19. yy.a kadar Latincenin yazı dili olması da Macarcanın gelişmesini olumsuz etkilemiştir.

Sonuçta, günümüzdeki Amerikancalaşmayı bir kenara bırakırsak, yerleşmiş dilin kelimelerinin üçte birinden fazlası Batı kökenlidir. Bütün ödünçleme kelimeleri çıkartıp çekirdek dile dönersek yukarıda adı geçen Habsburg görevlisi Budenz bile Macarcadaki kelimelerin üçte birinin Türkçe bağlantılı olduğunu söylemiştir.[149]

Şimdi, dil bilimdeki geleneksel kabule uyarak, birbiriyle alakayı kaybeden iki akraba dilin kelime hazinelerinin bin yılda üçte bir oranında farklılaştığı hesaplamasını burada uygularsak[150] bin yıl önceki Macarcanın bin yıl önceki Türkçeye bugünkünden çok daha yakın ve kelimelerin en az yarısının Türkçe ile paydaş olduğu sonucu çıkar.

Çok basit bir örnek: Anadolu'da tarkan, tegin, tudun vb. sanların hangisini yaşatmışız? Türkistan'da kalanları da zaman aşındırdı. Macarlar da benzer şekilde pek çok kelimeyi unutmuş, yerlerine yenilerini almışlardır. Mesela 13. yy.da yazılan köken destanlarında *turul* kuşundan bahsedilir. Bugün Macarcada *tuğrul* kuşu bulunmadığı gibi, işin aslı bizde de yoktur. Sadece özel isim olarak yaşatıyoruz. Aynı şekilde Erdel bölgesinin ismi *Erdő + el* (orman ili) yapısındadır (krş. aynı bölgenin Latince ismi *Transilvania* 'orman ötesindeki yer'). *El* kelimesi bugünkü Macarcada veya eski kayıtlarda bulunmuyor ama bir yerde kullanılmış ve kayda geçmiş.

---

[149] Marcantonio, *The Uralic Language Family*, s.40.

[150] Temel kelime hazinesi için bu oran farklıdır, yüzde 81'i 1000 yıl sonra da kullanımda olacaktır: Clauson, "Altay Teorisinin Leksikoistatistiksel Bir Değerlendirmesi", s.156.

Aynı şeyi kuşkusuz Ugor dilleri için de yapabiliriz. Ama bu dillerin 'konserve' olarak kaldıklarını, dilde köklü değişikliklere sebep olan süreçleri fazla yaşamadıklarını söyleyebiliriz.[151]

Türkçe Yakutlardan (Moğol ve Tunguz etkisi) Altaylılara (Moğol etkisi) ve bu tarafa (Arap ve Fars etkisi) hemen her yerde derin dönüşümler yaşamıştır. Aynısını Macarca da yapmıştır. Dolayısıyla bu iki dilin birbirinden uzaklaşma oranı, Macarca ile Hanti veya Mansi dillerinin oranından çok çok fazladır. Aynı şey Macarca ile Fin dilleri arasında da geçerlidir. Yapısal özellikleri de düşündüğümüzde, Macarcanın geriye doğru gittikçe Türkçeye daha çok yaklaşan, belki bir noktada buluşan bir dil olduğu düşünülebilir.

Bunu kelime denkliklerinden daha sağlıklı gösterebilecek olan yapım ve çekim eklerinin karşılaştırmasını ilerideki çalışmalara havale ediyoruz. Ama hiçbir şekilde alıntı-verinti ilişkisiyle açıklanamayacak bir örnek olarak Macarca ettirgen ve dönüşlü yapılar kuran *-t* ve *-l* eklerine bakmak yeterli. Bu ekler aynen Türkçedeki *kurumak* > *kurutmak* ve *kırmak* > *kırılmak* örneklerindeki anlam geçişlerini sağlar. Veya tek bir örnek: *Voltam* 'oldum, idim'. Geçmiş zaman *-t* ile yapılıyor, bizimle aynı; birinci tekil şahsın çekimi *–m* ile yapılıyor, bizimle aynı. Bir de tabii 'olmak' gibi en temel fiil aynı, bu fiil bir dilde yoksa o dil yoktur. Olmak ya da olmamak bu yüzden en önemli meseledir.

---

[151] Türkçenin muhafazakârlığı üzerinde çok söylenir. Böyle bir hesaplama yapan Clauson, ortalama olarak eski Türkçenin kelimelerinin yüzde 90'ının bugün kullanımda olduğunu söylüyor (Clauson, "Altay Teorisinin Leksikoistatistiksel Bir Değerlendirmesi", s.162; "On the Idea of Sumerian-Ural-Altaic Affinities", s.494) ama münferit dillerde bu oran değişmektedir. Yani bizim çoktan unuttuğumuz Göktürkçe bir kelime başka bir Türk lehçesinde yaşıyor olabilir. Bu arada Clauson'a göre Türkiye Türkçesi diğerlerine nazaran Göktürkçenin söz mirasını daha iyi korumaktadır.

Türkçenin Macarcayı en sağlıklı karşılaştırabileceğimiz kolu olan Eski Bulgarcanın tam olarak ne olduğunu da bilmiyoruz. Eski Macarca Bulgar Türkçesine yaklaşacaktır ama biz belki 50 kadar kelime dışında Türkçenin bu kolunu bilmiyoruz. Bildiğimiz şey temel ses özellikleri. Bu noktada Çuvaşça ile ve Macarcadaki en eski Türkçe tabaka ile uyuşuyor. Çuvaşçaya Bulgarcanın devamı demek çok zor. Dense bile arada bin yıllık bir ayrışma dönemi var.

Biz bugün Macarcayı çaresiz olarak Ortak Türkçe ve Çuvaşça ile kıyaslıyoruz. Hâlbuki Bulgarca bu son ikisinden farklı ve muhtemelen en eski Türkçenin özelliklerini en iyi yansıtan Türk lehçesiydi. Dolayısıyla eski Macarcanın Bulgarca üzerinden Türkçe ile aynı yola girdiği varsayımı, keyfî bir çıkarım olmayacak, haklı mantıki sebeplere dayanacaktır. Bunu şu çizimle anlatmak isteriz (Burada Bulgarcanın Ön-Türk dilinin devamı olduğuna ve Ortak Türkçenin bir sapmayı temsil ettiğine inanıyoruz):

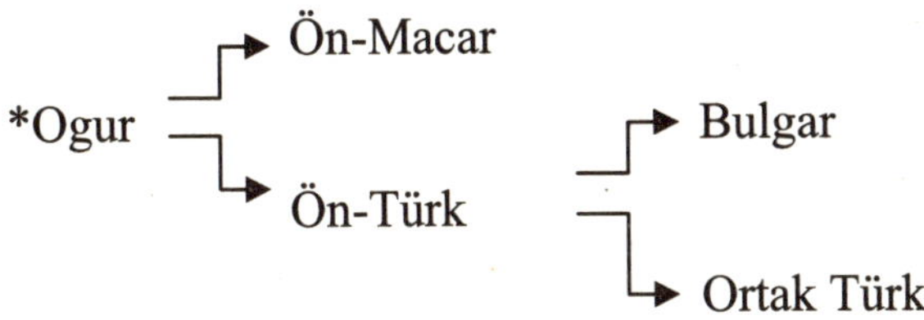

Öyleyse toplamda bu resmi nasıl değerlendirmeliyiz?

BÖLÜM 7

ESKİ DÜNYAYA YENİ DÜZEN

Dil aileleri ile biyolojik ırkların doğrudan bir ilgisi yok. Sarışın ve iri yarı İsveçliler ufak tefek ve kara kuru Hintlilerle aynı dil ailesindenler ama hiç benzeşmiyorlar. Bir Fin-Ugor veya Ural ailesi varsa Eskimo tipli Samoyedler veya Vogullarla sarışın Fin veya Estonlar da benzeşmiyorlar. Altay diye bir aile varsa ve Türkçe oraya aitse Türkler de Mançu-Tunguzlara benzemek durumunda ve zorunda değildir.

Dil ailesinin varlığı tam kanıtlanmadan bunun çıkış noktası yapılması ve ardından ırki tespitte bulunulması yöntemde büyük bir yanlış içeriyor. Önceki bölümün sonuçları bize Türk ana yurdunu illa da doğuda, Moğol ve Tunguzların komşuluğunda aramamız gerekmediğini gösterdi. Öte yandan Macarca ile yakınlığın temel kelime hazinesini ilgilendiren yönü, Macarlıkla da yakınlığı düşünmemizi öğütlüyor? Kim bu Macarlar? Kısaca bakmamız lazım.

895 senesinde bugünkü yurtlarını kesin olarak ele geçiren Macarlar, buraya Don Nehri boylarından, Kırım'ın kuzeyinden geldiler. Macar kelimesi başlangıçta birliği oluşturan 10 kadar kabileden birinin ama en önemlisinin adıydı. Sonra yayılıp tüm ulusa isim oldu. Bu birliğe Onoğurlar denir. Onoğurlar Don

Nehri boylarına 463 yılı civarında geldiler.[152] Tarihçilikte Onoğurlar bir Türk topluluğu olarak bilinir ve genellikle Macarların bu birliğin dışında, başka dil konuşan bir topluluk olduğuna inanılır. Buna göre Türk Onoğurlarla Macarlar, Hazar idaresi altında Don Nehri boylarında yeni birlik kurmuşlardır ve Orta Avrupa'ya bu birlik gitmiştir. Bu yüzden Batı'da Macarlara Onoğur kelimesinden gelme 'Hungar' deniyor.

Ancak bu tamamen varsayıma dayanır. İşin aslı Onoğurların dilini bilmiyoruz. Bulgarlık ile özdeşleştikleri için Oğurları Türk kabul ediyoruz. Hâlbuki Karadeniz'in kuzeyindeki sahada Bulgarlarla köken değil, sadece kader birliktelikleri vardır. Fakat bu birliğin en azından yönetici takımının Türk olduğunu akla getiren sebepler vardır. Boy örgütlenme biçimleri bunların en önemlisidir. Oğur birliği ikiye ayrılır. Birine On veya Kara Oğurlar deriz ki, bundan şimdiki Macarlık çıkmıştır. Tuna Bulgarlarına da bazı kaynaklar Onoğur derler.[153]

Boy birliğinin diğer kolu ise Sarı Oğur diye adlanır ki, bu sarı kelimesinden o dönemde 'ak'ı anlamamız gerekiyor.[154] Bun-

---

[152] Ahmetbeyoğlu, *Grek Seyyahı Priskos*, s.65.

[153] Türkiye'de Oğur tarihine ilgi gösterilmemiştir. Kısa bir tarihleri Rásonyi, *Tarihte Türklük*, s.88-95, ve Golden, *Türk Halkları Tarihine Giriş*, 106-120'de okunabilir. Türkçede Onoğurları müstakilen Zimonyi yazmıştır: "Bulgarlar ve Oğurlar".

[154] Bu sarı kelimesini yukarıda geçen Priscus'ta (5. yy) ve muhtemelen ondan alıntılayan Süryani Zekeriya'da (6. yy.) 'Sarı Oğur' tabirinde okumaktayız (Zachariah, *The Syriac Chronicle*, s.328). *Povest' Vremennıh Let* olarak bilinen en eski Rus yıllığı ise aynı topluluktan Ak Oğur (*Belıe Ugrı*) olarak bahseder (s.210). Eski Türkçede ak anlamında sarı kelimesinin kullanımına Oğur bölgesindeki Hazar kalesi Şarkel'in adında da rastlarız. Buranın adı Arap, Bizans ve Rus kaynaklarında 'ak şehir', 'ak hisar' gibi anlamlarla geçer. Türkçesi ise *şarı kel* 'ak kale' biçiminden gelir (bkz. Czeglédy, "Šarkel: An Ancient Turkish Word for House"). Bu belki de yaygın bir anlam bilimsel geçiştir. Zira Eski Slavcada beyaz anlamına gelen *plav'* günümüzdeki hemen tüm Slav dillerinde 'açık sarı, sarışın' anlamına sahiptir (Derksen, *Etymological Dictionary of the Slavic Inherited Lexicon*, s.412).

lar da Avarlardan kaçarak Galiçya bölgesine gelmişler, yerli Slav halk arasında eriyerek kimliklerini kaybetmişlerdir. Kürbat adlı yöneticilerinin adına izafeten isimlerin sonradan Kurbat, ondan da Horvat hâline gelmiştir. Bunlardan bir kısmı Galiçya'dan Balkanlar'a göçerek şimdiki Hırvatlığı oluşturmuştur.[155] Hem ilk Hırvat yöneticilerinin isimlerinde hem de birinci kuşak Macar idarecilerinde Türkçe isimlerle karşılaşmamız Oğurların köken olarak Türklükten uzak olmadıklarını göstermektedir.

Herhangi bir toplulukta Türkçe kişi veya budun isimleri olabilir, örgütlenme ve hayat tarzları da Türklere benzeyebilir. Ama Macar hadisesinde esas kafa karıştıran nokta şimdiki bildiğimiz hâliyle Macarların, eskiden Türk diye adlanmasıdır. Yukarıda bir dip yazıda Konstantinos Porphyrogenitus'un kitabında Macarların ısrarla ve sürekli olarak Türk adlandığını söylemiştik. Bu ne ilk ne de tektir. Konstantinos'un babası Bilge Leo da aynı şeyi söyler.[156]

İslam kaynaklarının Macarları Türk kavimleri arasında tasnifini bir kenara bırakalım. Diğer örneklerde onları tanıyan, hassaten bahseden kimseler Türk adını kullanıyor. Kral 1. Géza'ya Roma ve İstanbul yapımı iki parçalı bir taç gönderiliyor. Tacın alt kısmı Bizans hediyesi ve üzerinde bir yazı var: "*Geovitsas pistos krales tourkias* (Türklerin sadık kralı Géza/Yabguca)"[157]

Taç gibi çok değerli ve önemli bir armağan giderken üzerinde yazılacak yazı çok düşünülmüştür herhâlde. Eğer Macar kralına Türk kralı deniyorsa artık gerisini konuşmaya gerek yok.

---

155 Karatay, "Hırvatların Kökeni ve Ortaçağ Hırvat Tarihi", s.95-104.

156 Macarlar için Türk kelimesinin kullanılmasını tahlil eden tatmin edici kapsamda bir çalışmanın bulunduğuna inanmıyoruz. Mevcut iyi çalışmalar için bkz. Németh, *A Honfoglaló Magyarság Kialakulása*, s.195-203; Róna-Tas, *Hungarians and Europe in the Early Middle Ages*, s.275-282.

157 Róna-Tas, *Hungarians and Europe in the Early Middle Ages*, s.277.

Demek ki Macarlar o dönemde kendilerini Türk adlandırıyorlardı. Öbür türlü, Bizans imparatoru bir krala taç hediye ediyor ama halkının ve devletinin adını bilmiyor, 180 senedir öğrenememişler, yanlışlıkla bir şey yazılıyor... Böyle bir diplomatik gafı ABD'nin sabık başkanlarından 2. Bush dahi yapmamıştır.

Bunun açıklaması örneğin Róna-Tas tarafından "Ben yurt dışındayken kendime Hungar, ülkemde ise Macar diyorum." örneklemesiyle yapılır.[158] Yani Macarlar dışarıya karşı kendilerini Türk diye tanıtıyorlarmış. Bugün Macarların dışarıda Hungar diye bilinmelerinin tarihî ve önemli bir sebebi var. Keyfî bir adlandırmanın yaygınlaşması değil bu. Macar kabilesinin de dâhil olduğu boy birliğinin isminden geliyor bu. Eğer eski dönemde de Macarlar yurt dışında kendilerini 'Türk' diye tanıtıyorlarsa, bunun ciddi bir sebebi olmalıdır. Bu sebep bir iki kuşaklık Göktürk hâkimiyeti olamaz.

Dolayısıyla Türk kelimesinin Macarlık bağlantısını iyi tetkik etmek lazım. Dönem çok ilginç. Onoğur/Macarlığın kendi adına tarih sahnesine çıktığı ilk asırları kapsıyor. Daha önce bunlar daima başka kavimlerin idaresinde yaşamış (Avar, Göktürk, Bulgar ve Hazar) edilgen, hatta samur ticaretinden başka bir şey bilmeyen miskin bir halktı. Tarihte edilgenlerin namı ve yeri başkalarınca belirlenir.

9. yy.la, daha doğrusu 830'larla birlikte bu topluluk oturduğu yerden ayağa kalkmaya başlıyor. Hazar müttefiki olarak çevreye yaptıkları akınlarla işi öğreniyorlar ve 860'larda uzun mesafeleri aşarak Almanya'ya dahi saldırıyorlar. 890'larda ise doğudan gelen baskı sebebiyle Don boylarındaki yurtlarını terk edip, büyük bir devleti (Slavların Moravya krallığı) ortadan kaldırarak şimdiki Macaristan'a yerleşiyorlar. Yerleştikten sonra rahat

---

[158] Róna-Tas, *Hungarians and Europe in the Early Middle Ages*, s.276.

durmuyorlar. İspanya ortaları da dâhil, Avrupa'nın her tarafını kasıp kavuruyorlar.[159]

Buna tarihte kendi adına hareket etme denir ve tarihini kendisi yapan halklar ismini de kendisi alır. İşte bu dönemde kaynaklar onlardan edebî olarak Hun, etnik manada Onoğur, diplomatik olarak ise Türk olarak bahsediyorlar. Bu son kullanım, en dikkatli kullanımı içerir; boşuna değildir. Macarlar kendilerine Türk diyorlardı ki başkaları da öyle demiştir.

Kaynaklara hızlı bir şekilde bakarsak Macar olduğunu kesin bildiğimiz topluluk hakkındaki ilk haberi veren Simeon Logothetes'te bu topluluk için Türk adı geçmektedir. Bizans imparatoru Theophilus zamanında (829-842), daha önce Bulgar hanı Kurum (803-814) tarafından esir edilip Tuna'nın kuzeyine tehcir edilen Makedonyalılar (Bizans vatandaşları) nehri geçip imparatorluğa dönmeye çalışırlar. Onların geçişini engelleyemeyen Bulgarlar yardım için başka bir halka başvururlar: "(Nehri) *Geçemeyen Bulgarlar Ugorlara* (Ούγγροι) *dönerek Makedonyalılardan bahsettiler. Ve imparatorun gemileri onları almak ve başkente getirmek için oraya vardı. Hunlar* (Ούνοι) *devasa bir kitle halinde belirdiler. Ve onları görenler gözyaşı döküp dediler: Medet ey Aziz Adrianus'un Tanrısı! Ve savaş düzenine geçerek vuruşmaya hazırlandılar. Ve Türkler* (Τούρκοι) *onlara dediler: Neyiniz varsa verin ve istediğiniz yere gidin. Fakat onlar bunu kabul etmediler ve üç gün boyunca savaş düzeninde kalıp, dördüncü gün gemilerine atlamaya başladılar. Bunu gören Türkler onlarla saat beşten akşama kadar süren bir savaşa tutuştular. İmansızlar sıvıştı ve Makedonyalılar kovaladılar. Ertesi gün geri çekilmek istediklerinde Hunlar yine karşılarına çıktı... Makedonyalılar onları bozup sürerek*

---

[159] Engel, *The Realm of St. Stephen*, s.13-15.

döndü ve gemilerine bindiler ve salimen imparatora ulaştılar."[160]

Burada üç değişik isimle aynı topluluktan bahsedildiği açık. Bulgarlar bahis dışı kalıyorlar. Ugor, Türk ve Hun isimlerinin üçünü birden taşıyabilecek o dönemin muhtemel tek topluluğu olarak, sonradan Macar diye bildiğimiz topluluk kalıyor. Vurguyu incelediğimizde Türk kelimesinin öncelik taşıdığı görülüyor. Ugor kelimesi sadece girişte, kimlik ibrazında görülüyor. Bu parça Türk isminin bu Ugorların diğer bir (belki üst) ismi, Hun'un ise cins ismi olduğu izlenimini veriyor. Bu hadisenin, bazı tartışmalarla birlikte 836-838 yılları civarına yerleştirilmesi fikrine[161] biz de katılıyoruz.

Bizans İmparatoru VI. Leon'un (886-912) kaleme aldığı *Taktika*, Türk kelimesini bolca kullanır. Eserin 900 yılından sonra yazılmış olma ihtimali yüksek. Bu ise Macarların Karpat havzasını yurt tutuşundan (995 c.) sonraya gelir. *Taktika* 18/43'teki iki cümleyi dikkatle incelemeliyiz: "*Şimdi Türklerin Bulgarlardan birazcık ayrılan ya da aynı olan eğilimleri ve savaş biçimleri hakkında konuşacağız. Türkler çok kalabalık ve bağımsızdır.*"[162] Yazarın faydalandığı ve pek çok yerde kopyaladığı açık olan kendisinden 300 yıl önce kaleme alınmış imparator Maurikios'a (582-602) atfedilen *Strategikon*'dan buradaki kıyası alması söz konusu değil. *Strategikon*'da İskit üstgruplaması altında 'Avarlar ve Türkler' geçer. Hatta Bulgar kelimesi tüm eserde sadece tek bir yerde, önemsiz bir atıfta geçer.[163] *Taktika*'nın yukarıdaki ikinci cümlesinden sonrası ise ne-

---

[160] Kristó, *Hungarian History in the Ninth Century*, s.15. Yazar, Kurum zamanındaki bir çatışmaya atfen Macarlardan bahsedildiğine dair yorumları reddeder (s.13-14).

[161] Kristó, *Hungarian History in the Ninth Century*, s.15-16.

[162] *The Taktika of Leo VI*, s.455.

[163] Dennis, *Strategikon. Bizans Kültüründe Strateji Sanatı*, s.179.

redeyse tamamen *Strategikon*'dan alınmıştır.[164] 592 ile 610 yılları arasındaki bir tarihte yazılmış olması gereken *Strategikon*'da hâliyle Türk kelimesinin Göktürkleri anlattığı anlaşılacaktır. Özellikle Maurikios'dan iki önceki imparator II. Iustinos dönemi (565-578) Göktürklerle elçi teatilerini içeren yakın ilişkilerle geçmiştir. Maurikios'un bizzat kendisi de 598 senesinde Göktürk Kağanı Tardu'nun zafernamesini ileten elçileri ağırlamıştır.[165]

Bu açık... Ama Leon'un *Strategikon*'dan alıntı yaptığını söyleyenlere bir soru sorulması gerekiyor: Bizanslılar, kendilerini her fırsatta imparatorlardan üstün olarak gören ve bunu yeri geldiğinde gösteren Göktük kağanlarının halkını neden 'bağımsız' olarak tanımlıyorlar? Kitabını *Strategikon*'dan sonra yazan Theophilaktos Simokattes'teki tek kalabalık atfı "[Kağanın] *hâkimiyeti altındaki milletlerden en kalabalık ve en iyi silahlanmış olan grup Oğurlardı.*" ifadesinde geçer. Oğurlar ise sonrasının Macarlarıyla bağlantılıdır. Göktürkleri savaş meydanlarında pek görmeyen lakin onlara tabi olan Oğurlarla sayısız kez muhatap olan Bizanslıların, etnik ayrımın farkında olmalarına rağmen, bu ikincileri de Türk olarak tasnif ettiklerini, en azından *Strategikon*'daki 'kalabalık' Türkler arasında Oğurların da bulunduğunu düşünebiliriz.

Fakat Leon'un *Taktika*'sında bu bilgi tekrarlanırkenki durum çok farklıydı. 900 yılı civarında artık ne Avarlar ne de Göktürkler kalmıştı. İmparatorun şu metninde geçen Türkler, tarihçe tam Macarlara uyuyor: "*Ey general, sana bu çerçeveyi savaşta Türklerle yüzleşmeye hazırlanasın diye sunmadık, zira onlar şu anda ne komşumuz ne de düşmanımızdır, bilakis kendilerini Romalıların tabi olarak göstermeye heveslidirler. Fakat bu ni-*

---

[164] Bkz. Dennis, *Strategikon. Bizans Kültüründe Strateji Sanatı,* s.155 vd.
[165] Theophylaktos Simokattes'in kaydı. Bkz. *The History of Theophylact Simocatta,* s.188-191.

zamların ve askerî uygulamaların hepsi hakkında iyi bir bilgin olmalı ey general, ve yeri geldiğinde istediğin herkese karşı gecikmeksizin kullanmalısın."[166] Macarlar ile Bizans komşu değildi; aralarında Bulgar, Sırp ve Hırvat devletleri vardı. Üstelik Endülüs'e kadar bütün Avrupa'yı kasıp kavuran Macar istilaları Bizans'a dokunmuyordu. Ama ikinci cümlenin ihsas ettiği üzere, yarın ne olacağı belli değildi; Macarlar Bizans'a da yüklenebilirlerdi.

Böylece Macarlara, daha doğrusu sonradan Macarlığı oluşturacak topluluğa (da) 'Türk' deme alışkanlığının Bizans edebiyatında 6. yy. sonlarından itibaren oturduğunu söyleyebiliriz. Böylece, 6 ve 7. yy. Bizans yazarlarının nazarında Göktürklerle aynı veya onlardan farksız oldukları için 'Türk' adlandırmasına layık görülen Onoğurlar, 9. yy biterken Bilge Leon'un algısında bu ismi asli olarak taşıyan bir topluluk olarak sunuluyor. Ara dönem için fazla ipucumuz yok (işin aslı fazla kaynak da yok) ama bir iki kaynak aynı tutumu sürdürüyor gibi. Bizans'ta 8. yy.ın ikinci yarısına tarihlenen bir yıldız falında önce olumsuz bir hava ile Müslümanların ilerleyişi anlatılır, sonra hava değişir: "*...ve Merih göğün ortasında gözüktüğünden, ondan etkilenen halkların krallıkları, yani Bizanslılar, Türkler, Hazarlar, Bulgarlar vb. daim kalacaklardır.*"[167] Bu dönemde Göktürkler çoktan yıkılmıştı. Ayrıca kuzey taraf, yani Bizans'ın yakın çevresi nazara alınıyor. Bölgenin önemli halkları içinde adı anılmayan sadece Avarlar var. Vachkova buradaki Türklerin Avarlar olduğunu düşünüyor ama aynı türden olsalar bile aradaki düşmanlığı çok iyi bilen Bizanslıların Avarlara 'Türk' demesini bekleyemeyiz, hiçbir zaman da dememişlerdir. Geriye büyük topluluk olarak, o günlerde Hazar'a tabi özerk bir yönetime sa-

---

[166] *The Taktika of Leo VI*, s.465.

[167] Vachkova, "Danube Bulgaria and Khazaria as Parts of the Byzantine Oikoumene", s.339.

hip olan Onoğurlar kalıyor. Maurikios döneminden kalma âdete uyarak, Onoğurlar 'Türk' olarak adlanıyor gibi. Ama burada başlayan ve Leon'un oğlu Konstantinos'ta zirveye çıkan bir sıkıntı var: Hazarlar, Peçenekler, Oğuzlar gibi gerçekten Türk olarak adlanması gerekenler neden kendi ayrı isimlerini taşıyorlar da, bu falda, Leon'da ve Konstantinos'da Macarlar için 'Türk' ismi kullanılıyor?

Yazdığı dünya tarihinde 813 yılına kadarki dönemin gelişmelerini veren Theophanes, 624-25'teki gelişmelerden bahsederken 'Batı Hunları' olarak Avarları ve ayrıca Bulgarları andığı metninde, hemen aşağıda Hazarlardan 'Doğu Türkleri' olarak bahseder.[168] Buradaki 'doğu' kelimesi önceki 'batı'ya bir gönderme gibi gözükmüyor, üstelik Don boylarında yaşayan büyükçe bir topluluk olan Onoğurlar burada kayıp gözüküyor. Bu yüzden mefhum-u muhalifi ile, bahsedilmeyen 'Batı Türkleri'nin onlar olması beklenebilir.[169]

Devletin Yönetimi Hakkında adlı kitabını 948-952 yılları arasında yazan 7. Konstantinos Porphyrogenitus, adı geçen Leon'un oğludur. Türkler (Τούρχοι) ve Türkiye (Τουρχίας) kelimelerini başlıklar haricinde 71 defa kullanır, tamamında sadece Macarları anlatır. Buna karşılık 'Macar' kelimesinin karşılığı olan Megeri (Μεγερη) esas birliği oluşturan yedi (sekiz) boydan biri olarak sadece bir defa geçer. Konstantinos değişik vesilelerle Macar elçileriyle sıkça görüşmüş, hatta onları Orta Avrupa'ya getiren Àrpad'ın torunuyla oturup halkının bütün hikâyesini dinlemiş, kaydettirmiştir. Bu yüzden eski Macarlarla ilgili başka kaynaklara kıyasla en fazla ve nadir bilgiyi onda buluyoruz. Böyle ayrıntıya sahip birinin en temel konuda, bu halkın isminde yanılmasını nasıl izah edeceğiz? Kendinden çok emin

---

[168] Theophanes, *The Chronicle of Theophanes the Confessor*, s.446.
[169] Németh, *A Honfoglaló Magyarság Kialakulása*, s.201-202.

bir şekilde her seferinde bu halkın adını 'Türk' olarak vurguluyor. Hatta çok tartışılan cümlesinde "*Bunlar o zaman Türk adlanmıyordu fakat şu veya bu sebeple 'Sabartoi asphaloi' ismine sahiptiler*" diyor.[170] Bu cümlede kendi zamanında bu halkın adının Türk olduğunu, bunun kendi tercihi veya dış adlandırma olmadığını ihsas ediyor. Bu bilgiyi verenler Macarlar olduğuna göre, kendilerinin güncel adını Türk olarak söyleyenler de onlardı kuşkusuz. Yani Konstantinos'un bu ismi (sadece) babası Leon'dan öğrendiği gibi bir varsayımın fazla temeli olmayacaktır.

Öbür türlü eserde Peçenek kelimesi 65, Hazar 33 ve Oğuz 8 defa geçerken ve hiçbirinde bir Türk aftı bulunmazken, Macarların bir dönem Göktürk egemenliğinde bulundukları için böyle adlandırıldıkları gibi bir açıklama[171] gerçeği yansıtmaktan uzak kalacaktır. Kristó'nun 'Türk' kelimesini hayat tarzı ortaklığını gösteren bir cins isim olarak görmesi de eserdeki bağlamla uyuşmuyor.[172] Konstantinos böyle bir huyda değil, herkesin kendi adını kullanıyor. Bir cins isim olması beklenen Hun kelimesini mesela hiç kullanmaz, Atilla'yı bile "Avarların kralı" yapar.[173] İskit'e ise "*Hazarlar veya Türkler veya tekrar Ruslar...*" gibi bir defalık bir kullanımla genel Kuzeyli bir içerik yükler.[174]

---

[170] Constantine Porphyrogenitus, *De Administrando Imperio*, s.171.

[171] Németh, *A Honfoglaló Magyarság Kialakulása*, s.200-202; Róna-Tas, *Hungarians and Europe in the Early Middle Ages*, özl. s.281-282; Engel, *The Realm of St. Stephen*, s.9-10. Németh, Hazarların da Türk adlanmasından hareketle, Macarların Hazar egemenliği altındaki dönemi de bu adlandırmaya hesap eder.

[172] Kristó, *Hungarian History in the Ninth Century*, s.69.

[173] Constantine Porphyrogenitus, *De Administrando Imperio*, s.119.

[174] Constantine Porphyrogenitus, *De Administrando Imperio*, s.67.

'Türk' kelimesinin o dönem Macarları için dış adlandırma değil, şu veya bu şekilde benimsenmiş bir öz adlandırma olduğunun iki büyük delili de kiliselerden gelir. Yurt tutuşun ardından Macarlar arasında Hristiyanlığın yayılmaya başlamasıyla ve mevcut Hristiyanlar da göz önüne alınarak 10. yy. ortasında oluşturulmuş ilk Macar piskoposluğuna "*Episkopos Tourkias*" denirdi.[175] Kilisenin hele de Macaristan içindeki bir oluşumda böyle yanılmasını bekleyemeyiz. Halk boy veya budun bilincinde, şu veya bu kimlik vurgusunda olabilir ama bu isim tercihi en azından resmî seviyede ülkenin 'Türklerin ülkesi' olarak görüldüğünün bir kanıtı olsa gerektir.

Diğer kilise belgesi ise yukarıda bahsettiğimiz taçtır. Bugün Macaristan meclis binasında korunan 'kutsal taç', tarihte neredeyse hiçbir örneği olmayan bir öneme ve role sahiptir. Komünizm dönemi haricinde daima korunan inançlara göre, başka ülkelerde krala taç aranırken, Macaristan'da taca kral aranır; dahası ülke toprakları kralın veya milletin değil, tacındır. Bu algı Orta Çağ krallarının icadı olmayıp, sonraki zamanlarda giderek artan bir ivmeyle yerleşmiştir.[176] Yapısı icabı Papalık ve Bizans'ın Macaristan'a ortak hediyesi olduğuna inanılan tacın I. Géza'ya (1074-1077) hitap ettiğine inanılır.[177] Şimdi, Macarların Türk ismini kullanmadığı, bunun Bizans'a ait olduğu söyleniyor ama karşı tarafa gönderilen en büyük diplomatik hediyede o halkın isminin geçmeyişi, tanınmayışı, Bizanslıların verdiği adın bulunması açıklanabilir bir durum değildir.

---

175 Moravcsik, "Byzantine Christianity and the Magyars in the Period of Their Migration", s.43-44.

176 Bu konudaki çok geniş edebiyatı toparlayan Péter (2003, 421-510) daha çok tacın yeni ve yakın zamanlar Macarlığındaki algısı üzerinde durur.

177 Moravcsik, "Byzantine Christianity and the Magyars in the Period of Their Migration", s.5; Péter, "The Holy Crown of Hungary, Visible and Invisible", s.425.

Müslüman yazarlara gelince, beklendiği şekilde Macarlar için iki tür 'Türk' kullanımı vardır. Birinde bu halk doğrudan öyle adlandırılır, diğerinde ise Türk kavimleri arasında sayılır.[178] Yeri gelip Rusları da Türklerden saydıklarını düşünürsek bu ikinci kullanımı belki göz ardı etmeliyiz ama bu türe giren Mesûdî'nin metinlerinde durum biraz farklı gözüküyor. Mesûdî ayrıntılı bir haberde "*aynı atadan türeyen dört Türk kavminin*" Bulgarlar ('Hristiyanlaşanlar') ve Bizanslılar ile savaşından bahseder. Bunlar Becni, Bacgırd, Becnak ve N.kerde boylarıdır.[179] Burada aslında iki halktan bahsedilir. Becni ve Becnak Peçenek'tir, diğer ikisi ise Macarlar için kullanılan Başkırt ve Onoğur isimlerini gösterir.[180] Haber boyunca bunlardan Türkler diye bahsedilir. Üstelik kendi zamanında 'Türklerin' İspanya ve Fransa'ya akınlar yaptığını anlatır ki bu işin sahipleri Macarlardır. Bu savaşın ayrıntılarını Bizans kaynaklarından dinlemiş olması muhtemel olan Mesûdî, böylelikle onların kullanımını yansıtıyor olabilir ama bu olmasa bile Macarları Türk olarak sı-

---

[178] Örneğin İbn Rüsteh: "*Macarlar Türklerin bir cinsidir.*" (Şeşen, *İslam Coğrafyacılarına Göre Türkler*, s.38); *Hudûd*: "(Macarlar da anlatıldıktan sonra) *Bütün bu zikrettiğimiz Türklerin dünyada bulunan sınıflarıdır.*" (Şeşen, *age.*, s.71); Gerdizî: "*Bu Macarlar Türklerden Hıristiyan olanlardır.*" (Şeşen, , *age.*, s.84); Avfî: "*Ve Türklerden Macar derler bir kavim daha vardır.*" (Şeşen, , *age.*, s.94); İdrisî: "*Başkırtlar* (Macarlar) *ve Peçenekler Rumlara komşu Türklerdendir.*" (Şeşen, , *age.*, s.121); İstahrî: "*Başkırtlar* (Macarlar) *ve Peçenekler Türk olup, Rûm'a komşudurlar.*" (Şeşen, , *age.*, s.159); İbn Havkal: "*Bu Başkırtlar* (Macarlar) *ve Peçenekler Rumların civarında oturan Türklerdendir.*" (Şeşen, , *age.*, s.169); Mağribî: "*Başkırtların doğusunda Hungarlar bulunur. Bunlar da Başkırtlar gibi Türklerdendir.*" (Şeşen, , *age*, s.203). Ayrıca Şeşen'in çevirdiği kısımda yer almayan Bekrî'nin kaydı (Zimonyi, *Muslim Sources on the Magyars*, s.91). Zimonyi bunların arasına Mervezî, Ebu'l-Fidâ, Şükrullah, Muhammed Katib ve Hacı Halife'yi de ekler (Zimonyi, *age.*, s.83).

[179] Mesûdî, *Murûc ez-Zeheb*, s.93 vd.

[180] Bu haberin geniş bir incelemesini Golden ("The People نوكردة", s.21-35) yapmıştır.

nıflıyor. Üstelik Endülüs'e saldıran Ruslardan dahi haber verdiğine göre, kendisinin İspanya'dan kaynakları olduğunu düşünmeliyiz. Zira bir yerde "*Endülüs halkının iddiasına göre*" ifadesini kullanır.[181]

Zimonyi, Macarlara etnik manada Türk diyen üç yazarı inceler: İbn Hayyan, İbrahim ibn Yakub ve Harun ibn Yahya. İlki, 942 yılındaki İspanya'ya Macar akını vesilesiyle şu bilgiyi verir: "*Onların işlerini bilenler ülkelerinin uzakta doğuda olduğunu söylediler. Peçenekler onların doğusunda yaşar ve komşularıdır. Rûm toprağı onların güneyinde uzanır. Konstantinopolis kendi doğu yönünden birazcık sapan bir yerde bulunur. Murâva* (Moravya, O.K.) *ve diğer Slav ülkeleri onların kuzeyinde uzanır. Saksonlar ve Franklar onların batısındadır. Endülüs arazisine uzak bir mesafede bulunurlar. Bozkırda... onlardan krallar (vardır). Hücumları sırasında yolları, hudutlarında olan Lombardiya'dan geçti. Burası* [Lombardiya] *ve onlar arasında sekiz günlük mesafe vardır. Yaşadıkları yerler Tuna nehri üzerindedir ve rastgele duraklama yerlerinde keçe çadırlarda yaşayan kentsiz ve evsiz Araplar gibi göçebedirler.*"[182]

942 akını hakkında Belhi de bilgi verir: "*Ebû Abdurrahman el-Endelüsî'yi Mekke'de şunları anlatırken duydum: Türklerden bir maceraperest maiyetiyle Endülüs hudutlarına kadar vardı. Oradan esir ve hayvan ganimet alıp götürdü. Bunları takip edenler aralarından birini yakaladılar. 'İlk gördüğümüz Türk budur' dediler. Karşılıklı bir şeyler söyleşiyorduk, fakat birbirimizi anlamıyorduk.*"[183] Kendisi İbn Hayyan ile aynı kaynağa,

---

181 Mesûdî, *Murûc ez-Zeheb*, s.63.

182 Zimonyi 2014b, 109-110; *Muslim Sources on the Magyars*, s.85.

183 Şeşen, *İslam Coğrafyacılarına Göre Türkler*, s.193.

Endülüslü tarihçi Abdurrahman Endülüsî'ye dayanmaktadır. Aynı haberi aynı kaynağa dayanan Makdisî de verir.[184]

İbn Hayyan gibi Endülüslü olan Musevi asıllı tüccar ve elçi İbrahim ibn Yakub 960 senesi civarında Doğu Avrupa'ya bir seyahat yapmıştır: "*Buyaslav'ın* (Boleslav) *memleketine gelince, Fraghah'dan* (Prag) *Karakva'ya* (Krakow) *uzunluğu üç haftalık yolculuğa denktir. Uzunlamasına Türklerin memleketiyle sınırdaştır. Fraghah kenti taş ve kayalardan yapılmıştır. Burası malda en zengin yerdir. Ruslar ve Slavlar oraya Karakva'dan mallarla gelirler. Türklerin ülkesinden oraya Müslüman, Musevi ve Türkler gelir ve mal ve ticari emtia getirirler.*"[185]

Yine Endülüslü olan Harun ibn Yahya ise 900 senesi civarında İstanbul'da esir olarak bulunmuş, bu dünya başkentini gözlemlemiş ve kurtulduğunda gördüklerini kaleme almıştır. Onun imparatorluk muhafız alayında bulunan değişik milletlerden askerleri anlatırken kullandığı 'Türk' kelimesinin de Macarları anlattığına inanılır.[186] Bu kanaatin kökünde o dönemde Bizanslıların Macarlar için bu kelimeyi kullandığı bilgisi vardır. Bu bilgide kuşku, yok, yukarıda gördük. Ancak metinde imparatorluk muhafızları için "*On bin Türk ve Horasanlı*" ifadesi geçer.[187] Ancak Macarların paralı asker olarak başka ülkelere çalışmaya gittiklerinin kaydı, bildiğim kadarıyla bulunmuyor. Horasan kelimesi de sanki bu Türklerin Orta Asyalılığını ihsas ediyor. Bu açıdan, Harun ibn Yahya'nın Macarları kastetmesine kuşkulu yaklaşmalıyız. Dolayısıyla sonradan yazan diğer Endü-

---

[184] Czeglédy, "Megjegyzések a 942. évi Magyar kalandozás forrásaihoz", s.456-457. Şeşen çevirisinde Makdisî'de böyle bir metin geçmez.

[185] Zimonyi, "Why were the Hungarians Referred to as Turks in the Early Muslim Sources?", s.110; *Muslim Sources on the Magyars*, s.85.

[186] Zimonyi, "Why were the Hungarians Referred to as Turks in the Early Muslim Sources?", s.110; *Muslim Sources on the Magyars*, s.87.

[187] Zimonyi, *Muslim Sources on the Magyars*, s.86.

lüslü yazarların Macarları teşhiste onun etkisinde olması kesin gözükmüyor.

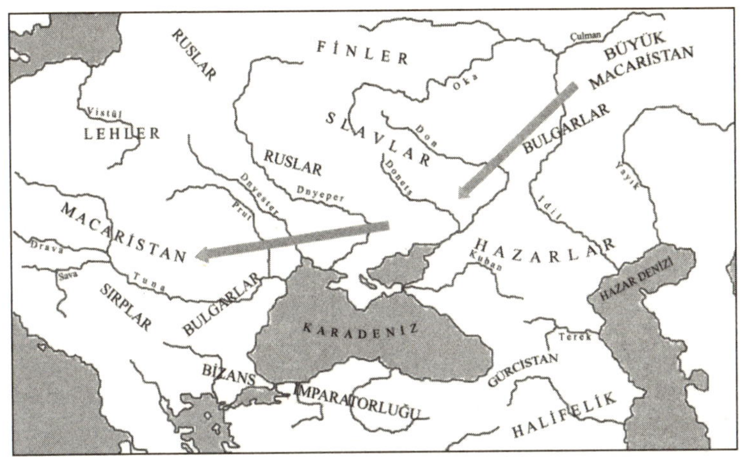

Harita 4. Macarların göçü.

Macarların en baştan itibaren Kuzey İtalya ile yakın ilişkilerini düşünürsek -ki batıya çok sayıdaki akınlarında hep buradan geçmişlerdir- onların İtalya'da da vicahen iyi tanındıklarına hükmedebiliriz. Hiç de Bizans kullanımını ödünçlemek zorunda ve durumunda değillerdi. Nitekim 10. yy.dan bahseden iki İtalyan Latin kaynağı olan Liudprand'ın yıllığı ve *Annales Barenses*'te de Macarlara 'Türk' denir.[188]

Bu durumda bütün dünyayı öfkelendirecek "Macarlar Türk'tür" gibi bir sonuca mı ulaşacağız? Kuşkusuz hayır. Bugünkü Macarlar Türk değildir. Biz eski Macarlardan bahsediyoruz. Bugünküler hayli değişmiş ve dönüşmüş bir topluluğu temsil eder. Aynı zamanda da eski Türklerden bahsediyoruz. Bugünkü Türkler ile eski Türklerin tam uyuştuğunu kim söyleye-

---

[188] Olajos, "Egy felhasználatlan forráscsoport", s.220-221. Liudprand'dan Németh de bahseder: *A Honfoglaló Magyarság Kialakulása*, s.198.

bilir? Biz de hayli dönüştük ve değiştik. Burada eski Türklerle eski Macarları konuşuyoruz.

Belirttiğimiz gibi, bugünkü Macarlığı üreten Oğur boyları 460'larda Avrupa'ya, Don Nehri boylarına doğudan geldiler. Geldikleri yerin bugünkü Başkırdistan arazisi olduğunu bugün rahatlıkla söyleyebiliyoruz. Eski İslam eserleri Macarlardan hep Başkırt diye bahsetmiş, doğuda ve batıda iki Başkırt ulusu olduğunu yazmışlardır. Eski Macarların söylencelerinde büyük yurdun doğuda kaldığı geçmekteydi ki 1230'larda geride kalan ve 'müşrik' olan soydaşlarını vaftiz etmek için rahipler göndermişler ama Moğol ordularının yaklaşması üzerine geri dönmüşlerdi. Moğol sarayına giden Papalık elçileri de yol boyundaki ülkeleri anlatırken Başkırdistan'dan 'Büyük Macaristan' (Magna Hungaria) diye bahsederler.[189]

Bu konunun ayrıntıları hâlâ şiddetli ilmî münakaşalara tabidir ama genel olarak söyleyebileceğimiz şey bu Macarların, diğer isimleriyle 'Türkler'in 5. yy. başında Başkırdistan bölgesinde olduklarıdır.

Şu ana kadarki sonuçlarımızı toplu bir sonuca irca edersek eski dünyanın tasavvurlarımızdaki görünümüne yeni bir düzen vermek gerekiyor. Macarların Başkırdistan arazisine daha doğudan, kimilerinin iddia ettiği gibi Uralların doğusundaki Ugor bölgesinden geldiği söylenebilir ama Avrasya ve Sibirya'nın büyüklüğünü göz önüne aldığımızda bu da onları Eski Dünya'nın doğusuna taşımayacaktır. Ondan da doğuya götürmek zor gözüküyor çünkü ister soy isterse komşuluk ilişkisi olsun, Fin ve Ugor topluluklarıyla reddedilemeyecek bir bağlantı mev-

---

[189] Bu iki Macar yurdu "Etelköz: Ortanca Macar Yurdu Hakkında Yeni Bazı Tespitler" başlıklı ayrıntılı ve uzun bir makalemizde incelenmiştir. Ayr. bkz. Rásonyi, *Tarihte Türklük*, s.118-125 ve Golden, *Türk Halkları Tarihine Giriş*, s.307-309.

cut (Bizim itirazımız bu bağlantının varlığına değil, mihver alınmasınadır).

Macarları daha doğuya götüremezken Türkleri de taşımamız zor gözüküyor. Üstelik yukarıda geçtiği gibi, zamanda geriye gittikçe Türk ile Macar'ı ayırmak güçleşiyor. Birkaç istisna dışında Macarlığın kökündeki Oğurları Türk olarak tanımlayan bilim âlemi, belki de farkında olmayarak bu gerçeğe parmak basıyor.

Dolayısıyla alışıldık Ural ve Altay haneleri bu yeni durumda eski halkları yerleştirme ihtiyacını tam karşılamıyor. En azından İdil'in doğusunda Türklüğe yer açmak ve Macarlığın atalarına da burada yer vermek gerekiyor. Şimdiki Başkırdistan'dan doğuya doğru uzanan Güney Sibirya kuşağı ile ona koşut olarak güneyinde kalan Kazak bozkır bölgesini içine alan, Altaylara yaklaşmakta tereddüt eden eski Andronovo kültürünün sahası, belki de ve büyük ihtimalle Türklerin türeneğine ve yaşam alanına tekabül ediyor. Bu sahaya MÖ ilk bin yılda her şeyiyle Türk kültürünün öncüsü olan Sakalar hâkim güç olarak damga vurmuşlardır.

Bu sayfaya gelinceye kadar edindiğimiz bilgi ve çıkarımlarımız bize şimdilik böyle bir şey söyleyecek kadar söz hakkı vermiyor. Sadece tahminen konuşuyoruz. Tahminlerimizi delillendirmek için Macarların Türklükle ilintilenmesi konusunun coğrafyasını biraz daha deşmeliyiz. Bunun bilgileri de Ergenekon bahislerinden geliyor.

BÖLÜM 8

ERGENEKON'DAN ÖNCEKİ GÜNLER

Ergenekon Destanı 60 yıldır bilimden çok siyasetin konusu olmuş, hakkıyla araştırma yapılmamıştır. Türeyiş destanları arasında sınıflamak âdetten olmakla birlikte, burada daha çok diriliş vardır. Yani aslında eskiden de var olan bir halkın büyük bir felaketten sonra hayata kaldığı yerden devam etmesinin hikâyesidir. Öbür türlü, Ergenekon destanında yeni bir oluşumdan bahsedilmez; yeniden oluşma sözkonusudur.

Destanın artık 'halk kültürümüze' mal olmuş biçimini ilhanlı Moğol sarayında kendisine ısmarlanan bir genel tarih, tabii Moğol tarihi yazan Reşidüddin'den alıyoruz. Aslen İsfahanlı bir Musevi olan Reşidüddin, çeşitli kaynaklardan Türk ve Moğolların tarihini araştırmış ve derlemiş, ortaya büyük bir genel tarih çıkarmıştır. Bunda destan metni şu şekilde yer alır:

"Daha önce Moğol adı verilen bu boyların aşağı yukarı 2000 sene önce Türklerle araları açılmış, birbirlerine düşman olmuşlardı. Bu anlaşmazlık o kadar büyümüş ve kan davasına dökülmüştü ki, birbirlerini ortadan kaldırmak için durmadan savaşıyorlardı. Sözlerine güvenilir, akıllı insanların anlattıklarına bağlı olarak Türkler, Moğollara galip gelmiş ve onları dağıtmışlardı. Bu mağlup edilen boylardan iki erkekle iki kadından başka kimse kalmamıştı. O iki aile de korkudan gelip bizi öldürürler diye sarp ve kayalık bir yere kaçıp saklanmışlardı. Buranın etrafı dağlar ve ormanlarla çevriliydi. Sadece girip

çıkmak için bir geçidi vardı. Buradan bile insanlar binbir güçlükle ilerleyebiliyordu. Dağların orta yerinde ise, dümdüz ve bol otlu bir ova mevcuttu. Bu ovanın adına Ergenekun derlermiş. Kun sözünün manası 'dağ beli, geçit'; Ergene ise 'sarp' anlamına gelen bir kelimedir. Düşmanın elinden kurtulan bu iki kişinin adı Negüz ve Kıyan idi. Senelerce çok güzel vadinin içinde yaşadılar ve yavaş yavaş soyları da çoğalmaya başladı. Birbirleriyle evlenmek suretiyle, gittikçe nüfusları arttı. Böylece meydana gelen oymaklar ayrı ayrı adlar aldılar ve birbirlerini o isimlerle çağırdılar. Bu oymaklara 'obak' diyorlardı. Oymaklar çoğalınca, onlar da bölümlere ayrıldılar... Bu dağların arasında sıkışarak çoğalmaya başlayan halklar, artık bu dağ ve ormanlar içinde yaşayamaz hale gelmişlerdi. Çünkü bu yer artık onlara küçüktü. Yaşamak zorlaşmıştı. Dağlar arasındaki bu tek geçitten geçmek mümkün değildi. Bir araya gelip bir çıkış yolu bulmak için çare aradılar. Hemen geçidin yanında bir demir madeni vardı. Bu madenden demir çıkarırlar ve eritirlerdi. Başka bir yol bulamayınca bu demir madenini eritip oradan çıkmaya karar verdiler. Hepsi birlikte ormandan odun topladılar, eşek yüküyle kömür yığdılar. Yetmiş baş at ve öküz kestiler. Derilerini soyup da bağladılar ve demirci körükleri yaptılar. Odunlar ve kömürler madenin olduğu yere dizildi. Ateş yanıp da körükler üflemeye başlayınca dağ eriyip delinecekti. Ateşler yandı, körükler işledi ve sonunda dağ parçalandı. Bu arada bir hayli demir de elde edildi. Yol açıldı. İçeriye sıkışmış olan halkın hepsi kolaylıkla dışarı çıktı. Arkasından herkes bozkıra yayıldı ve bir yerlere çadır kurdular..."[190]

Ondan üç asır sonra da Hive hanı Ebü'l-Gazi Bahadır, Türkmenlerin yazılı ve sözlü destanlarını toplayarak bir kitap

---

[190] Gömeç, *Türk Kültürünün Ana Hatları*, s.266-267. Burada Reşidüddin'den ve hemen aşağısında Ebü'l-Gazi'den alınan metinler uyarlanmış metinler olup, asıl nüshaların bire bir çevirilerini yansıtmamaktadır. Destanın bu iki kaynaktaki metinlerinin tenkitli bir yayınına ihtiyaç vardır.

oluşturmuş, adına *Şecere-i Türk* (Türklerin Soyağacı) dediği bu kitapla Oğuz neslinin köklerini açıklamaya çalışmıştır. Bu kitapta geçen hikâye şu şekildedir:

"Türklerin başına İl Kağan geçince, Moğol yurdunda da Sebinç Han hüküm sürüyordu. Türklerle yaptıkları savaşlarda Moğollar hep mağlup oluyorlardı. Sebinç Han Kırgız beyine değerli hediyelerle elçiler yolladı. 'Dünyada Türk okunun ötmediği, kolunun yetmediği yer kalmadı. Biz bunları yok etmezsek, onlar bizi kırıp geçirecek. Birlikte hareket edip onlardan intikam alalım.' Kırgız beyi bu teklife olumlu cevap verdi. Türkler bunların planını önceden haber aldığından, çadırlarını ve sürülerini bir yere topladılar. Etrafına çukurlar kazarak düşmanı beklediler. Sebinç Han ordusuyla geldi ve savaş başladı. Bu çarpışmalar on gün sürdü fakat Türk askerleri düşmanlarını yenmeyi başardı. Sonunda onlar bir araya gelip Türkleri ancak bir hile ile yenebileceklerine kanaat getirdiler. Tan ağarınca bütün ağır mallarını bırakarak yalandan kaçtılar. Türkler de bunların direnci kırıldı sanıp arkalarından kovaladılar. İl Kağan'ın adamlarının bazıları da yağmaya daldı. Moğol hanının adamları onları böyle görünce, birden geri döndüler. İki ordu tekrar savaşa tutuştu. Türkleri çember içine aldılar. Hepsinin bir arada olması yüzünden, kadın-erkek, çoluk-çocuk hiçbir Türk kurtulamadı. Herkes kılıçtan geçirildi. Tek bir canlının kalmadığını sandılar ve kendi memleketlerine döndüler. İl Kağan'ın pek çok çocuğu vardı. Savaşta biri hariç hepsi öldü. Bu en küçükleri Kıyan'dı ve o yıl evlenmişti. İl Kağan'ın yeğeni Negüz de Kıyan'la aynı yaştaydı. Bunlar eşleriyle beraber savaşta en ön safta vuruşmuşlardı. Önce esir düştüler ama on gün sonra eşleriyle birlikte kurtulmayı başardılar. Yurtlarına dönecek olurlarsa yeniden düşmanın eline düşmekten korktuklarından, başka bir yer aramaya karar verdiler. Yanlarındaki hayvanlarıyla, sadece yaban keçilerinin geçebileceği, sarp bir yoldan ilerleyerek, sıradağların içine girdiler. Tek bir tane yolu olan bu yer çok yüksek, aşağısı da uçurum idi. Suları ve boğaz-

ları yedi günde geçip, tepelerden inerek, üstü çeşitli otlarla kaplı, her türlü hayvanın yaşadığı, suların, meyve ve diğer ağaçların bol olduğu bir düzlüğe ulaştılar. Bundan dolayı Tanrı'ya şükrettiler. Burada kışın hayvanların etini yiyip, derisinden giysi yaptılar. Yazın sütünü içip yoğurdunu ve peynirini yediler. Bu yere Ergenekun adını verdiler..."[191]

Reşidüddin'in metninin Moğol tarihi oluşturmak amacıyla Oğuzlardan derlenen veriye dayandığı ve bunun üzerinde keyfekeder oynamalar yapıldığı açık. Mağduriyet edebiyatı eskiden beri tüm halkların sevdiği ve geçmişten güç ve istihkak almak için kullandıkları bir yöntemdir. Burada da Moğolların mağdur olduklarını görüyoruz.

Ancak veri veya söylencelerin köklerinin Türklerde olduğu inkâr edilemez. Zira Moğolların tarihi zaten Reşidüddin'den önce Moğollarca yazılmıştır. Cengiz'in oğlu Ögödey zamanına (1240) kadar gelen *Moğolların Gizli Tarihi* adlı bu eser, Cengiz'in veya Moğolların uzak atalarına dair hiçbir şey söylemez. Bunu bilgi kıtlığı veya bilgi yokluğu ile açıklamalıyız. Cengiz'in babasını, dedesini anlatma gayretindeki bu hanedan içi kitabın uzak köklere dair bir fikir vermemesi bu konuda bir sıkıntı olduğuna işaret eder. İlhanlı hanları da anlaşılan bu sıkıntı üzerine Reşidüddin'e *Gizli Tarih*'in tatminkâr olmadığı noktaları dile getirecek bir eser ısmarlamışlardır. O da bunu elhak yapmıştır ama eski Türk tarihine ait veriyi eski Moğol tarihine ulayarak.

Ebü'l-Gazi Bahadır Han geç yazmasına ve muhtemelen Reşidüddin'i okumasına rağmen, bu konuda daha güvenilirdir çünkü Türkmenlerin arasındaki çok sayıda değişkeyi toplamış ve Türkmen büyüklerinin isteği üzerine bunlardan tek bir hikâye çıkarmıştır. Bu hikâyeye yad elden müdahale fazla gözük-

---

[191] Gömeç, *Türk Kültürünün Ana Hatları*, s.269-270.

müyor. Tek duhül, beklendiği şekilde Moğolların 'Türk' soyundan olarak dünyaya gelişleri ve tarih sahnesine çıkışlarıdır.

Bu iki kitabı birlikte okuyarak edineceğimiz tarihî bilginin özü (geç dönemleri çalışan tarihçilerin sandıkları gibi destan tarih dışı bir metin değildir; tarihin 'destani' hava ile anlatımından ibarettir), eski geçmişte bir zaman Türklerin başına büyük bir felaketin geldiği, düşmanların kıyımına uğradıkları, kaçıp kurtulanların ise ücra bir köşede uzun süre tarih dışı kalarak kendine gelmeye çalıştıklarıdır.

Yüzyıllar boyu, hatta bin seneden çok fazla anlatılagelen hikâyenin pek çok simgesel ögeyi içine aldığı ve bir destandan beklendiği şekilde inançlar ve değerler manzumesini süzerek verdiği açıktır. Burada çok uzun söz gerektiren simgesel anlatımlar üzerinde durmayacağız.[192] Bizim için buradaki araştırmada esas olan şey özdür. Yani o felaket ve öncesi.

Türklerin İslam döneminde kayda geçirilen bu destanlarını destekleyen tarihî bilgiyi Göktürklerin zirvede olduğu dönemde yazılan (620 ve 630'lar) Çin yıllıklarından almaktayız. Chou-shu'ya göre:

"[T'u-küe/Türklerin] *ataları Batı Denizi'nin sağ kıyısında yaşıyorlardı.*[193] *T'u-küe'ler Hiung-nu'ların* [Hun] *özel bir ırkıdır. Soyadları A-şi-na'dır. Önce Hunlardan bağımsız bir kabile kurdular; ama daha sonra bir komşu ülkenin saldırısına uğradılar. On yaşında bir oğlan çocuğuna varıncaya kadar bütün kabile kılıçtan geçirilerek yok edildi. Düşman askerleri oğlanın daha çok küçük olduğunu görünce onu öldürmeye yürekleri elvermedi. Sonunda ayaklarını keserek üzeri otlarla kaplı bir ba-*

---

192 Bu çözümlemeleri Dursun Yıldırım yapmıştır: "Ergenekon Destanı", s.527-543. Bu metinlerin en son tarihî yorumlaması ise Golden'da bulunabilir: "The Ethnogonic Tales of the Türks", s.1-37.

193 Bu ilk cümle Chou-shu'da olmayıp aynı metni tekrarlayan Pei-shi'de vardır.

taklığın içine attılar. Batakılığın içinde bir dişi kurt vardı, çocuğu etle besledi. Böylece oğlan çocuk serpildi, büyüdü, dişi kurtla ilişkiye girdi, kurt ondan hamile kaldı. Komşu devletlerin kralı gencin hâlâ sağ olduğunu öğrenince, onu öldürmeleri için adamlarını yeniden oraya gönderdi. Gelenler gencin yanında dişi kurdu görünce onu da öldürmek istediler. Bunun üzerine dişi kurt Kao-ç'ang [Turfan] *devletinin kuzeyinde bulunan bir dağa kaçarak sığındı. Bu dağda bir mağara vardı; mağaranın içinde üzeri otlarla kaplı alabildiğine geniş bir ova uzanıyordu. Yüzlerce li genişliğindeki ova dağlarla çevriliydi. Dişi kurt dağlara saklandı. Orada on erkek çocuk dünyaya getirdi. Oğlanlar büyüdüklerinde mağaradan çıkarak dışarıdaki kadınlarla evlendiler; onlar da çok sayıda çocuk dünyaya getirdiler. Her nesil kendine bir soyadı koydu, biri kendine A-şi-na adını verdi. Onun çocukları ile çocuklarının çocukları giderek çoğaldılar ve yüzlerce aile oldular. Birkaç nesil sonra Ju-ju'ların* [Avar] *tebaalığına girip onlara hizmet etmek üzere mağaradan dışarı çıktılar. Kin-şan'ların* [Altaylar] *güney yamacında yaşamaya başladılar ve Ju-ju'ların hizmetinde demirci ustası olarak çalıştılar. Kin-şan dağı bir miğfere benziyordu, onlar da miğfere T'u-küe dedikleri için, kendilerine T'u-küe adını koydular."*[194]

Sui-shu ise Türklerin atalarının Altay Dağlarında demirci olarak yaşamalarını anlattıktan sonra 'bir başka rivayet' olarak eski döneme geçer. Buna dikkat edilmelidir:

"Bir diğer rivayete göre bu insanların ataları Batı Denizi'nin üst bölgesine hükmediyorlardı. Sonra bir komşu ülke onları yok etti. Kadın erkek, yaşlı genç kimsenin gözünün yaşına bakılmaksızın hepsi öldürüldü; geriye sadece bir çocuk kaldı, onu öldürmeye yürekleri elvermedi. Ama yine de çocuğun kollarıyla bacaklarını keserek onu kocaman bir bataklığa attılar. Bataklıkta bir dişi kurt yaşıyordu, ona her gün et getirmeye başla-

---

[194] Mau-Tsai, *Çin Kaynaklarına Göre Doğu Türkleri*, s.13-14.

dı. Çocuk bu etleri yiyerek hayatta kalmayı başardı. Sonra dişi kurtla ilişkiye girip onu hamile bıraktı. Bunun üzerine komşu devletin reisi bir elçi gönderip çocuğu öldürmek istedi. Dişi kurt çocuğun yanında olduğu için elçi kurdu da öldürmeyi denedi. Ama birden dişi kurdun içine sanki bir ruh girmişti ve kurt kendini Batı Denizi'nin doğusunda buldu. Orada Kao-ç'ang'ın [Turfan] *kuzeybatısındaki bir dağda mola verdi. Dağın eteklerinde bir mağara vardı. Dişi kurt mağaraya girince karşısına bir vadi çıktı, 200 li'yi aşan bin alanı kaplayan vadi çimle örtülüydü. Dişi kurt daha sonra burada on oğlan çocuk dünyaya getirdi. İçlerinden birinin soy ismi A-şi-na'ydı. Aralarından en akıllısı da oydu, bu yüzden onların reisi oldu. Soylarını unutmak istemediklerini göstermek amacıyla da çadırın önünde üzerinde kurt kafası bulunan bir bayrak astı. A-hien-Şe adında bir adam kabilesini mağaradan dışarıya çıkardı. Kuşaktan kuşağa Ju-ju'lara tımarları olarak hizmet etmeye başladılar.*"[195]

Tabii, buraya almadığımız diğer faaliyet ve hadiseler de var. Burada tek bir hikâye yerine farklı ögelerin bulunması, çelişki veya farklı köken hikâyeleriyle yorumlanıyor. Harmatta'nın bir formüllemesine göre üç değişik kaynak var; bunlardan birisi Chou-shu ve Sui-shu'da ortak, diğer ikisi ise değil.[196]

Yukarıda Ergenekon'un bir türeyiş değil, diriliş destanı olduğunu söylemiştik. Türk budun Rusya'da ve Batı'da yapılan tüm ilgili çalışmalarda ittifakla söylendiği gibi 6, haydi olmadı 5. yy.da ortaya çıkmış değildir. Bu Çin namelerinden gördüğümüz şey, Türk budunun Hunlar ile aynı cinsten bir topluluk olarak önceden de var olduğudur.

Turfan'ın kuzeyinde bulunan, yani Altay Dağları bölgesinde bulunduğu açık olan korunakları Ergenekon'da yeterli güce ulaşıncaya kadar en az birkaç asır kalmaları gerektiğinden, zamanı

---

[195] Mau-Tsai, *Çin Kaynaklarına Göre Doğu Türkleri*, s.61-62.
[196] Harmatta, "A türkök eredetmondája", s.386-387.

6. yy.dan geriye alırsak, yaklaşık milat sıralarında onları tarihte yeri ve önemi bulunan bir topluluk olarak aramamız gerektiği ortaya çıkar.

Zaman tayini bu şekilde. İşimiz rast gidiyor ve mekânda da sıkıntı bulunmuyor. Türklerin eski yurdu Batı Denizi'nin sağında olarak tanımlanıyor. Bundan kuzeyi anlayacağız; bir Çinliye göre batıdaki bir nesnenin sağı, kuzey taraftır. Yalnız *Hsi-hai* 'Batı Denizi' ifadesinde ittifak sağlanamaz. Bunun Orta Asya'daki herhangi bir gölü anlatabileceği söylenir. Hatta kaçılan yerin Turfan yakınında olmasına bakan bazı tarihçiler burayı Doğu Türkistan'ın kuzeydoğu tarafında, Kansu sınırları içinde kalan Etsin Göl bataklıkları olarak alırlar.[197]

Çinlilerin deniz ile gölü ve hele bataklığı ayıramadıklarını düşünmenin belki filolojik sebepleri olabilir. Ama hem bizim sorularımız hem de Çinlilerin bundan neyi anladıklarına dair kendi açıklamaları vardır. Bizim sorumuz, Çinlilerin batıdaki bildikleri en uzak su birikintisinin Etsin Göl, hatta Balkaş veya Isık Göl mü olduğudur. Hepsini biliyorlarsa, ki öyle olduğu açık, hepsine de mi Batı Denizi diyorlar? Bu ismi en ötedeki ve en büyük suya tahsis etmelerini beklemeli değil miyiz?

Elimizde Çin metinlerini karşılaştırarak Batı Denizi'ni tespit gibi bir imkân var iken buna hiç tevessül edilmiyor. Birkaçına bakarsak, *Han-shu* ve *Shi-chi*'ye göre Hotan'ın batısındaki

---

[197] Klyaştornıy örneğin bu tutumdadır, Aral ve Hazar'ın da bu şekilde adlandığını belirtmesine rağmen, şimdiki Doğu Türkistan'dan sorumlu olan 'Batı Bölgeleri Genel Valiliği'nin isminden hareketle bu 'denizi' Doğu Türkistan'ın hayli doğusundaki, Gobi Çölü'ne dökülen Etsin Göl ırmağında arar (Klyaştornıy, *Kadim Avrasya'nın Bozkır İmparatorlukları*, s.106). Yakınlarda Göktürk köken söylencelerini bir kez daha masaya yatıran Golden da o dönemde bu kelimenin Akdeniz ve Hazar dâhil geniş bir işaret alanı olduğunu belirtmesine rağmen, Etsin Göl'ü muhtemel görür (Golden, "The Ethnogonic Tales of the Türks", s.8). Türk bilginlerinden Balkaş'a inanan Ögel, *Türk Mitolojisi*, s.24, bir diğer seçenek olarak da Aral'ı saklar.

akarsular ‘batıya doğru’ akarak Hsi-hai’a karışır.[198] Bundan hem Aral’ı hem de Balkaş’ı anlamak mümkündür lakin hiçbir şekilde Etsin Göl olamaz. *Han-shu*’daki “Afganistan’da bulunan Wu-yi-shan-li devleti Hsi-hai’ın yakınındadır.”[199] ifadesi de her iki göle birden gönderme yapabilir ancak Güney Kazakistan’daki K’ang-chü Devleti Pei-Hai’ın yanında olduğundan,[200] bunu Balkaş olarak atamalıyız. Dolayısıyla Hsi-Hai için Aral kalıyor. *Shi-chi*’ye göre An-hsi ülkesi (İran) Batı Denizi’nin yanındadır.[201] Bu ise Hazar Denizi anlamına gelir ki bizce bu noktada Aral veya Hazar’ın bir farkı yoktur.

Bunlar Han dönemi kayıtları, yani milat sıralarına ait. Göktürklerin çağdaşı T’ang devrinde ıstılahın değiştiğini düşünmeye gerek yoktur. *Sui-shu*’da Maveraünnehr kentleri Batı Denizi’nin doğusunda olarak anlatılır.[202] Isık Göl Tokmak kentinin doğusundaki Chou-hai olarak gözüküyor, Batı Denizi ise Taşkent’in batısındadır.[203] Taşkent’in batısındaki tek göl veya deniz Hazar’dır. Göktürk çağının önemli topluluklarından Güney Sibirya kuşağında yaşayan T’ieh-le’lerin yurdu “Batı Denizi’nden doğuya doğru” uzanıyor olarak tarif edilmektedir.[204] Bu ise Hazar-Aral’ı anlatıyor gözükmekte.

Gumilëv olay bilgisine dayanarak bir çözümlemede bulunur. Çin kaynaklarından 555 yılında Göktürk ordularının Batı Denizi

---

[198] Onat vd., *Çin Kaynaklarında Türkler. Han Hanedanlığı Tarihinde “Batı Bölgeleri”*, s.27; Otkan, *Tarihçinin Kayıtları’na (Shi Ji) Göre Hunlar*, s.97.

[199] Onat vd., *Çin Kaynaklarında Türkler. Han Hanedanlığı Tarihinde “Batı Bölgeleri”*, s.33.

[200] Onat vd., *Çin Kaynaklarında Türkler. Han Hanedanlığı Tarihinde “Batı Bölgeleri”*, s.38; Ssu’ma Ch’ien, *Records of the Grand Historian of China*, s.267; Otkan, *Tarihçinin Kayıtları’na (Shi Ji) Göre Hunlar*, s.98.

[201] Ssu’ma Ch’ien, *Records of the Grand Historian of China*, s.266, 268; Otkan, *Tarihçinin Kayıtları’na (Shi Ji) Göre Hunlar*, s.98.

[202] Chavannes, *Çin Kaynaklarına Göre Batı Türkleri*, s.190.

[203] Chavannes, *Çin Kaynaklarına Göre Batı Türkleri*, s.196.

[204] Mau-Tsai, *Çin kaynaklarına Göre Doğu Türkleri*, s.169.

kıyılarına ulaştıkları bilgisini alır. O sene Göktürklerin Aral kıyılarına ulaştığını biliyoruz. Dolayısıyla Çin kaynakları Batı Denizi ifadesiyle Aral'ı kastediyorlar.[205] Mau-Tsai ise bu ifadede Hazar'ı görür.[206] Bizim açımızdan fark etmez. İkisine de kabul. Bu ikisini tek bir deniz olarak algılamadıklarını da bilmiyoruz.

İki halk arasında birbirini soykırıma uğratacak kadar düşmanlık varsa kaçıp kurtulanlar herhâlde kılıç mesafesindeki başka bir yere gitmeyecekler, düşmanın yorulup artık takip edemeyeceği kadar uzaklaşacaklardır. Mesela Göktürklerce Özbekistan'dan sürülen Akhun/Avarlar Kafkasların kuzeyinde bile tutunamamış, soluğu şimdiki Macar ovasında almışlardır ki orada da rahat kalmamışlar, en azından Göktürk sözlü tehditleri peşlerinden gelmiştir.

Bu yüzden, düşmanlarınca kırılan Türk budunun kalıntılarının Hazar-Aral'ın kuzeyinden emin bir uzaklık olan Altay Dağları bölgesine gittiklerini düşünmeliyiz. Bu doğuya doğru gidişin izlerini yazıtlara yansıyan Göktürk Türkçesinde bulmaktayız. Yazıtlarda doğuya *ilgerü* 'ileri',[207] batıya ise *kerü* 'geri' denir: *İlgerü kün toğsıkka, birigerü kün ortusungaru, kurıgaru kün batsıkınga yırıgaru tün ortusungaru anda içreki budun kop manga körür* "Doğuda gün doğusuna, güneyde gün ortasına, batıda gün batısına kuzeyde gece ortasına kadar onun içindeki milletler hep bana tabidir."[208]

Dolayısıyla, 'Türk' budunun atalarının Altaylara gelmeden önceki yurdunun Hazar-Aral'ın kuzeyinde olduğu anlaşılıyor. Hareket yönünün ileri olarak adlanması için bu istisnai bir ör-

---

205 Gumilëv, *Eski Türkler*, s.53.
206 Mau-Tsai, *Çin kaynaklarına Göre Doğu Türkleri*, s.19.
207 Clauson, *An Etymological Dictionary of Pre-Thirteenth Century Turkish*, s.144.
208 Ergin, *Orhun Abideleri*, s.20, 65.

nek değildir. Benzer yayılmaları gösteren diğer halklarda da bulunur. Örneğin Avesta'da *paurva* 'güney, ileri' demektir, çünkü İranî nüfus Batı Türkistan'dan güneye doğru ilerleyerek İran'a inmiştir. Sanskrit *pūrva* 'ileri, doğu' demektir, çünkü İndus vadisine inen Ariler buradan doğuya, Hindistan'a doğru yayılmışlardır.[209]

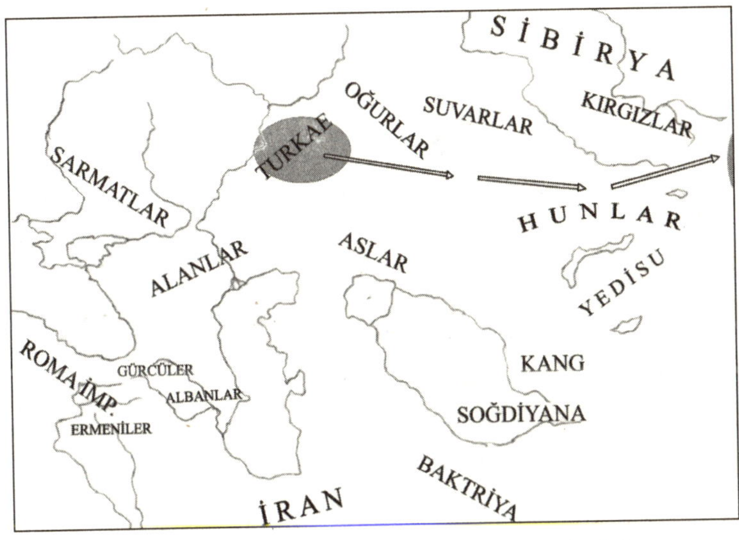

Harita 5. Türk budunun Ergenekon'a doğru yolculuğu.

Burada doğrudan konumuz olmadığı için Ergenekon'da kalışın tarihî öneminin yorumlanmasına girmeyeceğiz. Yalnızca bu kelimenin henüz çözülemeyen anlamına dair mevcut önerilerin dışında getirdiğimiz öneriyi bir kez daha tekrarlayacağız: Kelime büyük ihtimalle "erilen, varılan yurt" anlamına gelmekteydi. Bu noktada Macarcadaki *hon* 'yurt, vatan' kelimesinin eski Türkçede de var olduğunu tahmin edebiliriz. Ergenekon'u bir

---

209 Gamkrelidze ve Ivanov, *Indo-European and the Indo-Europeans*, s.815.

vadi, düzlük vs. değil, külli bir yurt olarak değerlendirmemiz gerekiyor. Zaten Altay Dağlarının oluşturduğu coğrafi alan irice bir ülke büyüklüğündedir. Bir de Türk budunun batıdan kaçarak doğuda korunak aradığı tarihi MS 100 civarına yerleştirmek uygun olabilir.[210]

Yani Türk budun milat sıralarında Hazar'ın kuzeyindeki düzlüklerde bir yerde yaşıyordu. Nasıl mı?

---

210. Bu tespitlerin ayrıntıları için bkz. Karatay, "Ergenekon Öncesindeki Felaket Hakkında Bir Tarihleme Denemesi".

BÖLÜM 9

KOMŞU KOMŞUNUN DİLİNE MUHTAÇ

Türklüğün ve Türkçenin Altay Dağları veya doğusunda kısıtlı bir arazide ortaya çıktığına karar verdiğimizde aynı büyüklükte başka sorunlar da çıkmaktadır. Bunlardan birincisi, böyle bir ana yurt tayininin zorunlu olarak Türkçede çok fazla Çince ödünçlemeyi beraberinde getireceğidir. İtalyanlarla komşu olmadığımız ve sadece üç beş 'lira'lık hacimdeki 'piyasa' ilişkileriyle limanlardaki 'lokanta'larda bir araya gelip 'pide' yerken 'alavere dalavere'lerini gördüğümüz hâlde, dilimize pek çok İtalyanca kelime girmiştir. Bu Türkçenin zaafı değildir, zira Osmanlı Dönemi'nde Türkçe siyasi üstünlüğün sonucu olarak büyük ölçüde kelime ihraç eden bir dil konumundadır. Ama işte izler kalmıştır ve bu izler Kazak Türkçesinde bulunmaz. Çünkü Kazaklar İtalyanlarla benzer ticari vs. ilişkilerde bulunmamışlardır. Demek ki Türkiye İtalya'ya Kazakistan'dan daha yakınmış…

Alışıldık kuramlarda önerilen Türk veya Altay türenekleri Çin'in kuzey hudutlarını baştan başa kuşatır. Buna göre türeyiş zamanlarından beri bu insanlar Çin ile bir şekilde ilişki içindedirler ve bu ilişki kaçınılmaz olarak dile yansıyacaktır. Yansımıştır da. Japoncadaki Çince asıllı kelimelerin oranının yüzde

60 (temel kelimelerde yüzde 11) olduğu belirtiliyor.[211] O kadar ki Japonca ve Korece sayı sistemlerini dahi Çinceden almışlardır.[212] Türkçenin durumu edilgenlikte onlara göre çok daha ileri olmalı değil mi?

En yeni çalışmaları yapan Dıbo, 'Ön' Türkçedeki *alaçık, altın, gümüş, demir, bey, çeri, bitik, bengi, denk, don, sır* ve *inci* gibi kelimeleri Çinceden ödünçlemeler olarak sıralar.[213] Bunlardan *demir* ve *bey* etimolojilerine özellikle katılmak mümkün değildir. Hem sunulan ses ve anlam denklikleri yetersiz, hem de demiri Orta Asya üzerinden öğrenen Çincenin bunun kelimesini sahiplerine geri verdiğini düşünmek zordur.[214] Boyun başındaki kişiyi ifade eden *bey* unvanını Çince *po* 'yüzbaşı' kelimesinden getirme önerisi, en başta aynı kelimeyi İranî *baga*'dan getirme önerileriyle[215] çakışacaktır. Sevortyan *bey* < en eski Çin **pick* > eski Çin *piak* > Mançu *pî* "idareci" önerisini yapar.[216] Biz her ikisine de itirazlarımızı daha önce ifade etmiş ve *bey* için 'büyüklük' anlam dairesi içinde bir köken önermiştik.[217] *Bitik* kelimesinin Balt-Slav-Ari-Tohar bölgesinde, yani Hint-Avrupalıların doğu sahasında görülen **pis-/*pik-* 'yaz-, süsle-' (krş. Tr. *beze-*) fiilini de düşünerek daha geniş bir çerçevede incelenmesi gerekmekte-

---

211 Robbeets, "Swadesh 100 on Japanese, Korean and Altaic", s.3; *Is Japanese Related to Korean, Tungusic, Mongolic and Turkic?*, s.50.
212 Robbeets, *Is Japanese Related to Korean, Tungusic, Mongolic and Turkic?*, s.50.
213 Dıbo, *Hronologiya tyrkskih yazıkov*, s.768-70; ayrıca Tekin, "Notes on Some Chinese Loanwords in Old Turkic", s.228-231; "Türkçe'deki En Eski Ödünç Sözler", s.520-527.
214 Di Cosmo, *Ancient China and its Enemies*, s.58, 64.
215 Clauson, *An Etymological Dictionary of Pre-Thirteenth Century Turkish*, s.322-3.
216 Sevortyan, *Etimologiçeskiy Slovar' Tyurkskikh Yazıkov, –B–*, s.99-100.
217 Karatay, *Bey ile Büyücü*, s.103.

dir.[218] Çince gibi İranî kökler de önerilmektedir: *pati-kar* 'kopyalamak'.[219] Belki de Türkçe asıllı olup Çin, Slav ve İran dillerine yayılmıştır.

Türkçedeki Çince ödünçleme olduğu iddia edilen kelimeler eski Türkçe döneminde gözükür ve günümüze çok azı kalmıştır.[220] Bunun sebebi açık şekilde dönemsel ve kültürel oluşları, genel Türk hayatında fazla karşılık bulamayışlarıdır. Kitabında 4585 'eski' Türkçe kelime tespit eden Décsy, bunlardan 85'ini Çinceden ödünçlemeler olarak ayırır.[221] Bu kelimelerin sonraya kalmayışlarının sebebini de belki sadece toplumdaki seçkinlerin bu yabancı kelimeleri bilip kullanmalarına bağlar. Hun, Göktürk ve Uygur dönemindeki Çin'le uzun bir kültürel ilişki tarihinin ürünü olarak aslında bu rakam çok azdır ve Ana Türkçenin oluşum dönemiyle ilişkilendirilemeyecek bir nitelik ve niceliktedir. Dolayısıyla Türk ana yurdunu Çin'den uzaklaştırma ihtiyacı hasıl oluyor.

Öte yandan, Ana Türkçenin Hint ve İran dilleriyle yakın ilişkisi vaki gözüküyor. Décsy o dönem Türkçedeki 313 yabancı kelimeden tam yarısını, 166 tanesini Sanskritçe, 28'ini İranî, 28'ini Soğd ve birini 'Saka' olarak işaretlemiş.[222] Décsy temel olarak Clauson'un sözlüğüne dayandığına ve Clauson da genel

---

[218] Gamkrelidze ve Ivanov, *Indo-European and the Indo-Europeans*, s.839. Sinor böyle bir inceleme yapmış ve Çin kökenlerini reddettikten ve diğer önerileri nazara almadıktan sonra, yepyeni bir fikir olarak Yunancadan Türkçeye *bitik* biçimiyle geçtiğini ve *-k*'nin düşerek fiilleştiğini söylemiştir (Sinor, "Two Altaic verbs", s.322). *Nomos* > *nom* 'din' kelimesinin eski Türkçeye ulaşması örneği elimizde fakat buradaki sıkıntı fiilleşme esnasında bir ekin gerekmesi ve sondaki sessizin düşmesinin örneğinin bulunmamasıdır. Öyle olsaydı kelime Türkçede *bitimek* değil, *bitiklemek* şeklinde geçecekti.

[219] Aalto, "Iranian Contacts of the Turks in pre-Islamic Times", s.36.

[220] Tekin, "Notes on Some Chinese Loanwords in Old Turkic", s.231.

[221] Décsy, *The Turkic Protolanguage*, s.90.

[222] Décsy, *The Turkic Protolanguage*, s.90.

eski Türkçeye mal olmuş kelimeleri aldığına göre, her halükarda elimizde çok kabarık bir Sanskritçe liste bulunuyor ve bu eski Uygur metinlerindeki sayısı 4000'e ulaşan dinî tabirleri içermiyor. Németh ilk Türklükle ilgili meşhur makalesinde Munkácsi'nin sunduğu Sanskritçeden eski Türkçeye geçmiş kelimelerden dördünü (**burç* 'biber', *sıra* 'şıra, şarap', *tana* 'dana' ve *tam* 'dam') kabul ederek, Orta Asya'nın batısında MÖ 1500-500 arasındaki bir zaman diliminde Türklerle Hintlilerin atalarının temasta olabileceğini söyler.[223] Bu makaleyi yazdığı zaman olan 1930'larda bu alandaki araştırmalar son derece azdı. Sonradan örneğin sadece Orhon Yazıtları'nda Ortak Türkçeye mal olmuş *çeri*, *umay*, *yamtar* ve *yalavaç* gibi dört, toplam 14 Sanskritçe kelimenin geçtiği tespit edilmiştir.[224]

Nitekim Németh Türkçe ile Ural dillerinin ilişkisi için de sadece sekiz kelime verir ki, biz yukarıda temel kelime listesinden daha fazla örnek sunduk. Fakat onun yaklaşımı ileri görüşlülük içermektedir ve önemlidir. Konuyu belki Ari (Hint-İran) ilişkisinin ötesinde incelemenin zamanı gelmiştir, çünkü elimizde bunun için yeterli miktarda malzeme bulunuyor.

Hint-Avrupa ailesinin kardeşi olarak Ural ailesi çokça gösterilmekte, bunların ortaya çıktığı yerlerin yakınlığı, dolayısıyla ödünçleme ilişkileri de konuyu göreceleştirmek için kullanılmaktadır.[225] Fazla kelime içermeyen çeşitli listeler arasında aşağıdakini sunabiliriz: HA **me*, U **mun*, **mina* 'ben', HA **tu*, U **tun, tina* 'sen', HA *$k_{w}i$-, U **ken* 'kim', HA **nei*, **ne*, U **ei*, **ne* 'olumsuzluk, hayır', HA *deh_{3}-, U **toHe-* 'ver-', HA **wodr-*, U

---

[223] Németh, "Türklüğün Eski Çağı", s.382.
[224] Sertkaya, "Göktürk Yazıtlarında Hintçe Unsurlar", s.366-380.
[225] Koppers, "Etnolojiye Dayanan Cihan tarihinin Işığı Altında İlk Türklük ve İlk İndo-Germenlik", s.328, 330; Mallory, *Hint-Avrupalıların İzinde*, s.174; Witzel, "Linguistic Evidence for Cultural Exchange in Prehistoric Western Central Asia", s.11-2.

**weti* 'su', HA **mesg-* 'dal-', U **muśke-* 'yıka-', HA **nem,* U **nimi* 'isim', HA *$h_2$weseh$_2$ 'altın', U **waśke* 'maden', HA **mei* 'değiştokuş', U **miHE-* 'sat-', HA *(s)$k_w$alo- 'büyük balık', U **kala* 'balık', HA *galou- 'görümce', U **käl₃* 'elti', HA **polu-*, U **palj₃* 'çok, bol'.[226] Burada ilk bakışta ben, sen, kim, görümce/elti (krş Tr. 'gelin') ve bol kelimelerine Türkçenin de ortaklaştığı fark edilecektir. Anthony'nin verdiği örnekler de Türkçeyle karşılaştırılabilir: HA **pelh₁,* U **pele* 'sars-', krş. Tr. *belin* 'korku'; HA **bhrH,* U **pura* 'bur-'; HA **skelH,* U **kelke* 'olmalı, mecbur', krş. Tr. 'gerek'.[227] Biz buna HA *ghes-* 'el' (krş. Mac. *kéz,* Fin *käsi* 'el') kelimesini ekleyebiliriz. Gamkrelidze ve Ivanov daha geniş bir liste sunarlar.[228]

Eski görüşlerini yenileyerek yineleyen Carpelan ve Parpola'ya göre Orta İdil boylarındaki Hvalinsk kültürü (MÖ 5000–4500) Hint-Avrupalıların özünü teşkil eder ve bunlar Ön Ural dili konuşan Yukarı İdil'deki avcı-toplayıcı Lyalovo kültürü (MÖ 5000–3650) ile etkileşim hâlindeydi ve ortaklıklar bunun ürünüdür.[229] Yukarıda Türkçenin Moğolcadan az olmayıp, daha iyi derecede Macarca ve Fince ile ilişkisine değinmiştik. Üstelik Türkçenin ortaklıkları bu Hint-Avrupa ortaklıklarından çok daha fazla. Aynı mantıkla Türkçenin de Ana Ural toplumunun yakınlarında ortaya çıktığını varsaymak gerekmektedir. Üstelik Ural ve Hint-Avrupa paylaşımlarının önemli bir kısmına Türkçenin de ortak olduğunu gördük. Resmi daha iyi anlamak için Türkçe ile Ana Hint-Avrupa dilini karşılaştırmak gerekiyor.

---

226 Quiles, *A Grammar of Modern Indo-European*, s.49.

227 Anthony, *The Horse, The Wheel and Language*, s.95.

228 Gamkrelidze ve Ivanov, *Indo-European and the Indo-Europeans*, s.815-25, 833-5.

229 Carpelan ve Parpola, "On the Emergence, Contacts and Dispersal of Proto-Indo-European, Proto-Uralic and Proto-Aryan", s.79. Ural anayurdunu daha doğuda düşünen Janhunen, Ob ve Yenisey arasını önerir (Janhunen, "Proto-Uralic – What, Where, and When?", s.71).

Şu denklik önerilerine bakalım: *aik-* 'sahip olmak', krş. Tr. *iye* < *ige* 'sahip'; *ais-* 'istemek', krş. Tr. *iste-*; *ak-* 'keskin', krş. Tr. *eye*; *ak^{w}-ā-* 'su', krş. Tr. *ak-*; *angh-* "acı, ağrı, sancı", krş. Tr. *ağrı-*; *āter-* 'fire', krş. Tr. *ot*; *au-* 'algılamak', krş. Tr. *öğ-* 'öğrenmek'; aus- 'ışımak', krş. Tr. *ışı-*; *awo-* "baba dışındaki yakın erkek akraba" , krş. Tr. *abi*; *ayer-* 'gün, sabah', krş. Tr. *er*; *bhā-l* 'parlamak', krş. Tr. *balkır-* 'parlamak'; *bhag-* "paylaştırmak, pay almak", krş. Tr. *pay* (Bu kelime Türkçede İranî alıntı gözüküyor fakat *bay* 'zengin' kelimesiyle birlikte daha geniş değerlendirilmelidir); *pag-* 'bağlamak', krş. Tr. bağla-; *bheug-* 'bükmek', krş. Tr. *bük-*; *bheuə-*, *bheu-* 'olmak, var olmak, büyümek', krş. Tr. (bitki) *bit-*; *bhreg-* 'kırmak, ayırmak', krş. Tr. *bırak-*; *dekm̥* 'on', krş. Tr. *tek*; *del-* 'demek, söylemek', krş. Tr. *dil*, *de-*; *dent-* 'diş', krş. Tr. *diş*; *der-* 'bölmek, yırtmak', krş. Tr. *yırt-*, *yar-*; *deru-* "sıkı, dayanıklı olmak", krş. Tr. *diri*, *terek*; *dheg^{w}h-* 'yakmak', krş. Tr. *yak-*; *dhīg^{w}-* 'dikmek, sabitlemek' , krş. Tr. *dik-*; *dheub-* 'derin, oyuk' , krş. Tr. *dip*; *el-* 'dirsek', krş. Tr. *el*; *er-* 'hareket etmek', krş. Tr. *er-*; *er-* 'olmak, var olmak', krş. Tr. *er-* (Göktürkçe *ol-*, *i-*); *er-* 'yer, yeryüzü', krş. Tr. *yer*; *gel-* 'soğuk, donmak', krş. Tr. *üşü-* (*l* ~ *ş*); *genu-* 'çene', krş. Tr. *yanak*; *gerə-* 'kocamak', krş. Tr. *karı-* 'yaşlanmak'; *ghel-* 'parlamak', krş. Tr. *yal-* 'parlamak'; *kai-* 'sıcak', krş. Tr. *kayna-*; *kap-* 'kapmak', krş. Tr. *kap-*; *kar-*, *ker-* 'sert', krş. Tr. *gür*; *ked-* 'gitmek', krş. Tr. *git-*; *kerə-* 'karıştırmak, karmak', krş. Tr. *kar-*; *kes-* 'kesmek', krş. Tr. *kes-*; *keuə-* 'oyuk', krş. Tr. *kovuk*; *kleu-* 'duymak', krş. Tr. *kulak*; *k^{w}o-*, *k^{w}i-* 'soru eki', krş. Tr. *kim*; *magh-* 'güçlü olmak', krş. Tr. *pek*; *man-* 'insan', krş. Tr. *men*, *ben*; *meg-* 'büyük', krş. Tr. *büg*, *mag* 'büyük'; *oi-no-* 'bir, biricik', krş. Tr. ön; *ok^{w}-* 'görmek', krş. Tr. *oku-*; *ōs-* 'ağız', krş. Tr. *ağız*; *ped-* 'ayak', krş. Tr. *ayak* (< **padak* < **pad*); *peku-* 'mülk, taşınır mal', krş. Tr. *bay* 'zengin'; *pek^{w}-* 'pişirmek', krş. Tr. *piş*; *penk^{w}e* 'beş', krş. Tr. *beş*; *seuə-* 'sıvılaşmak', krş. Tr. *su*, *sıvı*; *tag-* 'dokunmak', krş. Tr. *dokun-*; *uks-en-* 'boğa, öküz', krş. Tr. *öküz* (< **ökür*); weg- 'güçlü, canlı olmak', krş. Tr. *pek*; *wer-*, *overt-*, 'örtmek', krş. Tr.

ört-; *wī-ro-* 'erkek', krş. Tr. *er*; *wīkmtī-* 'yirmi', krş. Tr. *iki*; *yes-* 'kaynamak', krş. Tr. *ısı-*.[230]

Róna-Tas'a güvenerek Türkçe *öküz* ~ Tohar *oks* 'öküz' dışında Türklerle Ana Hint-Avrupa kitlesinin ilgisi yok şeklindeki görüşlerin[231] yeni baştan değerlendirilmesi gerekiyor. Bunların ötesinde semantik ilgiler de tespit edilebilir. Örneğin Latince *primus* kelimesi kaynaklı olarak çeşitli Batı dillerinde kullanılan (İng. ve Fr. *premier,* Alm. *primär* vb.), Slav dillerinde de ilk iki sessizin hep korunduğu biçimlerle geçen (Rus. *pervıy*, Sırp. *prvi*, Leh. *pierwszy*, vb.) 'birinci' anlamında bir kelime vardır. Buna **per* 'ön' biçiminde bir Hint-Avrupa ata izafe edilir.[232] Burada Türkçe *bir* ile buluşma söz konusudur. Türkçedeki *ön* kelimesi ise Hint-Avrupa dillerinde *bir* sayısını veren *oin(os)* (İng. *one*, Alm. *ein*, İtal. *uno*, Fr. *une*, İsp. *unos* gibi) ile buluşmaktadır. Bu çapraz ilişkinin ödünçlemeyle açıklanmasının zorluğu ortada; akrabalık yoksa bile en azından çok eski dönemlerde, tarih öncesinin derinliklerinde bir alışveriş olmalı. Türkçenin yurtlarına yakınlığı bulunan Hint, İran ve Slav dillerinde '1' sayısı bu şekilde olmadığından ve *ön* kelimesi ortak Türkçe olduğundan, öbür türlü Batı Avrupa'dan alıntılanmış bir kelimenin Asya'nın doğusundaki

---

[230] Bu liste *Americah Heritage Dictionary*'nin (www.ahdictionary.com) Hint-Avrupa kök listesini içeren 530 kelimesindeki taramayla ortaya çıkartılmıştır. Daha geniş listeler Quiles (*A Grammar of Modern Indo-European*, s.489 vd.) ve en başta Pokorny'nin *Indogermanisches Etymologisches Wörterbuch* eserinde bulunabilir. Başta Dolgopolsky (*Nostratik Dictionary*) olmak üzere, Nostratik sözlük ve eserlerde ve özellikle starling.rinet.ru adresindeki veri tabanında Türkçe ve Ural-Altay dilleriyle çok daha geniş karşılaştırmalar bulunabilir. Bu tartışmanın sonu olmayacağı için ve Nostratik listelerde bazı dikkatsizlikler göze çarptığından, biz sadece belirlenmiş bir Hint-Avrupa listesi ile Türkçeyi karşılaştırdık.

[231] Mallory, *Hint-Avrupalıların İzinde*, s.177.

[232] Ernout ve Meillet, *Dictionaire etymologique de la langue Latine*, s.946; Fasmer, *Etimologiçeskiy Slovar' Ruskogo Yazıka -III-*, s.235.

Türklerin diline girmesi gibi garip bir açıklama yapmak zorunda kalacağız.

Hiçbirisi kültür tabakasına ait olmayan ve önemli bir kısmı temel kelime hazinesinde bulunan bu 60 küsur ortaklığın köken ilişkileri bakımından büyük bir anlam ve önemi olmalı. Bunların birkaçına itiraz edilebilir ama geriye yine büyük bir miktar kalmaktadır. Bunlar milattan sonraki yıllarda ödünçlenmesi pek vaki olmayan kelimelerdir. Ve bunlar Hint-İran veya Tohar dilleriyle ortaklıklar değildir, bu ortaklıklar çok çalışılmıştır. Buradaki liste Ana Hint-Avrupa dilini söz konusu etmektedir, yani Batı Avrupa'dakileri de içerir. Dolayısıyla, köken birliği değilse Türk ana yurdunun Hint-Avrupa ana yurdu ile yakınlığı ve komşuluğu akla gelecektir.[233] Németh Türkler ile Hint-Avrupalılar arasına Ural dili konuşanları koymuş, Hint-Avrupa'dan ayrılıp doğuya göçen Ana Hint-İran dili konuşanları Türklerle temasta kılmıştı. Şu ana kadarki resim ise Hint-Avrupa ailesi parçalanmadan önce bu üçünün bir arada bulunduğunu gösteriyor gibidir.

Türklerle Hint-Avrupalıların yakın bir köken birliği yine de söz konusu olmuyor. En başta yapısal farklılıklar ve özellikle akrabalık tabirlerinin paylaşılmaması bu düşünceyi engelliyor. Münferit Hint-Avrupa dilleriyle bir Swadesh karşılaştırması bu konuda fikir verecektir. Örneğin Latin: *tu* 'sen', *quis* 'kim', *magnus* 'büyük', *vir*

[233] Dil ailelerinin üst akrabalığının yanında, bu köken birliği daha önce de düşünülmüş ve dile getirilmiştir. Örneğin Danişment *Türklerle Hint-Avrupalıların Menşe Birliği* (1935) adıyla bir kitap yazmıştır ama kitabın gayesi Orta Çağ kaynaklarını ve bilhassa dinî metinler inceleyerek Türk tipinin, daha doğrusu Türklerin 'Sarı Irk'tan olmadıklarını tespittir. Dolayısıyla menşe birliği maksat Türklerin de beyaz oluşu ile sağlanmış oluyor. Sonraki dönem için bu veri kullanılabilir veya bizim de önereceğimiz gibi, Türklük nispeten toplu bir görünüm sergilediğinden asli Türk tipine ulaşmakta bundan istifade edilebilir ama bu yaklaşım sadece Türklerin dünyadaki sözde üç ırktan beyaz olana aidiyetini gösterir. Bunu da Hint-Avrupa bağlamında düşünmeye gerek yoktur.

'erkek', *homo* 'insan', *cauda* 'kuyruk', *dens* 'diş', *cor* 'yürek', *pes* 'ayak', *aqua* 'su', *si* 'eğer'; toplam 11 öge. Sanskrit: *pancan* 'beş', *mahat* 'büyük', *manava* 'insan', *băla* 'çocuk', *tarú* 'ağaç', *dánta* 'diş', *padá* 'ayak', *badhnăti* 'bağla-', *girí* 'dağ'; toplam dokuz öge. Az olması erken dönem ikili ilişkilerde sadece kültürel tabakanın olduğunu gösteriyor. İranî: *men* 'ben', *to* 'sen', *ki* 'kim', *hame* 'hepsi', *kuçek* 'küçük', *dereht* 'ağaç', *tohm* 'tohum', *hun* 'kan' (öbürlerinde çok farklı), *ateş* 'ateş', *guş* 'kulak', *dandân* 'diş', *pâ* 'ayak', *qermez* 'kızıl', *zerd* 'sarı', *penc* 'beş', *kutah* 'kısa', *kes* 'kişi', *duhtan* 'dik-', *sal* 'yıl'. Toplam 19 öge. Bir kısmının ödünçleme ilişkisiyle olduğu açıktır. Asli kelimeler çok yakın bir akrabalığı ihtimal dışı bırakıyor. Slav: *tı* 'sen', *on* 'o', *mı* 'biz', *kıto* 'kim', *kaj* 'ne', *pet* 'beş', *veliki* 'ulu, büyük', *otac* 'ata, baba', *drevo* 'ağaç', *sredce* 'yürek', *jesti* 'yemek', *gora* 'dağ', *top* 'sıcak'; toplam 13 öge.[234] Bunlar Türkçe ile Mançu-Tunguzcanın, hatta Fincenin kıyasına göre çok düşük kalmaktadır ama genişletilmiş bir listede görünüm birden değişmektedir. Belki de akrabalık ilişkilerini daha çok temel fiil içeren genişletilmiş listeler üzerinden incelemeliyiz. Sonuç olarak görünen şey, Türklerin ilk ataları ile Ön veya Ana Hint-Avrupa dillerini konuşanları, bu ikinciler dağılmadan önce yan yana getirmemizin gerekliliğidir.

---

[234] Türkçe ile bu 'alakasız' dillerin akrabalığı söz konusu görülmediğinden, böyle Swadesh karşılaştırmaları yapılmamıştır. Bu yüzden, işbu listeleri biz hazırladık. Tüm Hint-Avrupa dillerinin ırsi kelimelerini içeren sözlükler ile Türkçenin kıyasını da büyük ölçüde tamamlamış durumdayız ama bu eserin hacmini çok fazla artıracağı ve akıştan koparacağı için, buraya eklemeyi uygun görmedik.

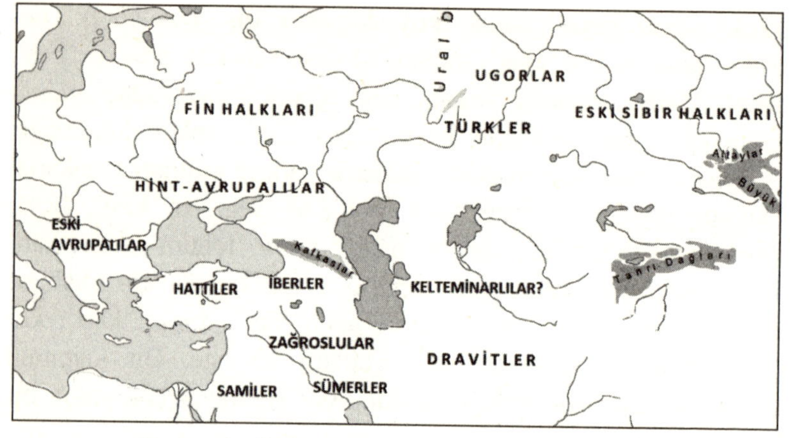

Harita 6. MÖ 3. bin yılda Avrasya'nın etnik görünümü.

Hint-Avrupa çalışmaları bu alandaki en ileri seviyeyi temsil ettiğinden, karşılaştırmalı veri sağlaması bakımından Türklük araştırmalarında kullanılmalıdır. Batıdan doğuya Kelt, Roman, German, Slav, Balt, İran ve Hint gibi ailelerle münferit bazı diller ve tarihte kalmış Toharca ve Hititçe gibi dilleri içeren bu büyük aile, şimdi veya geçmişte konuşanları tek bir soydan gelmemek üzere, kaynağını tek bir kök dilden alıyor gözükmekte. En bilinenleri Renfrew'in Anadolu, Gamkrelidze ve Ivanov'un Azerbaycan, Koppers'in Batı Türkistan ve Narain'in Doğu Türkistan olarak önerdiği ana yurtların yanında, ilim dünyası ağırlıklı olarak Karadeniz'in kuzeyinde, Karpatlardan Güney Ural'a değişen arazilerde sunulan bir Hint-Avrupa ana yurdunda birleşmiştir.

Bu konuda en yeni çalışmayı yapan Anthony, Karadeniz'in kuzeydoğusu, Kafkasların kuzeyindeki bölgeye ana yurdu koyar.[235] Bunda temel dayanak noktası arabayı keşfeden buradaki topluluğun bu sayede uzun mesafelere yayılmasının açıklana-

[235] Anthony, *The Horse, The Wheel and Language*, s.5, 83, 99.

bilmesidir.[236] Fakat MÖ 3. Bin yılda Mezopotamya'ya Sami yayılması böyle bir şartın bulunmadığını göstermektedir. Çölden gelen ilkel topluluklar gelişmiş Mezopotamya'yı yaya olarak da işgal etmiş ve doldurmuşlardır.

Hazar Denizi'nin kuzeyindeki yayda bir ana yurt düşünen Mallory kurgan kuramını makul bulur.[237] Hint-Avrupalıların 'üstün insanlar' oldukları yönündeki yaklaşımları her fırsatta eleştirirken sonuç itibariyle at, araba ve madene dayalı yayılmayı öngören önceki yazarlardan farklı bir şey söylemez. Ana yurt tayini ve yayılmayı açıklamakta bu iki yazarı da etkileyen Gimbutas'a aşağıda değineceğiz. Dolayısıyla bu okula göre hayvanı daha iyi kullananlar daha iyi yayılmış ve fatih güç olmuştur. Bu yayılma dinamikleri önemlidir çünkü Türklüğün yayılışını da kuramlaştırmak gerekmektedir.

Hem Mallory hem de Anthony'nin eleştirisine uğrayan Renfrew,[238] kurulmuş dillere ve arkeolojik benzerliklere çok fazla güvenildiği eleştirisini getirir, Ön Hint-Avrupalıların hayvan besleyicisi oldukları önerisini reddeder ve kendi düşüncesinin odak noktasına tarımsal üretimin nüfus artışıyla ilişkisini koyar. Ana yurt kabul edilen belli bir bölgedeki nüfus artışının olağan şartlarda aynı iktisadiyata sahip komşulardan neden ve nasıl fazla olacağı sorusunu soran Renfrew, bütün ögeleriyle birlikte erken Hint-Avrupa yayılmasının temel dinamiği kabul edilen göçebe hayvancılığı reddeder.[239] Onun kullandığı hesaplamalara göre, avcı-toplayıcı bir toplumdan tarım toplumuna geçildiğinde aynı büyüklükteki arazi yaklaşık 50 katı nüfusu besleme kapasitesine ulaşır. Yani tarım yapılabilir bir sahada bir

---

[236] Anthony, *The Horse, The Wheel and Language*, s.8.

[237] Mallory, *Hint-Avrupalıların İzinde*, s.176, 179, 183, 212, 304.

[238] Mallory, *Hint-Avrupalıların İzinde*, s.202-6; Anthony, *The Horse, The Wheel and Language*, s.81.

[239] Renfrew, *Archaeology and Language*, s.84, 94, 96.

km^2 beş kişiyi besleyebilir.[240] Bu şekilde Cavalli-Sforza'dan İlerleme Dalgası Modeli'ni alan Renfrew, artan nüfus yeni toprak arayışına başlayacağından ve bu süreç düzensizlikler içermekle birlikte kademeli olacağından, daimi bir yayılmayı beraberinde getirir. Gittikleri yerlerdeki ilkel ve az sayıdaki avcı-toplayıcı yerlilerin bu tarımcı (yeni) komşuların dengesiz nüfus büyüklüğü karşısında tutunmaları imkânsızdır.[241]

Biz bu örneklendirmeye Geç Orta Çağ ve Yeni Çağ'daki Rus yayılmasıyla katılmak isteriz. Ancak diğer yazarların aksine Renfrew tarım bilgisinin bu ilerleme dalgasıyla yayıldığını, yani aslında yayılan şeyin bilgi değil, onu bilen nüfus olduğunu söyler.[242] Bu fikrin büyük açıkları vardır. En başta, Renfrew'in kendisinin vurguladığı üzere, Hint-Avrupa kafataslarında ölçüt bulunmamaktadır.[243] Yayılma azman bir tarımcı nüfusa dayalıysa, asimile olan çok küçük avcı-topluluklar dışında çoğunluk nihayet aynı soy havuzunu paylaşmalı. Yani İlerleme Dalgası Modeli kafataslarının benzeşmesini de gerektirir. Nitekim sadece fiziki antropoloji değil, genetik ilmi de Renfrew ve Gimbutas'ı yalanlamıştır.[244]

Bir diğer konu olarak, tarım veya başka teknik bir bilgiyi tek bir dili konuşanların binlerce yıl boyunca elde tutması ve başkalarının öğrenememesi örneği olan bir vaka değildir. Renfrew'in ana yurt olarak önerdiği Doğu Anadolu bütün dünyanın en iyi bilinen yerlerinden biridir ve 5000 yılı bulan tarihinin erken döneminde hiçbir Hint-Avrupa izi barındırmaz. Eski Çağ Orta Doğu'sunda Hint-Avrupalı bütün halklar (Persler, Hititler, Frigler, Ermeniler) dışardan gelmiştir. Dil izi de bulunmaz, ör-

---

240 Renfrew, *Archaeology and Language*, s.125.
241 Renfrew, *Archaeology and Language*, s.126-30.
242 Renfrew, *Archaeology and Language*, s.148.
243 Renfrew, *Archaeology and Language*, s.76.
244 Sokal vd., "Origins of the Indo-Europeans", s.7669-7673.

neğin böyle bir durumda Sümerce gibi iyi bilinen bir dilde Hint-Avrupa izleri bulacaktık. Ayrıca normalde bir tarımsal yayılma ile Kafkasların güneyinden Basra Körfezi'ne kadar her yer silme Hint-Avrupalı olacaktı. Bunu, aynı iş olduğu hâlde ana yurtta yapamayıp, gittikleri yerlerde başarmaları bir tezat teşkil ediyor. Üstelik, belirttiğimiz gibi, Arap çöllerinden gelen Sami kavimleri tarımcı Mezopotamya'yı işgal etmeyi başarmışlardır. İtirazımız tarımcı nüfus patlamasına değil, tarım bilgisinin tek elde kaldığı sanısınadır. Peki, Türk yayılmasıyla tarımın bir ilişkisi var mıdır?

BÖLÜM 10

ARPA BUĞDAY ÇEÇ OLUR

MÖ 10. Bin yıldan aşağı olmamak üzere Kuzey Mezopotamya'da başladığı sanılan tarım, Anadolu üzerinden MÖ 7. bin yıl içinde Balkanlar'a atladı.[245] Bunun göçle olduğu açıktır ve nüfusu artan Anadolu'nun bu nüfusun bir kısmını dışarıya göndermesi beklenir. Yeni gelen göçmenlerle birlikte, onlardan tarımı öğrenen Balkan yerlilerinin de nüfusu arttı ve onlar da daha kuzeye ve batıya doğru yayıldılar ve bu arada tarım bilgisini oraların yerlilerine götürdüler. Bizim kanaatimiz Yeni Taş Çağı Güney Avrupa'sındaki nüfus artışının kısmen yeni gelenler, büyük ölçüde de yerliler üzerinde gerçekleştiğidir. İtalya, İspanya ve Güney Fransa ahalisinin genetik farklılığı bununla ilgilidir.

Tarım bilgisi Romanya üzerinden Ukrayna'ya doğru döndü. MÖ 5800'lerde Karadeniz bozkırlarındaydı ve 5200'den sonra Dnyeper'in doğusuna atlamıştı.[246] İşte, Karadeniz'in kuzey ve kuzeydoğusundaki verimli tarım alanlarında yaşayan insanların Hint-Avrupalıların ataları olduğu fikrine biz de katılıyoruz. Fakat MÖ 3. bin yılın ortalarından önce olmayan Hint-Avrupa yayılmasından çok önce, tarım bilgisi İdil boylarını aşmış ve Gü-

---

[245] Renfrew, *Archaeology and Language*, s.147; Anthony, *The Horse, The Wheel and Language*, s.61.
[246] Anthony, *The Horse, The Wheel and Language*, s.119, 154-5, 159; Gimbutas, "The Indo-Europeanization of Europe", s.207.

ney Ural sahasına da ulaşmıştı. Erkenden tarım yapmaya başlayan bu insanlar kimlerdi?

Tarım bilgisi iki noktada önümüzü açar: 1) Yayılma dinamiklerini açıklar. Eğer ilgilendiğimiz topluluk tarih içinde olağandan geniş sahalara yayıldı ve varlık sergiledi ise 'insan üretimi' konusunun da göz önüne alınması gerekir. Düzenli ve doğrusal bir çizgi oluşturmamak üzere, tarımcı toplulukların nüfusunun daha fazla arttığı ve dolayısıyla yeni yurt arayışlarının bunun doğal sonucu olduğu gerçeğine gerektiği yeri vermeliyiz. 2) Tarım kelimelerinin öz veya ödünçleme oluşuna göre kabaca bir zaman tayini mümkün olur. Ayrıca incelediğimiz topluluk ekilebilir arazide yaşadığından, ana yurt arayışlarında ihtimaller daralır ve daha kesin bir işaretleme yapabiliriz. Buna çok rastlanan evcil ve yabani hayvan isimleri ile yabani bitki isimlerini de eklediğimizde, kesinlik derecesi daha da artar.

Hasan Eren'in Türk ana yurdunu aramak için yola çıkacak genç bilim insanlarına tavsiyesi, vefatıyla birlikte vasiyet hâline gelmiş bulunuyor. Buna göre müstakbel araştırmacıların Ana Türkçede kullanılan bitki ve hayvan isimlerinden yola çıkmaları gerekiyor.[247] Kendisi bu konuşmasından 30 yıl kadar önce Türklerde ekincilik tabirleriyle ilgilenmiş olmakla birlikte, böyle bir çalışmayı tekmil olarak yapmaya niyetlenmemiş ve başkalarına havale etmiş gözüküyor.

Aslında önerilen şey ana yurt veya türenek tespitindeki en güvenilir yöntemdir ve bütün büyük dil aileleri ve alt kolları için uygulanmıştır. Bir topluluk, dolayısıyla dili belli bir coğrafi sahada ortaya çıktıysa orada yaşayan bitki ve hayvanları ve de fiziki dünyanın oraya has gerçeklerini ifade için gerekli kelimeler muhakkak bulunacaktır. Örneğin Türkçede kayın ağacı için kendi kelimemiz var ama hurma için yok. Dolayısıyla Türk dili kayın ağacının olduğu ama hurmanın olmadığı bir yerlerde or-

---

[247] Eren, "Türklerin Ana Yurdu Sorunu", s.687.

taya çıkmıştır. Dilimizde zürafa kelimesi bulunmuyor, dolayısıyla atalarımız bu hayvanı hiç görmemişlerdir. Öte yandan Ekvator kuşağında yaşayan halkların (atalarının) dilinde de buzla, hatta karla ilgili bir kelime bulunması beklenmez. Herhâlde suyun donduğunu hayal bile edemezlerdi.

Ana Türkçe veya kök dilimiz diğerlerine kıyasla zengin bir kelime hazinesine sahip. Elimizde yeterli sayıda kelime var ve bunların içinde bitki ve hayvan, özellikle de tarımla ilgili tabirler çok fazla bir yeküne ulaşıyor. Lakin bugüne kadar kırk deveyi hendekten atlatmaya çalışan 'Türkiyat'çıların bu konuyu ihmal etmelerini anlamak zor.

Hacettepe Üniversitesinden Bülent Gül eski Türklerde tarım tabirleri konusunda çok güzel bir doktora çalışması yaptı.[248] Ancak sonuçları 'yeryüzü'ne uygulama konusunda da kendisinden bir hareket bekliyoruz. Benzer ve daha ayrıntılı bir çalışma ondan iki yıl sonra Tenişev'lerce de yapıldı ama aynı durum onun için de geçerli. Vakıa, Bülent Gül'ün tezinin birinci bölümü Türk yaşam alanlarını inceliyor ama maksat hasıl olmuyor. Zira önceden tespit edilmiş alanlara göre tarım tabirleri açıklanıyor. Hâlbuki alanlar tabirlerin peşinden gelmeliydi. Yakınlarda Robbeets ve Savelyev bunu Altayca bağlamında yapmaya çalıştılar fakat buldukları ortaklıklar ödünçleme ihtimali açık örnekler dışında bir ikiyi geçmediğinden, başarılı bir sonuca ulaşamadıkları görülüyor.[249]

Gül'ün eserinden özetlersek eski Türk tarım ıstılahı *tarı-* 'tarlayı ekmek, ekin sürmek' , *äk-* 'ekmek', *sür-* 'sürmek', *sabanla-* 'saban sürmek', *aqtar-* 'ekin ekmek için toprağı kazmak', *anuqqa ber-* "tarlayı ekime hazırlık için vermek", *ota-* 'ot

---

[248] Gül, *Eski Türk Tarım Terimleri*, Ankara, 2004.

[249] Robbeets, "The Language of the Transeurasian Farmers", s.1-23; Savelyev, "Farming-related terms in Proto-Turkic and Proto-Altaic", s.123-154.

ayıklamak', *saç-* '(tohum) saçmak', *kämiş-* 'atmak, saçmak', *qıγlat-* "fışkı ile gübreletmek", *täzäklä-* 'gübrelemek', *suwa-* '(toprağı, yeri) sulamak', *arıqlan-* 'hendek, kanal açmak', *qırla-* '(sulama kanalı) kazmak', *büt-/bit-* "bitmek, (tohum) topraktan çıkmaya başlamak", *bış-/biş-* 'yetişmek, olgunlaşmak', *ün-* '(bitki) bitmek, yetişmek', *uruγla-* 'tohumdan (çekirdekten) ayrılmak', *yetil-* "yetişmek, olgunlaşmak', *köyül-* 'olgunlaşmak', *bıç-/biç-* 'biçmek', *or-* 'biçmek', *sawur-* '(harman) savurmak', *yelär-* '(buğday vb.) rüzgârda sawurmak', *tögül-* 'döğülmek, ezilmek, harman etmek', *ögi-* 'öğütmek', *tart-* "çekmek, değirmeni tahıl öğütmek için çekmek", *älgä-* "elemek', *yıγ-* "(tahılları, ekinleri) yığmak" gibi fiilleri, *tarıγçı* 'tarımcı, ekinci', *äkinçi* 'ekinci, çiftçi', *sabançı* 'sabancı, çiftçi', *tägirmençi* 'değirmenci', *ögitçi* 'öğütücü, un öğüten kimse, değirmenci', *tarıγlaγ* 'tarla', *äkinlik* 'ekin yeri, tarla', *orun* 'yer, tarla', *äŋiz* "anızlık, boş tarla, nadasa bırakılmış tarla", *örtgün* 'harman yeri', *ħirmen/ ħırman* 'harman yeri', *ındır/ırdın* 'harman, harman yeri', *oru* (*ōru*?)/*örü* "şalgam, buğday ve buna benzer şeyleri saklamak için kazılan çukur", *ügürlük* "darı konulan yer", *tarıγlıγ* 'darı anbarı', *amaç* 'saban, tarım aletleri', *saban, buqursı* 'ağaç saban', *türü* 'bel', *arıq* 'ark, kanal, ırmak', *orγaq* 'orak', *baştar* 'orak', *dibek, dögen* 'harman döveni', *qondıγu* 'döven, harman döğeni', *soqγu/soqu* 'taş dibek tokmağı', *tövgüç* 'havan ve havan tokmağı', *yaba, keli* 'buğday havanı', *savırgaç/savragıç* "harman savurmak için kullanılan alet", *tägirmen* 'değirmen', *qoγuş* 'oluk, su oluğu, değirmen oluğu', *oluk, tayar* "çuval', *tayarçuq/tayarçık* "dağarcık, içine buğday vb. şeylerin konulduğu çuvalcık" gibi ilgili kelimeleri ve *tarıγ* 'tahıl, hububat', *äkin* 'hububat', *uruγ* 'tohum; ekin', *äbin ~ ävin* "tane, hububat tanesi, habbe', *arpa, başaq, bulγur, buγday, qonaq* 'darı', *tügi ~ tügü* 'darı', *tobun* 'buğday kesmiği', *tuturγan* 'pirinç', *ügür* 'darı', *uçuq* 'samanlı buğday, tınaz', *yarma, yasmuq* 'mercimek', *käpäz* 'pamuk', *pamuk, käntir/kändir* 'kendir', *kätän* 'keten', *bägni* "buğday, darı, arpa gibi şeylerden yapılan bir içki", *boza, suwsuş* "buğdaydan, pirinçden yapılan bir içecek", *qavıq* 'kepek', *käbäk* 'kepek', *käwük* 'saman', *talqan* 'un, kavrulmuş tahıl', *bańaq* (*mayaq*) 'gübre', *qıy/qıq* 'gübre', *tärs* 'gübre, tezek', *täzäk* 'gübre' gibi ürün isimlerini içermektedir.

Bunlar 12. yy. öncesinde kayıtlara geçmiş kelimeler. Bir de sonraki Türkçeden bildiğimiz ve ortaklığından ötürü eski dönemde kullanıldığına hükmettiğimiz geniş bir kelime listesi var. Bunlardan bazıları (harman, amaç vb.) kolaylıkla Türkçedeki yabancı kelimeler olarak görülmektedir. Fakat genel olarak bakıldığında Türkçenin bir tarım toplumu için fazlasıyla yeterli bir ortak kelime hazinesine sahip olduğu görülmekte. Bu ise kök dilin tarım yapılabilir bir bölgede oluştuğu anlamına gelecektir. Tarım bilgisinin sonradan başkalarından alınması illa da ürün isimlerinin göçü anlamına gelmez. Örneğin buğday tabiatta zaten vardır ve buna bir isim de vermişlerdir. Başakların toplanması, bir kısmının yemeye ayrılıp bir kısmının gelecek ekimde sürülmüş toprağa saçılmak için ayrılması ise sonradan öğrenilmiştir. Ama Yeni Çağ'daki domates ve patates örneklerinde görüldüğü gibi, daha önce bilinmeyen yeni bir ürün geldiğinde genellikle ismini de getirir.

Golden 2008 yılındaki bir makalesinde, tarıma yoğunlaşmamak üzere, coğrafi işaretleme bildiren birkaç kelime üzerinden bu konuya giriş yaptı. Buna göre Türkçe kar fırtınalarının da olduğu şiddetli soğuğun bulunduğu bir iklimde doğmuş olmalıdır: *kar, dolu, buz, yağmak, kasırga, tipi, boran*. Burası dağı, taşı ve ormanı bol bir yer olmalıdır: *dağ, kır, korum* (kayalık), *kaya, orman, yış, bük*. Bu arada düzlüklerin, suların ve ona bağlı yeryüzü şekillerinin bol olduğu bir yerden bahsediyoruz: *öz, yar, yazı, çayır, kum, bataklık, ırmak, göl*. Eski Türkler denizlere de aşinaydı: *deniz, taluy*. Burası bol geyikli bir memleket olmalıdır: *geyik, elik, buğu, sığın, bungak, ıvık* 'ceylan', *yegeren* 'antilop', *bulan* gibi. Bu ülkede *kulan* 'yaban eşeği', *domuz, dağ keçisi, sincap, tavşan, samur, kunduz, tilki, arslan, kaplan* ve *pars* yaşamalıdır. Evcil hayvanların her çeşidi bol miktarda vardır. Yırtıcı kuşların da çeşidi boldur. Türklerin ülkesi *kavak, akka-*

vak, meşe, kayın, çam, servi, dişbudak, kızılağaç bakımından zengindir. En önemlisi de burada tahıl üretimi yapılır: *arpa, buğday, darı, tarla, saban, orak* vd.[250]

Eski Türkçenin kelimelerine bakarak Türk türeneğini bir taraftan yeterince soğuk, bir taraftan yeterince sulak ve bir taraftan da tarım yapılabilir bir sahaya yerleştirmek, Asya şartlarında aslında işi hayli kolaylaştırmaktadır. Bu şartları hep birlikte sağlayan yer çok azdır. Mevcut çalışmalarda Doğu Asya'da, Mançurya çevresinde bir yer aranmasının tek sebebi, daha müsait başka yerlerin olmaması değil, sözde Altay kuramı olarak gözüküyor. Yani Türklerin arazisinin soğuk, sulak ve ekilebilir olmasının yanında bir de Moğol ve Mançulara komşu olması gerekiyor.

Hâlbuki yukarıda yeterince ayrıntıyla görüldüğü üzere, Türkçe ile Mançucanın ortaklıkları var ama hem nitelik hem de nicelik açısından çok düşük bir seviyedeler ve tarım tabirleri yok derecesinde ortaklaşıyor. Buna daha önce değinmiş ve derinlerdeki çok ince bir ortak tabaka dışında sanki Mançuca ile Türkçenin ortaklıklarının aradaki bir aracı üzerinden olduğunu, Türkçe kelimelerin Moğolca üzerinden doğuya doğru gittiklerini söylemiştik.

Eğer Türk türeneği Mançurya'da bir yerde olsaydı, binlerce yıllık ilişkinin yadigârları çoğu kültür kelimesi olan bir sayfalık ortaklık olmazdı. Bu kadarı Türkçe ile muhtelif Kızılderili dilleri arasında da var. O zaman onlara da kulak vermek lazım.

Benzer şekilde, Mançurya'daki bir ana yurt veya türenek Türk bitki ve hayvan isimlerinde de Çincenin bazı iz ve etkilerinin olması anlamına gelecektir ki bunlar yoktur. Bunun üzerinden tekrar düşünmek gerekiyor. Çin ile kesin bildiğimiz tarih itibarıyla dahi o kadar sıkı ilişkisi olan Türklerin beklenen ölçü-

---

[250] Golden, "Ethnogenesis in the Tribal Zone", s.89-91.

de dilsel etkiye uğramamaları üzerinde iyi düşünmek gerekiyor. Hâlbuki Çinlilere çoğunlukla hayran olmuşlardır, özenmişlerdir gitmiş oralarda yaşamış, sonra geri gelmişlerdir. Bunların hatıraları kalmalıdır. Ama yok. Mevcut manzaranın söylediği şey, Çin ile bütün ilişkinin işte bundan ibaret olduğudur. Esasında Çin ile teması olmayan bir yerlerden oraya, doğu bozkırlarına sonradan gidilmiş, iyi kötü günler geçirilmiş, sonra geri dönülmüştür. Türkler orada doğup büyümüş olsalardı dilleri aynen Moğolca ve Mançuca gibi Çince kelimeden geçilmezdi.

Biz Golden'ın kelimelerine Türkçede mesken kelimelerinin çokluğunun iyi bir yerleşik kültür çevresinde türemiş olmalarına işaret ettiği ilavesini yapacağız: *Ev, bark, kel* (Fin ve Ugor eşleri var), *koğuş, ağıl, korum, otağ/oda* (*od*'dan), *alaçık, oba* ('soy, aile'), *dam, terme/derme, dura, orda, balık.*[251] Bunlardan *alaçık*ın Çinceden alıntı olduğu iddia edilir. Bugün sadece hayvanlara ayırdığımız *dam* ile gözetleme kulesi olan *dura* Hint-İran kolundan alınmış kelimeler olarak açıklanıyor. Diğerleri ise Türkçedir ve bunlar kalıcı yerleşim yapılarına işaret eden kelimelerdir.

Gamkrelidze ve Ivanov Hint-Avrupa *p^hel- 'kale, müstahkem kent' kelimesini kurarlar.[252] Bu semantik genişlik göz önüne alınmadan yapılmış bir kurulumdur. Aslında böyle bir kelime için kökeni bin yıl önce Kaşgarlı Mahmut önermiştir: *Bal* 'çamur, balçık' eski Türkçenin yaygın *balık* 'kent' kelimesinin temelindedir.[253] Ve bu *bal* Latince *palus* 'bataklık'tan çağdaş İngilizce *pool*'u da ('havuz' < 'bataklık, göl') içeren geniş bir Hint-Avrupa denkliğe sahiptir.[254] Kelime bu biçimiyle Moğolca

---

[251] Dıbo, "Material'nıy bıt rannıh turok. Jilişte", s.230-290.
[252] Gamkrelidze ve Ivanov, *Indo-European and the Indo-Europeans*, s.648.
[253] Kaşgarlı Mahmud, *Divan-ı Lügat-it-Türk -I-*, s.379; Sevortyan, *Etimologiçeskiy Slovar' Tyurkskikh Yazıkov –B-*, s.59.
[254] Karatay, "Balık 'Kent' Kelimesinin Kökeni", s.349-353.

ve Mançu-Tunguzcada bulunmayıp,[255] kent anlamıyla Türkçeden onlara geçmiştir. Vogul *pēl*, Ostyak *pūgəl* ve Macar *falu* kelimelerini de bağlantılı gören Sinor, Türkçe kelimenin bu kelimelerin atası olarak kurulan Ön Ugor *palyV*'nun ödünçlenmiş biçimi olduğu sonucuna varır.[256] Hâlbuki Sinor da geniş anlam dünyasına değinmiyor. Macarca *fal* 'duvar' kelimesi *falu* 'köy' kelimesinden ayrılmamalı ve yine İngilizce *wall* 'duvar' ile karşımıza çıkan Latin *vallum* 'duvar' gibi kelimeler de incelemeden ayrı tutulmamalıydı.[257] Biz Türkçe *bal* kelimesini de Gol-

---

[255] Jankowski, "Altaic Languages and Historical Contact", s.532.

[256] Sinor, "The Origin of Turkic Balïq", s.101. Tyler da sadece Ugor dünyasında geçen bu kelimeyi Ural gibi alır ve Dravitçe *paḷḷi* 'köy' kelimesiyle eşler (Tyler, "Dravidian and Uralian: The Lexical Evidence", s.800). Onun Ural-Dravit eşleştirmesindeki *pajз* ~ *pal* 'bol', *äcä* ~ *acc* 'baba', *wal'ka* ~ *vāl* 'al, ak', *täm-* ~ *tev-* 'doldur-' (krş. Tr. *tüm*), *kele* ~ *kēl* 'konuş-' (krş. Çuv. *kele* 'konuş-'), *ekä* ~ *akk* 'dede' (krş. Tr. *aka*), *emä* ~ *amma* 'anne' (krş. Tr. *eme*), *ime-* ~ *cīmp-* 'em-', *piłз-* ~ *pay-al-* 'böl-', *kol* ~ *kuy* 'delik, kovuk', *por-* ~ *pur-* 'döndür-' (krş. Tr. *bur*), *morз-* ~ *mur-* 'kır-' (krş. Tr. *vur*), *wolõ-* ~ *uł-* 'ol-', *ur* ~ *ur-a* 'güç, erk', *ulak* ~ *uḷ* 'ev' (krş. Tr. *ağıl*), *śurз* ~ *toṟ* 'sürü', *tu-wl* ~ *tū-v-al* 'tüy, tel, telek', *jutta-* ~ *caṭṭa-* 'kat-, katıl-', *kolõ-* ~ *kol-* 'öl-', *tak-al-* ~ *tak-al-* 'yapıştır- tak-', *appõ* ~ *app* 'baba' (krş. Tr. *apa*) gibi birçok kelime görüldüğü gibi Türkçede de ortaktır. Türkçe ile Dravit dillerinin bir kıyası bu konuda daha iyi fikir verecektir. Bu durum Türkçenin Ural bölgesi dilleri ve Dravit dilleri arasında olduğunu, en azından uzaklarda olmadığını göstermektedir.

[257] Witzel *išt* 'brick' kelimesinin Hint-İran dillerine Kelteminar kültür çevresinden geçtiğini söyler (Witzel, "Linguistic Evidence for Cultural Exchange in Prehistoric Western Central Asia", s.29-30). Arilerin çamuru pişirip kerpiç yapmayı bilmedikleri gibi bir şey iddia edilemez ama çamur > kerpiç > duvar > ev/kale semantik geçişlerini örneğin Yunanlardan (*polis* 'kent') farklı yaşadıklarını söyleyebiliriz çünkü Sanskrit *palvala* 'havuz', *palvalyá* 'bataklıklı' gibi kelimeler ile kent arasında bir bağlantı bilmiyoruz; *p^h*el* bağlantılı *pur* 'kent' kelimesinin nihayet 'uçurum, yar' anlamıyla ilgili olduğu söyleniyor (Gamkrelidze ve Ivanov, *Indo-European and the Indo-Europeans*, s.648). Gerçi biz bu *pur*'un 'ateş' anlamından geldiğini düşünüyoruz. Krş Kıptî *pr*, Hurri *pur(u)li* 'ev' (Gamkrelidze ve Ivanov, *age.*, s.645). Yine Sanskrit 'büyük oda' anlamındaki *pol* nihayet bir çamura gide-

den'ın coğrafyaya işaret eden kelimelerine ekleyeceğiz ve Türklerin Hanti, Mansi ve Macarlar ile Hint-Avrupa ana kitlesine yakın/komşu bir yerlerde, sulak ve bataklık bir ortamda türemiş olmaları gerektiğini söyleyeceğiz. Ergenekon Destanı'nın girişindeki bataklık bahsinin neden gözden kaçırıldığını da bu bağlamda eleştireceğiz.

Dolayısıyla, dil verisine göre elimizde yerleşik hayatı iyi bilen, soğuk ve sulak (dolayısıyla ormanın bol olduğu) bir yerde yaşayan, tarımı bilen, toprağı kerpiç veya tuğla şeklinde duvar örmede de kullanan bir toplum var. Bunun için Sibirya'ya yakın, komşu ama içinde olmayan bir yerler en makulü gözüküyor. Yukarıda birkaç defa karşımıza çıkan Güney Ural sahası bunun için biçilmiş kaftandır.

Avrasya'da tarım yapılabilir arazi İdil havzasında, Güney Ural sahasında da var. Bu düşüncenin önündeki tek engel, hâlâ ispatlanamamış Altay kuramı. Lehine olan şey ise bu bölge dilleri ile Türkçenin ortak unsurları. En fazla da Macarcadaki tarım terimleri. Bunların önemli bir kısmını yukarıdaki temel listeler arasında vermiştik. Bir kez daha sıralamak gerekirse:

ág 'dal' (krş. *ağaç*), *alma* 'elma', *arat* 'eken biçmek', *árok* 'hendek, çukur' (krş. *ark*), *árpa* 'arpa', *bárány* 'kuzu', *béklyó* 'bukağı', *bika* 'boğa', *bor* 'bor, üzüm bağı', *borjú* 'buzağı', *bors* 'burç, karabiber', *borsó* 'bezelye' (krş. *burçak*), *búza* 'buğday', *csiga* 'makara' (krş. *çıkrık*), *csutka* 'çotuk', *dara* 'irmik' (krş. *darı*), *eke* 'saban', *gyapyú 'yapağı', gyümölcs* 'yemiş', *hatak* 'katık', *kancsuka* 'kırbaç, kamçı', *kecske* 'keçi', *kocsány* 'koçan', *korbács* 'kırbaç', *kos* 'koç', *köpönyeg* 'kepenek', *kulán* 'kulan', *kút* 'kuyu', *ól* 'ağıl', *olló* 'oğlak', *ökör*

---

bilir. *Vairi* 'göl' de bununla ilgili düşünülebilir. İranîlerde ise Avesta'ya göre ilk kral Yima çamurdan kerpiç yapıp onunla da 800 metre kenar uzunluğu olan bir kare kale yapmıştır ama bunun adı *vara*'dır (Kuzmina, *Otkuda prişli İndoarii?*, s.72). krş. Mac. *vár* 'kale', *város* 'kent'.

'öküz', *szomak* 'somak', *tár* 'ambar, hazine' (krş. *tavar* 'davar, mal'), '*tarló* 'tarla', *tyúk* 'tavuk', *teve* 'deve', *tinó* 'dana', *toklyó* 'toklu', *tőzeg* 'tezek', *ünő* 'inek', *üvecs* 'öveç, koç', *vályú* 'yalak', *vet* '(ekin) ekmek' (krş. *etmek* '(pişen) ekmek') gibi.

Geriye de bir köyde kullanılan kelimelerden tarım kültürüyle ilgili başka bir şey kalmıyor. Bu kadar temel tarım tabirinin akraba olmayan bir dilden diğerine geçişinin herhâlde dünyada başka bir örneği yoktur. Bunlar kolay değişmeyen kelimeler. İnsanın ineği varsa ona verdiği bir ad da vardır. Başka dilden bir halka ineğin adını sorup kendi dilinde kullanamaz.

Atalarımız uzun ve zahmetli bir yoldan Anadolu'ya geldi. Yolda durup durup da üç beş ay rençberlik yaptıkları düşünülemez herhâlde. Buna rağmen daha önce bildikleri kelimelerin yaklaşık tamamını Anadolu'ya getirdiler. Burada sadece daha önce bilmedikleri bitkileri öğrendiler.

O zaman Macarların atalarının tarım namına hiçbir şeyin bilinmediği yerlerden, Sibirya'nın ve Uralların kuzeylerinden güneye indiklerini, ineği, koyunu, keçiyi, tavuğu ilk kez orada gördüklerini düşüneceğiz.

Durum böyleyse bile bizim savımızı doğruluyor. Macarların atalarının Kuzeybatı Sibirya'dan güneye indiği dönemlerde (ki biz bu kanaati paylaşmıyoruz) milat sıralarında veya öncesinde şimdiki Başkırdistan ve çevresi tamamen Türklerce meskûndu. Türkler burada sadece bulunmuyor, esas nüfusu da oluşturuyorlardı. İşte bu Türklerden eski çağın Yunan ve Latin kaynakları bahsederler.

BÖLÜM 11

HOMO TURCUS

Latin kaynakları belki bir şeyler söylemektedir. Bakmadan bilemeyiz. Bugüne kadar bakmadık. Öğrenemedik.

Önceki bölümde belirttiğimiz gibi, öncelikle milat sıralarında yazılmış kitaplara bir göz atmamız lazım. MS 43 yılında bir coğrafya eseri yazan Pomponius Mela, Azak Denizi kıyılarında Amazonların yaşadığını belirttikten sonra kuzeye doğru diğer halkları sayar: "*Budinler Gelonos şehrinde oturur. Onlardan sonra Thyssagetae ve Turcae engin ormanları işgal ederler ve avlanarak geçinirler.*"[258]

Budin ve Gelonların hikâyelerini Herodotos'tan ayrıntıyla okuyoruz. Bunlar bozkır kavimleridir. Dilerini bilmediğimiz için kimlikleri de hâliyle tartışmalıdır. Ama birincisinde 'halk' anlamıyla *budun* kelimesini görmek mümkündür. Çünkü insan, halk, boy gibi kelimeler bizzat bir topluluğun kendini anlatmasında etnik içerik kazanabilir. Mesela Hun kelimesini *kün* 'halk', Oğuz kelimesini *ok-lar* 'boylar' olarak açıklıyoruz.[259]

---

[258] Pomponius Mela, *Pomponius Mela's Description of the World*, s.67.
[259] Németh, *A Honfoglaló Magyarság Kialakulása*, s.44, 147; Golden, *Türk Halkları*, s.111.

Benzer şekilde başka topluluklarda başka adlandırmalar da vardır.[260]

Gelon kelimesinde ise Orta Çağ'da bir Süryani kaynağında geçen ve Kumanlarla özdeşleştirilen 'Yılanlar Halkı'[261] ifadesinden hareketle bir *Yılan* görmek mümkün olabilir.[262] Nitekim bugün Başkırtlar arasında bir *Yılan* uruğu bulunmaktadır.[263] Bu kelime bildiğim kadarıyla tamamen Türkçedir ve Avrasya'da başka bir dil tarafından kullanılmaz. Kumanlar doğuda isimleri hiç geçmeyen, İdil'in doğusundaki sahadan çıkagelmiş ve Doğu Avrupa tarihinde etkili olmuş bir Türk topluluğudur. Bir ölçüde Moğollarca imha edilmişler, önemli ölçüde de Romanya ve Bulgaristan'daki yerli halk arasında erimişlerdir. Romenlerin Orta Çağ'daki yönetici tabakaları büyük ölçüde Kumanlardan oluşuyordu. Onlardan kalan soyadları bugün hâlâ çok yaygın kullanılmaktadır.[264] Bulgaristan'a gidenler ise burayı Bizans idaresinden kurtararak Bulgarları bağımsız kılmışlar ve İkinci Bulgar krallığını kurmuşlardır. Osmanlı Devleti Bulgaristan'ı işte bu Kuman Türklerinden almıştır. Bulgar hanedanının *Şişman* adını taşıması Osmanlıların taktığı bir lakapla değil, kendi

---

260 Németh, *A Honfoglaló Magyarság Kialakulása*, s.148, Róna-Tas, *Hungarians and Europe*, s.271-272.

261 Urfalı Matteos, *Vekayi-nâme*, s.91.

262 Fatih Şengül Gelonlar konusunu hakkını veren bir tetkik ve ayrıntıyla incelemiştir: "Herodotos'a Göre İskit Boylarının Yurdu", s.267-272.

263 Kuzeyev, *İtil-Ural Türkleri*, s.366-367. Yazar bir Kıpçak boyu kabul ettiği bu topluluğun tarihini Marqwart'tan alıntıladığı Bar Hebraus'un kaydıyla birlikte başlatır. Öncesine gitmez.

264 Romanya'daki Kumanlar Türkiye'de en çok tanınan ikinci Macar tarihçi olan Rásonyi'nin birinci işiydi. Onun Türkçede erişilebilir güzel çalışmaları da vardır. Bunlar kitap hâline getirilmiştir. *Belleten*'de 1940 yılında yayınlanan "Tuna Havzasında Kumanlar" adlı çalışması şurada bulunabilir: *Doğu Avrupa*'da *Türklük*, s.113-140.

taşıdıkları Türkçe isimledir.[265] Rusya'da kalanlar daha çok bugünkü Ukrayinlerin soy havuzuna katılmışlar ve (bugün yerleşikleşmiş) göçebe Ruslar olan Kozakların nüvesini teşkil etmişlerdir.[266]

Budin ve Gelonların tuttuğu bozkır bölgesinin bitiminden sonraki sahada Tissaget ve Turk adında iki kavmin yaşadığı belirtiliyor. Bu birinci halkın adını çözmek hayli zor. Herodotos zamanında (MÖ 5. yy.) şimdiki Türkmenistan sahasında yaşayan ve kraliçeleri Tomris'le ünlü olan Massagetlerin ismine benzer bir yapıda gözüküyor. Çağımız düşüncesi onları peşin bir kararla İranî bir topluluk olarak nitelese de Turanî savaşı ve örgütlenmeyi iyi bilen bir halk oluşları dışında Massagetlerin kimliğini tespit edecek fazla bir veri bulunmuyor.[267] Milattan sonraki dönemde bunlardan koptuğu anlaşılan bir kol Kafkasların kuzeyinde beliriyor ve Maskut Hunları adını taşıyorlar.[268]

Hun kelimesinin o dönemde bozkır kavimleri için kullanılan bir üst isim olduğu öne sürülecektir ama Hun veya Türk olmadığını iyi bildiğimiz kavimler için asla böyle bir şey geçmez. Mesela Alanlar asla bir Hun topluluğu olarak nitelenmezler. Hâlbuki onlar da Massagetlerle aynı sahadan gelmişlerdir ve aynı kültür ve coğrafyanın halkıdır.

Peki, bu sonuncu halka, "Turk"lara ne diyeceğiz? Kitabın sonradan Orta Çağlarda tahrifata uğradığı ve birilerinin bu kelimeyi eklediği şeklinde filolojik bir delil olsaydı hemen atlardık ama böyle bir şey bilinmiyor. Mela tek başına olsaydı yine

---

265 Bulgaristan'daki Kumanlar için bkz. Stoyanov, "Bulgar Tarihinde Kumanlar"; Kayapınar, "Kumanlar ve İkinci Bulgar Devleti"; "İkinci Bulgar Krallığı".

266 Kozaklarla ilgili genel tanımlar için bkz. Vernadsky, *Rusya Tarihi*, s.127-130.

267 Kafkasların kuzeyinde Massaget olarak nitelenen kimselerin isimleri ağırlıklı olarak Türkçedir. Alemany, *Sources on the Alans*, s.206.

268 Golden, *Türk Halkları Tarihine Giriş*, s.124.

kuşkulanırdık ama öyle de değil. Ondan kısa bir süre sonra yazan ve kendi bağımsız kaynaklarını (500 kadar yazardan 2000 kadar kitap!)[269] kullandığı görülen Yaşlı Plinius'un kitabında daha fazla ayrıntı buluruz: "*Sonra iki ağız ile denize boşalan ve sahillerinde söylendiği gibi Medlerin soyundan gelen çok sayıda boya bölünmüş bir halk olan Sarmatæ'nin yerleştiği Tanais nehrine geliriz. Bunların ilki Amazonların kocaları olan Sauromotæ Gynæcocratumeni'dir. Onlardan sonra, arkasında yine Riphæan dağlarına kadar uzanan Arimphæi'nin bulunduğu engebeli çöllere ve sık ağaçlıklı vadilere kadar Ævazæ, Coitæthe, Cicimeni, Messeniani, Costobocci, Choatræ, Zigæ, Dandarii, Thyssagetæ ve Tyrcae gelirler.*"[270]

Tanais, Don Nehri'dir. O günlerde Karadeniz'in kuzeyinde yaşayan Sarmatların Med soyundan geldikleri ifadesini aklımızda tutmalıyız. Bu Sarmat halkına aşağıda ayrıntıyla değineceğiz. "Riphæan dağları" ifadesi buradaki halkların kuzeydoğu istikametinde, Urallara doğru dizildiklerini gösterir. Yani Azak sahillerinden dosdoğru kuzeye veya tam yol doğuya bir diziliş değildir bu.

Sıralanmış halkların isimlerini Türkçe ile açıklamak mümkün olmakla birlikte, buna yeltenmeyeceğiz. Başka veri olmadan, hemen her kelimenin hemen her dilden açıklanabileceği gerçeğinden hareketle, böyle bir aceleciliğin isabetli olmayacağına inanıyoruz. Ama son iki halk ile yukarıda tanışmıştık. Turk kelimesinin bir kez daha geçişinin yanında, Tissaget komşuluğuna da dikkat etmeliyiz.

Bu 'Turk' topluluğundan hangi halkı anlamalıyız? Türkler değilse kimler? Bir açıklama gerekmiyor mu? Burada Türklüğü görmek istemeyenlerin söyleyebileceği tek şey, o devirde bu kadar batıda Türklerin olamayacağıdır. Bu neye göre söylene-

---

[269] Pliny, *The Natural History*, s.xvi.
[270] Pliny, *The Natural History*, s.14-15.

cek? Şöyle: Türkler bir Altay kavmidir, yurtları doğudadır ve batıya ilk ilerleyişleri Atilla'nın halkı olan Hunlarla olmuştur. Hâlbuki bizzat Hunları o dönemde (MS 2. yy.) batıda, Kafkasların kuzeyinde görüyoruz. Hem de iki kaynakta, ünlü Ptolemeus'un coğrafyası ile Dionisius Parigeteus'ta geçerler.[271]

Tek bir makalesi Türkçeye dört defa çevrilen ve bunlardan üçü kitap olarak yayınlanan Czeglédy, Ptolemeus'ta *Khounoi* biçiminde yazılan ismin *Hun* kelimesine benzemesinin bağlantı kurmak için yeterli olmadığını, Kafkasların kuzeyindeki bu halkı Hunlarla ilişkilendirdiğimizde karşı soruların cevapsız kalacağını söyler.[272] Karşı soruların ne olduğunu o söylemiyor ama biz biliyoruz: O devirde Hunlar bu kadar batıda ne yapıyorlardı? Bir 20. yy. bilgininin 1900 sene öncesine gidip Zülkarneyn gibi Hunların önüne set çekmesine sadece şaşmak lazım. Devletleri dağılmış ve Çinlilerin elinden büyük felaketler yaşayarak kaçıp hayatını kurtarabilmiş Hunlardan bir taifenin Kafkas düzlüklerine kadar gelmesine engel olan hüküm nedir acaba?

Böyle gayet mümkün ve beklenen bir hadiseye bile imkân tanımayan bir yaklaşım, elbette eski çağlarda Hazar'ın kuzeyindeki sahanın yerlisi olarak yaşayan Türklerin varlığını hiçbir şekilde kabullenmeyecektir. Türklüğü bir Altay kavmi olarak dünyanın doğu kenarına doğru bir yere yerleştirme konusunda özde farklı düşünmeyen Sinor bile bu düşünceye isyan etmiş, Yaşlı Plinius ile Pomponius Mela ve onlardan 500 sene önce aşağıda değineceğimiz satırları yazan Herodotos'ta bizzat 'Türk' kavminden bahsedilmesinin ve bu bölgelerde çeşitli

---

[271] Dostiev, "Kafkasya'da Hunlar", s.921.

[272] Czeglédy, *Turan Kavimlerinin Göçü*, s.97. Bu kitabın Macarca aslı olan makalenin başlığında *Turan* değil, *göçebe halklar* (nomad népek) ifadesi geçer.

Türk topluluklarına rastlanmasının doğal olduğuna parmak basmıştır.[273]

İdil boylarındaki Türk varlığını ne kadar geri götürebiliriz? Burada yerli midirler, yoksa Saka veya Sarmat dalgası gibi bir kavimler göçü içinde mi batıya kaymışlardır (Kafkaslardaki Hun varlığı böyle doğudan batıya erken bir göçü akla getiriyor)? Herodotos kuşkusuz anılan iki Latin yazarın da temel kaynaklarından biriydi. Mela'da onun etkisi daha bariz çünkü MS 1. yy.da tarih sahnesinden çekildiklerini tahmin ettiğimiz Gelon ve Budin kavimlerinden bahsediyor. Yaşlı Plinius ise daha güncel ve kaynakçası zengin bir bilgi sunuyor. Sonuçta Tissaget ve Turk kavimlerinde ikisi de hemfikir. Bu ikisi hakkında acaba Herodotos ne diyor?

Yukarıda bu son iki halkın komşu olarak anılmasını aklımızda tutalım demiştik. Herodotos'u ona göre okuyalım: "*Budinlerin kuzeyi ence yedi günlük çöldür; bu çölü aşıp az doğuya kayınca Thyssagetae yurdudur, kalabalık ve ayrı soydan bir ulustur, avcılıkla geçinirler. Bunların sınırında, aynı bölgede Iyrcae denilen kimseler otururlar*".[274] Tabii daha önce de Budinleri anlatır.

Pomponius Mela'daki metin bu dört topluluğu anlatma noktasında Herodotos'tan 'yorumlu' bir kopya gibi gözüküyor. Üçü aynı, yalnız Bodrumlu tarihçide *Iyrcae* diye yazılan isim, yani Tissagetlerin komşusu olan halk Mela'da *Turcae* hâline geliyor. Bir harf değişikliği olmuş desek, başka kaynaklardan daha iyi bir araştırma yaparak *Doğal Tarih* adlı eserini yazan Yaşlı Plinius da bu halkın adını aynı biçimde veriyor. O zaman düzeltilmesi gereken Herodotos'un metni olmaz mı?

---

[273] Sinor, "(Kök) Türk İmparatorluğunun Kuruluşu ve Yıkılışı", s.385.
[274] Herodotos, *Herodot Tarihi,* s.198.

Onun kendi eliyle ne yazdığını bilmiyoruz. Ünlü eseri elden ele istinsahlardan sonra bize ulaşmıştır. Bu esnada yanlış okuma veya yazmadan kaynaklanan bazı değişiklikler kesinlikle olmuştur, zira bunun olmadığı eski bir eser yok. Herodotos'un metnini Yunan harflerini göz önüne alarak okumalıyız. Bize gelen nüshalardaki harf *I*, Mela'ya uydurursak kullanmasını beklediğimiz harf ise *T*'dir. Bu harfler birbirine çok benziyor. *T*'nin sağ omzundaki hafif bir siliklik onu *I* olarak okumaya yol açacaktır.

Adamın birisi bu hatayı yapmış ve hatalı okuma silsile hâlinde günümüze kadar ulaşmıştır. Ama Latin yazarların bu hatanın olmadığı nüshaları okuması sayesinde biz gerçek isme sahibiz. Dolayısıyla tarihi Herodotos'un yaşadığı zaman olan MÖ 5. yy.a, hatta başlarına kadar çekebiliriz.

"Yüzde yüz kesinlik" vermese de Sinor bu eski çağ yazarlarının doğruluğuna şans tanıyor[275] ve diğer delillerden de hareketle (örneğin Yayık isminin MS. 2. yy.da yazan Ptolemeus'ta *Daih* biçimiyle geçmesi) Türklerin erken bir dönemde buralara gelmiş olabileceklerini belirtiyor. Buna şaşmamalı. Yayık veya İdil nehirlerinden daha batıdaki ırmakların da eski çağlarda Türkçe isimleri bulunuyor.

Bugün Ukrayna'yı ortadan ikiye bölen Dnyeper Nehri için dünyada sadece ve sadece Türklerin kullandığı bir isim vardır: Özü ve onun *-r* Türkçesiyle söyleniş biçimi olan Ver/Var. *Ver* biçimi Avrupa Hunlarının dilinde geçmektedir.[276] Bunu mezkûr Konstantinos Porphyrogenitus ve ondan sonra yazan Bîrûnî de tasdik etmektedir.[277] Bîrûnî'nin 'Vâr Bozkırı' dediği sahaya

---

275 Sinor, "Early Turks in Western Central Eurasia", s.166, 169, 174.

276 Jordanes, *The Gothic History of Jordanes*, s.128.

277 Constantine Porphyrogenitus, *De Administrando Imperio*, s.175; Şeşen, *İslam Coğrafyacılarına Göre Türkler*, s.199.

Herodotos 'Oaros Düzlüğü' der ve "Tanais'den (Don) önceki ırmağın", yani Dnyeper'in ismini de aynen öyle verir.[278]

Dnyeper'e 'Özü' diyen Türkler, en azından 10. yy. kayıtlarına göre Dnyester'e 'Turla' derler. Çok daha batıdaki, yine Karadeniz'e dökülen Bug Nehri'ne verdiğimiz 'Aksu' ismi belki sonraki bir tavsiftir ama bu iki büyük ırmağın Türkçe isimlerinin olması ilginçtir.[279] Bu bağlamda görünürde sadece Don Nehri'nin arada kalması düşündürücü. Karpatlardan İdil'e kadarki tüm ırmakların Türkçe adları bulunurken, doğuda bulunan, bütün Doğu Avrupa'nın en geniş nehri olan Don Nehri'nin Türkçe isminin bulunmaması bir çelişki olarak duruyor. Bu yaygın ve akış hızı düşük ırmağın kışın çabuk donduğunu biliyoruz. Göçebelerin batıya doğru ilerleyişleri de hep bu donlar sayesinde olmuştur. Bunu ispatlamak mümkün değil ama muhtemel bir Türkçe isim farazi bir İranî isimden yeğdir. Ayrıca, illa donmaya takılmamız gerekmiyor.

İsmi için İranî bir kök önerilen Tanais/Don'a[280] Türkler 'Ten' derler. Osmanlı döneminde de ismi bu şekildedir. Bu kelimeyi Ön Türk **tEŋ* biçiminde kuran ve "göl, büyük ırmak" anlamını veren Starostin vd. Mançu-Tunguz ve Japon dillerinden denklikler bile önerirler.[281] Dahası, 'Don' biçimi için önerilen İranî kök suyu değil, bozkır ve sahra alanı anlatır.[282] Şu hâlde Ari veya İranîler ırmak için böyle bir kelime

---

278 Herodotos, *Herodot Tarihi*, s.225.

279 Constantine Porphyrogenitus, *De Administrando Imperio*, s.175.

280 Nikonov, *Kratkiy Toponimiçeskiy Slovar'*, s.127; Fasmer, *Etimologiçeskiy Slovar' Ruskogo Yazıka -I-*, s.528-529.

281 Starostin vd., *An Etymological Dictionary of the Altaic Languages*, s.1417. Altay kökleri kesin olmayabilir ama bundan üretilen Türkçe 'deniz' (< *tengiz*) *–r* dönemi ortaklığı olarak Macarcada *tenger* ve açıkça Göktürk çağı veya sonrası bir ödünçleme olarak Moğolcada *tengis* biçimiyle bulunur.

282 Rastorgueva ve Edelman, *Etimologiçeskiy Slovar' İranskih Yazıkov -II-*, s.331-2.

kullandılarsa Türklerden almış olmalılar. Dolayısıyla Don Nehri'nin ismi de Türkçe gözüküyor.

Dnyeper'le ilgili araştırmayı yayınladığımız makalede bir noktaya dikkat çekmiştik: Bin yıldır Anadolu'dayız ve büyük ırmakların isimlerini doğru dürüst değiştiremedik. Sadece niteledik (kızıl, kara, gök vs.) veya Orta Asya'dan taşıdık (Seyhan ve Ceyhan gibi). Hâlbuki Karadeniz'e kuzeybatı yönünden gelen Bug Nehri'nden itibaren Doğu Avrupa'daki ırmakların tamamının sadece Türklerce kullanılan isimleri var.[283] Bu orada Türklerin gayet eski zamanlarda ve yoğun olarak bulunduklarından başka ne anlama gelebilir?

Buna Karadeniz'in kuzeybatı köşesine Osmanlı Dönemi'nde verilen Bucak ismini de ekleyebiliriz. Buraya Tuna Bulgar çağında Slavlar 'Onglos' derlermiş ki kayıtlara geçen en erken Slavca kelimelerden biri olan *ogl'*, aynen 'bucak' anlamına gelmektedir.[284] 'Bucak' kelimesine bir madde yazan Fasmer de dâhil, Slavların bu ismi önceki bir ismin çevirisi olarak kullandıkları düşünülür.[285] Slavlardan önce buranın ismi ise Türkçe *pük* (> *bük*) olarak geçer: Geriye doğru *Ermeni Coğrafyası*, Jordanes, Plinius, Ptolemeus ve Strabon bunu verirler.[286]

Aynı şekilde Plinius İskitlerin Kafkaslara *Chorsari* dediğini ve bunun 'karbeyaz' anlamına geldiğini söyler.[287] Burada *chor* 'kar' ve *sarı* 'sarı, ak' kelimeleri açık gözükmektedir. Bu aynı zamanda İskitlerin dilinin Türkçeliğine dair bir kanıttır. Yine

[283] Karatay, "Dnyeper nehrinin Türkçedeki Adı", s.22-23.
[284] Fasmer, *Etimologiçeskiy Slovar' Ruskogo Yazıka -IV-*, s.145.
[285] Fasmer, *Etimologiçeskiy Slovar' Ruskogo Yazıka -I-*, s.229.
[286] Sırasıyla Hewsen, *The Geography of Ananias of Širak*, s.48; Jordanes, *The Gothic History of Jordanes*, s.77); Pliny, *The Natural History of Pliny -IV-*, s.26, 33; Ptolemy, *Claudii Ptolemaei Geographica* III/5; Strabon, *The Geography of Strabo*, *-III-*, s.201, 217, 221; *-VII-*, s.8, 15, 17.
[287] Pliny, *The Natural History of Pliny -II-*, s.34.

Plinius'da sonraki Türk boyları *Oran*, *Camacæ* (Kamak), *Comani* (Kuman) ve *Candari* (Çandar) boylarının isimleri Hazar Denizi çevresinde geçer.[288] Bunlara Türk ve Yunanlarda ortak bazı mitoloji ve kültür unsurlarını da ekleyebiliriz. Oğuz Kağan'ın öldürdüğü canavar *Kıyant*'a karşılık, Yunanlarda *Gigantes*'i görüyoruz. *Polyphem* hikâyesi ile Dede Korkut'taki *Tepegöz* eskiden beri ilgi çekmiştir. Yunanlardaki falcı *orakles* Türkçede *ırkıl* olarak karşılığını buluyor. Bunlar, görünen o ki, Karadeniz'in kuzey sahillerindeki koloniler üzerinden Yunanların bozkırdan aldığı ögelerdir ve bu elbette Karadeniz kuzeyinin kadim Türk yurdu olduğu anlamına gelmez ve ana yurt tespitiyle ilgisi yoktur. Ancak en geç Saka çağı olmak üzere, Türklerin değil İdil-Ural bölgesi, Batı Avrasya bozkırlarında da bulunduklarını, hem de yer adlarında iz bırakacak derecede bulunduklarını gösterir. Dolayısıyla MÖ ilk bin yıl içinde Doğu Avrupa'daki varlıkları yadırganmamalı, daha ötesi ihtimaller nazara alınmalıdır.

Nitekim başka Türk veya Türklüğü akla getiren topluluklarının da bu bölgede var olduklarını görmek için sadece bakmak yeterli. Mesela milat sıralarında Sarmat birliği çerçevesinde Karadeniz kuzeyinde belirip Macar ovasına kadar giden ve Romalılarla mücadeleye giren bir Yazığ halkı vardır. Bunların son kalıntıları Hunlar Macar ovasına geldikten sonra ortadan kalkar.[289] Aynı bölgede bir süre sonra önce bir Peçenek[290] ve ardından Kuman[291] ve Kıpçak[292] boyu olarak *Yazı* ifadesine rastlarız.

Mela ve Plinius'tan bir asır sonra, MÖ 2. yy.da yazan Ptolemeus Orta İdil doğusundaki *Soubinoi* halkından bahseder

---

[288] Pliny, *The Natural History of Pliny -II-*, s.16, 31-32.

[289] Durmuş, *Sarmatlar*, s.54-58; "Sarmatlar", s.637-639.

[290] Constantine Porphyrogenitus, *De Administrando Imperio*, s.167.

[291] Pálóczy-Horváth, "L'immigration et l'établissement des Comans en Hongrie", s.323.

[292] Yılmaz, "Kıpçak Türkleri ve Yerleştikleri Sahalar", s.56.

(Eusebius'daki kuzey ülkeleri arasında sayılan *Saunia* da bununla ilgili olmalıdır).[293] Togan bunu Başkırtlar arasındaki Suun-Kıpçak uruğuna bağlar.[294] Bu halk bugünkü Kazan Tatarlarının 'etkili' ilk tabakasını teşkil ediyor olmalıydı ki onların bayramı bugün hâlâ 'Saban Toy' adıyla kutlanır. Kazaklardaki *Suan, Suvan* ve Kırgızlardaki *Suban* urukları da aynı boyun kalıntısı olmalıdır.[295]

Ptolemeus'ta Subınlarla eş olarak geçen ama tarihteki (ve bu araştırmamızdaki) önemleri inanılmayacak büyük olan bir boy da Suvarlardır. Bu boya ayrı bir bölüm ayırmak gerekmektedir ve bu bölüm bu kitapta öne sürülen fikirlerin buluşma noktasını teşkil edecektir. Fakat onlardan önce, milattan hemen önce ve hemen sonraları batı bozkırlarının hâkim ulusu olan Sarmatlara temas etmemiz gerekmektedir.

---

[293] Alemany, *Sources on the Alans*, s.88, 100.

[294] Togan, *Umumi Türk Tarihine Giriş*, s.162. Kuzeev Başkırtçadaki Suun telaffuzunu *Su* (boyu) *Unları* biçiminde çözerek Hun dönemiyle, bilhassa Onoğur boyuyla alaka kurmaya çalışır. Kuzeyev, *İtil-Ural Türkleri*, s.357.

[295] Lezina vd., *Bütün Türk Halkları*, s.482, 483,

BÖLÜM 12

İNGİLTERE'DE NELER OLDU?

İngilizlerin Britanya Adası'nın eski yerlilerinden miras aldıkları bir *Arthur* efsanesi vardır. Konuya yeni bir boyut getiren Littleton ve Thomas'a göre bu efsane "*uzun süredir sadece İngilizce konuşan geleneğin değil, bir bütün olarak Batı Avrupalı bilincinin temel bileşeni olmuştur; bu efsaneler kim olduğumuz ve nereden geldiğimiz duygusunun bütünleyici ögeleridir.*"[296] Hıristiyanlık öncesi dönemden, eski çağdan kalan bu efsane savaş beyi Arthur ve silah arkadaşlarının serüvenlerinden oluşur. Kutsal kazan, kâse ve sihirli kılıç ise en önemli maddi öğelerdir.

Yukarıda bahsettiğimiz Yazığlar MS 175 yılında Roma imparatoru Marcus Aurelius (geçen yılların ünlü Gladyatör filmindeki yaşlı imparator) tarafından ağır bir yenilgiye uğratılırlar ve tazminat olarak Roma'ya askerî birlik verirler. Bunlardan 5.500 atlı savaşçı Britanya Adası'nın kuzeyindeki, şimdi İngiltere ile İskoçya'yı ayıran hatta yakın Hadrian duvarına muhafız olarak gönderilir. Televizyonlarımızda defalarca oynayan filmlerde Arthur ve arkadaşlarının bu duvar civarındaki maceralarını izledik. Bu Yazığlar orada kalırlar ve çocukları da aynı atlı

---

[296] Littleton ve Thomas, "The Sarmatian Connection", s.513.

savaşçılık mesleğini sürdürerek, bir bakıma etnik kimliklerini ve bilinçlerini uzun süre korurlar.[297]

Bu bağlantıyı ortaya çıkartan Littleton ve Thomas,[298] Arthur'un ölüm döşeğindeyken kılıcının göle atılması vasiyeti sahnesini bir Oset Nart destanındaki benzer bir sahne ile kıyaslayarak Arthur anlatısındaki -en azından bazı- kökleri Doğu Avrupa'da ararlar. Ögelerin benzeşmesi kelimeleri deşme cesareti verir ve Arthur'un babası *Pendragon*'un ismini *Ban-Tarkan* olarak açıklarlar. İlk kelimede 'yaygın Doğu Avrupa kelimesi' *pan*'ı, ikincisinde ise Türkçe üzerinden alınmış eski Anadolu kelimesi *Tarkan*'ı görürler.[299]

Bağlantı gerçekten ilginç ama *pan* kelimesi yaygın olmayıp Lehçeye münhasırdır; 'bay, bey' anlamına gelip, nihayetinde Avar dönemine gider.[300] Bunun *ban* biçimi ise Romen, Boşnak ve Hırvat bölgelerinde, ayrıca Macar ve Bulgar dillerinde görülür. O da aynı kaynağa, nihayetinde Türkçe *bayan*'a gider.[301] *Tarkan*'ın ise Türkçe bağlantısı doğrudur ama eski Anadolu dillerinden alınmamış, Orta Asya'dan getirilmiştir. Yazarlar Arthur'un sağ kolu *Bedivere*'in ismini de Türkçe *Bahadır* ile karşılaştırırlar, tabii Türkçeyi anmayıp Rusça ve Macarca gibi Doğu Avrupa dillerinde yaygın olduğunu belirterek.[302]

Kaliforniyalı yazarlar Britanya hikâyesindeki gibi Nart Destanı'ndaki kahramanların isimlerini de açıklamaya çalışsalar

---

[297] Littleton ve Thomas, "The Sarmatian Connection", s.520, 523. Onların Romalılaşmaya direnişinin Roma askerî kültürünün bozulması ve sapmasına yol açtığı iddia edilir. Richmond, "The Sarmatae", s.29.

[298] Ögelerin benzerliğine daha önce, 1973 yılında Bachrach işaret etmiştir (Alemany, *Sources on the Alans*, s.39). Sarmatların Britanya'ya gönderilmesi bilgisi ise elbette eski çağdan beri Tacitus'u okuyan herkesçe bilinir.

[299] Littleton ve Thomas, "The Sarmatian Connection", s.518.

[300] Brückher, *Słovnik Etymologiczny Języka Polskiego*, s.393.

[301] Skok, *Etimologijski Rječnik Hrvatskoga ili Srpskoga Jezika -I-*, s.105.

[302] Littleton ve Thomas, "The Sarmatian Connection", s.518.

veya önerileri aktarsalardı sonuçları belki daha da ilginç olacaktı. Bunu biz yapalım. Bedivere'in mukabili olarak Kafkaslarda adı geçen *Uryzmäg* açık şekilde Urız Beg olarak görülmeli, karısı *Satana* ise *Satı Ana* olarak rahatçı okunabilir (Aynı Nartlar komşu Karaçay-Balkarlarda da vardır ve bu iki isim sırasıyla *Örüzmek* ve *Satanay* olarak geçer).[303] Bunu İranî halklara bağlamak isteyen Dumézil ise açıklamak için bula bula en eski İran dili metinlerini içeren Avesta'dan *vāraza* 'erkek domuz' kelimesini bulur,[304] çünkü iyi bir kahramana verilecek domuzdan (!) başka bir isim yoktur.

Mesele kelimelere bir dilde köken aramak ise malzeme Türkçe olduğunda hiçbir sıkıntı kalmıyor. Sihirli kılıcın adı *Excalibur,* Kafkaslardaki demirci bir Sarmat kabilesi olarak kaydedilen *Kalyb*ların adıyla bağlanır.[305] Bunu şimdiki *kılavuz* kelimemizin eski Türkçe biçimi *kolavur/kalavur* ile ilişkilendirmek yerinde olabilir. *Kılavuz* biçimi kayıtlarda hep rehber anlamıyla karşımıza çıksa da[306] Bulgar ve Avar dönemi kayıtlarında rastladığımız eski biçim olan *kolavur* karşımızda yönetici unvanı olarak beliriyor.[307]

Aynı şekilde Arthur efsanesindeki bazı nüshalarda geçen kutsal kazanın (Annwn Kazanı) mukabili milat sıralarının, yani Hun ve Sarmat çağının bütün kaya resimlerinde görülebilir. Kazan başında dinî tören yapan kamlar ve anlaşılan bu törenle kutsanan savaşçılar bu kaya resimlerinin üç temel ögesidir. Kazılarda çok sayıda demir kazan bulunduğunu da belirtmeliyiz.[308]

---

303 Tavkul, *Karaçay-Malkar Destanları*, s.34 vd.
304 Dumézil, *Kafkas Halkları Mitolojisi*, s.74.
305 Littleton ve Thomas, "The Sarmatian Connection", s.523.
306 Clauson, *An Etymological Dictionary of Pre-Thirteenth Century Turkish*, s.617-618.
307 Tekin, *Tuna Bulgarları ve Dilleri*, s.49.
308 Érdy'nin bu konudaki uzun makalesi hemencecik Türkçeye kazandırılmış-tır: "Orta Avrasya Boyunca Hiong-nu Tarzı Kazanlar".

Esas efsanedeki kutsal kâse, evet, bir Hristiyanlık eklentisi olarak (havarilerle son yemeği temsil eder) kazanın evrilmiş biçimini temsil ediyor olabilir.[309] Ama bunu söylerken bozkırdaki 'kan kardeşliği' töreninde kullanılan, kanların karıştırılarak içildiği kâseyi unutmamak lazımdır.

Littleton ve Thomas efsanenin doğudaki ucunu Osetlerde görüyor, doğrudan Sarmatlara bağlıyor ve Sarmatları İranî dilli tasavvur ettiklerinden, bir Hint-Avrupa çerçevesi çiziyorlar. Ama açıklamalarında kullandıkları kelimelerin Türkçe oluşuna dikkat etmiyorlar. Bu konuda eserini esas aldıkları Dumézil onlara rehberlik etmiş gözüküyor. Zira bu Fransız araştırmacıya göre Nartları Osetler getirmiş ve yerli Kafkas halklarına yaymışlardır.[310]

Hâlbuki bizzat Oset mitolojisindeki isimler tetkik edildiğinde başka yerlere kapı açılıyor. Örneğin Oset Nartlarında geçen Sveşşe'nin oğlu *Bolatberjey*'in adı çok ilginç. Biz bunu 'Bolatberdi' olarak okumalı değil miyiz? Buz Tanrı'sının iki oğlundan birinin adı *Kar*.[311] Bu kelimelerin Osetçede ne işi olabilir?

Osetler Nartların sahibi değil, paylaşanlardan sadece biridir. Bunlar Kafkasların ortak malıdır ve Çerkez kavimleri ile başta Karaçay-Balkarlar ve Çeçenler olarak tüm dağlılarca bilinirler. Osetler bu hikâyelerin kaynağı değil, belki en son duyanlardır çünkü Kafkaslara sonradan gelmişlerdir. Demirci Debet'in Hz. Davut'u anlattığı, Nart kelimesinin Nemrut'tan türediği yorumları çok yapılır ama unutulmaması gereken önemli bir nokta

---

[309] Littleton sonraki bir makalesinde kâse ve kazan konusuna daha fazla eğilmiştir: "The Holy Grail, the Cauldron of Annwn and the Nartyamonga".
[310] Dumézil, *Kafkas Halkları Mitolojisi*, s.72-73.
[311] Aksamaz, *Kuzey Kafkasya Mitolojisi*, s.76, 79.

var: Altay Dağları ve Sibirya bölgesinde yaşayan Hakas, Şor ve Sagay Türklerinde de destanlara *Nart Pak* denir.[312]

Elbette Nart anlatılarının tek kaynağı olmaları söz konusu değildir ama bütün Kafkasların en ortasındaki topluluk olarak Karaçay-Balkar Türklerinin bozkır dünyası ile Kafkas kültürü arasındaki en önemli bağlantıyı sağladıklarını göz önünde tutmalıyız. İlerleyen sayfalarda geçeceği üzere, Sarmat kültür çevresinin önemli halklarından biri olan Aslar muhtemelen Karaçay-Balkar Türklerinin etnik oluşumuna önemli katkı yapan topluluklardan biriydi. Dolayısıyla mesele, İngiltere'deki efsane ile Nartları kıyaslamak olunca bunun her iki ucunun da Türklerde olduğunu düşünmek gerekiyor.

Hatta belki de bir Karaçay-Balkar Nart'ında sihirli kılıcın yapılış hikâyesine sahibiz. Nartlar azılı düşmanları *Emegen*lerle savaşlarında çok güçlü ve sihirli bir kılıca ihtiyaç duyarlar ve Demirci Debet'e giderek ricacı olup yaptırırlar. Öyle bir kılıçtır ki dağın zirvesini bile kesip atmaktadır.[313]

Madem kelime ve isimlere köken bulmak için kapılar açıldı, henüz anlamı için anlamlı bir karşılık bulunamayan Arthur ismi için eski dönemlerin yaygın Türkçe ismi *Ärtur*'u 'Er Dur' göremez miyiz? Bu, bizdeki soyadlarında kullanılan *Erkal* ve *Erduran* cinsi bir kelimedir.

Desteklediğimiz veya önerdiğimiz bu köken açıklamalarında bize yanılmadığımız konusunda güven veren iki husus var: Bizzat İngiliz dili ve bizzat Sarmat halkı. İngiliz dilinin eski tabakasından kalma bir kısım kelime var ki kökenleri bilinmiyor. Binlerce dil bilimci nesiller boyu çalışıyor ama bunların nereden geldiğini açıklayamıyor veya tartışmalar sürüyor.

---

312 Tavkul, *Karaçay-Malkar Destanları*, s.12.
313 Tavkul, *Karaçay-Malkar Destanları*, s.31.

Big 'büyük' bunlardan birisi (krş. Eski Türkçe *bög* 'büyük'). *Body* 'vücut' bunlardan birisi (krş. Eski Türkçe *bod* 'boy, vücut'). *True* 'doğru' bunlardan birisi (krş. Eski Türkçe *tovrı* 'doğru'). Biraz daha örnek: *Tell* 'demek, söylemek' (krş. Eski Türkçe *ti* 'demek', *til* 'dil'); *bug* 'böcek' (krş. Eski Türkçe *bög* 'böcek'); *keep* 'tutmak' (krş. *kap*); *kid* 'delikanlı, oğlan' (krş. *gidi* 'genç keçi');[314] *kin* 'akraba' (krş. Eski Türkçe *kuni* 'aile, ırk'); *ache* 'acı'; *age* 'yaş, çağ' (krş. *acar* 'genç'); *tuck* 'tıkamak'; *teeth* 'diş'; *wall* 'duvar' (krş. Eski Türkçe *bal* 'kerpiç, duvar'); *neck* 'boyun' (krş. *yaka*); *dark* 'karanlık' (krş. *yaruk* < **daruk* 'aydınlık');[315] *say* 'söylemek' (krş. *söyle-, say-*);[316] *ell* 'dirsek' (krş. *el*); *sink* 'batmak' (krş. Eski Türkçe *sing* 'batmak', bugün *sinmek*); *chicken* 'piliç' (krş. Çuvaş *çïh* 'tavuk'); *bush* 'çalı, bük'; *tie* 'bağlamak' (krş. Eski Türkçe *tüg* 'düğüm'), *touch* 'dokunmak', *bud* 'tomurcuk, sürgün' (krş. *budak*) gibi.[317] Bunlardan bir kısmı yukarıdaki Hint-Avrupa ile Türkçe kıyaslarında da geçmişti.

Çuvaşçada 'yapmak' etmek' manasında *tu-* fiili var. Fedotov'un köken sözlüğünde bu kelime diğer Türk lehçelerindeki *doğmak* an-

---

[314] Burada anlam ilgisine itiraz edilmemeli. Türkçede *oğlan* ve *oğlak* kelimelerinin gösterdiği gibi, bu ilgi mevcut. Hatta sevimli oğlan çocuğuna Anadolu'da *çebiş* denir. Macarca *kebel* 'koyun' kelimesinin Türkçe *göbel* 'oğlan' ile ilişkisi de bu minvalde olmalıdır.

[315] Böyle zıt anlam geçişleri çok görülür. Bizzat İngilizcenin içinde *bad* 'kötü' ve *better* 'daha iyi' örneğindeki gibi. Bu İngilizce kelimelerle kökteş olan Farsça *beter*i biz 'kötü' manasında kullanıyoruz. Yine Farsça *piş* 'ön' iken, biz *peş* 'arka' hâline getirmişiz.

[316] (Sayı) saymak ve söylemek fiilleri anlamca ilişkilidir. Örn. Fransızca *conter* 'saymak', *raconter* 'söylemek', Almanca *zählen* 'saymak', *erzählen* 'anlatmak'. Biz de bir şeyi anlatırken 'sayıp dökeriz'.

[317] Bu kelimelerden bir kısmı diğer bazı German dillerinde de var ama Hint-Avrupa kökler tamamen muhayyilede yapılıyor. Bu konudaki araştırmaların bir kısmını 2006 ve 2007 yıllarında *Baykara* dergisinde "Anglo-Turkica" dizisi olarak yayınladık ama bir daha dönmeye fırsat olmadı. Örneklerin sanılanın çok üzerinde olduğuna inanıyoruz.

lamı veren biçimlerle ve hatta yumurta ile ilişkilendirilmiş.[318] Ama bu anlam ilişkisini ben anlayamadım. Doğmak ayrı, başlı başına bir iştir. Üstelik biraz edilgen bir fiildir. Ama yapmak, etmek doğrudan öznenin elinde olan fiillerdir. Bu kelime okuyucuya hemen İngilizce *do* 'yapmak' fiilini çağrıştırmıştır.

Bunların çoğu 'derin' dile ait kelimeler. Ödünçlemeyle açıklanacak cinsten değiller ve zaten ödünçlemeyi açıklayacak başka bir tarihî ortam bilinmiyor. Almanların en doğudaki kollarından olan Saksonların eski çağın sonlarında çeşitli Türk kavimleriyle temasa girip bu kelimelerden bazılarını aldıkları, bazılarının tesadüfi, bazılarının Yafesî vs. olduğu söylenebilir. Aynı şekilde, 14. bölümde anlatacağımız Türkistan'dan İskandinavya'ya göçen Asların ortak German dilindeki verintileri de göz önüne alınmalıdır. Ama bu konuda Ada'da varlıklarını uzunca bir süre devam ettiren Yazığlara önemli bir yer ayırmalıyız. 5.500 kişi o döneme göre az bir insan kalabalığı değildir.

Bu kelimelerden bazılarının Macarcada da olması dikkat çekmiştir. *Bug* kelimesi ilginç şekilde Ada dışında bulunmuyor. Sadece Türkçe ve Macarca (*bogár*), anlam türevleriyle de Rusça ve Moğolcada var. *Keep* fiili Macar *kap* 'almak' ile, *tuck* fiili *dug* ve *wall* kelimesi *fal* 'duvar' ile neredeyse aynı. Bir de -bildiğimiz kadarıyla- Türkçe ile paylaşılmayan kelimeler var. İngilizce *too* 'çok fazla' Macarca *tó* 'fazla' ile neredeyse aynı telaffuzda. Tıpkı İng. *sew* 'dikmek' ile Macarca *sző* 'dokumak' kelimelerinin telaffuz ve anlam benzerliği gibi (gerçi bu Macarca kelime bir Slavca alıntı olabilir). Yine Macar *haj* 'saç' kelimesi İngiliz *hair* 'saç' ile benzeşiyor. *Neck* 'boyun' kelimesi Macarca ile neredeyse aynıdır: *Nyák* (Bu son ikisi diğer German dillerinde de var). İng. *tall* 'yüksek, uzun' ile Macarca *távol* 'uzun' da aynı şekilde benzeşir.

İngilizcedeki bu Türkçe ve Macarca veya Türkçe-Macarca kelimelerin izahı lazım. Yukarıda Latince-Türkçe bağlantısından

---

[318] Fedotov, *Etimologiçeskiy slovar' Çuvaşskoğo yazıka -II-*, s.240-241.

bahsederken, zamanında toprağı bol olası Décsy'nin bize öğütlediği gibi tesadüf nazarıyla bakmayı önermiştik ama hepsine birden de öyle bakılmıyor. Nihayet Etrüsk bağlantısına değinmek gerekiyor. Burada da bir bağlantıdan bahsetmek gerekmez mi? Hele böyle dipten gelen kelimeler söz konusu olunca.

Bunlar bir şeylerin izi. Wadge, Arthur efsanesindeki Sarmat bağlantısını reddederken, şimdiki Ribchester yakınlarındaki birliğe 500 kişinin yerleşeceğini, kalan 5.000 Sarmat askerinin iz bırakmadan nereye gittiği üzerinde düşünülmesi gerektiğini belirtir.[319] İşte izler burada duruyor. Ada'ya çıkan Yazığ savaşçılar Kelt (Briton) değil de German (Angle, Sakson ve Jüt) kabilelerle hemhâl olsalardı belki izlerini ve miraslarını daha fazla görecektik.

Türkçenin izindeyken burada da karşımıza Macarcanın çıkışı tesadüf olabilir mi? Konu Sarmatlar olunca öyle gözükmüyor. Böylece ikinci hususa geldik. Bu halkın ana yurdunu Herodotos Azak Denizi'nin kuzeydoğu ucundan 15 gün ötede olarak verir.[320] Bu bizi Don kıyıları boyunca dosdoğru giderek Orta İdil boylarına, oradan da biraz doğuya taşıyacaktır. Saka gücü çökmeye başladıktan sonra anlaşılan Sarmatlar zinde güç olarak bozkıra inmişler, 1500 yıl kadar sonra Kıpçakların aynı bölgeden yapacakları şeyin aynısını yapmışlardır. Civardaki değişik kökenden (Türk, Fin, İranî, Slav vs.) kabilelere hâkimiyetlerini yaymışlar, sonuçta herkes kendi kabile yapısını korumakla birlikte Sarmat adı çevre kavimler nezdinde bir üst kimlik hâline gelmiştir. Eski kaynaklar gerçek Sarmatlarla siyasi Sarmatları ayırmak için birincilere Kralî Sarmat demişlerdir ki boy birliğinin idaresinin onlarda olduğunu gösterir. Zaten Kralî Sarmatlar dışında diğer tüm kabilelerin kendi özel isimleri vardır.[321]

---

[319] Wadge, "King Arthur: A British or Sarmatian Tradition?", s.211

[320] Herodotos, *Herodot Tarihi*, IV/21.

[321] Durmuş, *Sarmatlar*, s.39.

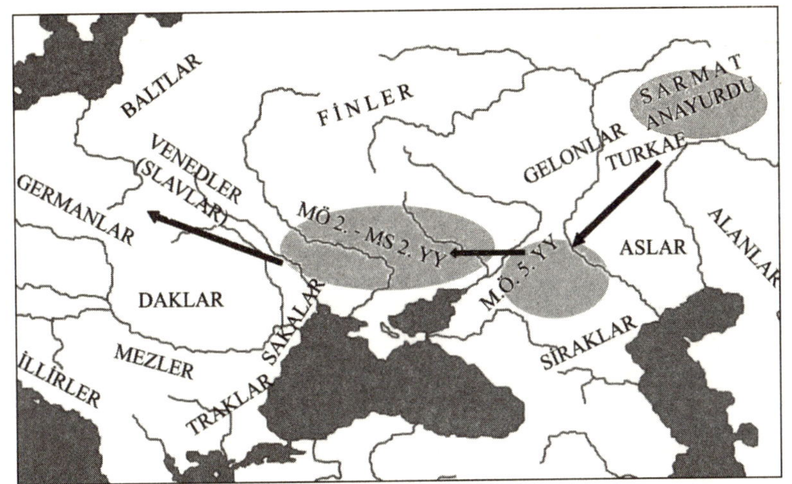

Harita 7. Sarmatların dünyası (MÖ 5. - MS 2. yy.).

Maalesef eski çağ çalışan bilim insanları bozkır sosyolojisinden habersizler ve belli bir bölgeyi belli bir etnik isim kapladığında, oradaki herkesin aynı soydan kimseler olduğunu düşünüyorlar. Hâlbuki bozkırda fethedilen boyların siyaseten üst kimlik olarak fatihlerin adını alması gerçeği vardır. Nasıl uçsuz bucaksız Göktürk mülkündeki herkes Türk budundan değilse, nasıl Cengiz'in Polonya sınırlarından Kore'ye uzanan Moğol İmparatorluğu hudutları içinde sırf Moğolların yaşadığı bir yapılanma değilse, hatta nasıl Kıpçak üst kimliği bütün Güney Sibirya kuşağını kapladığı ve oradan dünyaya yayıldığı hâlde gerçek Kıpçaklar küçük bir Türk boyu ise eski çağlarda da durum böyledir. Ne Saka devletinin uzandığı her yerde Sakalar yaşıyordu ne de şimdiki Başkırdistan arazisinden Karpatlara kadar uzanan sahada sadece Sarmat adını taşıyan veya Sarmat soyundan gelen kimseler vardı.

Herodotos döneminde Sarmatlar Don Nehri'nin doğusuna, Sakalar ise batısına hâkimlerdi. MÖ 2. yy.da Saka gücü tamamen çökerek Dobruca'ya sıkıştı ve Sarmat birliği içindeki halklar Macar ovasına kadar yayıldılar. İşte bu birliğin üyesi olan ve isimlerini sonraki çağlarda Güney Sibirya'dan gelen Türk boylarından biri olarak takip ettiğimiz Yazığlar bu çerçevede Roma ile sınırdaş oldu ve çatışmaya girdiler. Sarmat iktidarı MS 2. yy.da İsveç'ten Gotların gelmesiyle son buldu; Sarmat kalıntıları Karpat bölgesine itildiler ve aşağıda geçeceği gibi, büyük ihtimalle Slavlaştılar.

Sarmatların dili hakkında açıklamak için kırk takla atılan özel isimler dışında bir şey bilmiyoruz. Oğuz boylarından çoğunun açıklamasını yapamadığımız gerçeğini burada bir kıyas olarak sunmak istiyorum. Erken Macar isimlerinin de bir kısmını Macarca veya Türkçe ile açıklamak hayli zor. Açıklananlardan örneğin *Géza* ismi bizim Yabgu unvanının küçültülmüşünün Macarca söylenişi olarak kabul ediliyor: *Yabguca* > *Geuça*.[322]

Bu hayatın bir gerçeği. Dildeki kelimelerin bir kısmı sürekli ölüyor ve yerlerini yenileri alıyor. Fakat özel isimler kelime anlamı unutulduktan sonra da yaşayabiliyorlar. Herodotos Sarmatların dili hakkında çok önemli bir bilgi verir: Saka dilini bozuk bir şekilde konuşurlar.[323] Bir dil bozuk konuşulmaz elbette, bunun açıklaması Sarmatların Saka dilinin bir lehçesini konuştuklarıdır. Dolayısıyla Saka diliyle ilgili bütün veriyi bunlara uygulayabiliriz.

Sarmatların yurdunun Orta İdil'in doğusunda verildiğini söylemiştik. Burası Macarların çıkageldikleri bölgedir ve yurt tutan Macarların boylarından birinin adı *Gyarmatu*'dur.[324] Bu boyun ismi günümüzdeki Başkırt boylarından Yurmatılarla ilişkilendi-

---

[322] Róna-Tas, *Hungarians and Europe in the Early Middle Ages*, s.277. Németh, *A Honfoglaló Magyarság Kialakulása*, s.292, bunda Türkçe *yiğ* 'ileri gelen' kökünü görür.

[323] Herodotos, *Herodot Tarihi*, VI/117.

[324] Constantine Porphyrogenitus, *De Administrando Imperio*, s.175.

rilir.[325] Ses denkliği olarak bu doğrudur, zira Genel Türkçe bir kelime *y-* ile başlıyorsa, Macarca dengi genellikle *gy-* ile başlayacaktır.

Sarmat kelimesinin geri kalan harflerini nazara alarak bu denkliği ona da uygulayamaz mıyız? Aksi için hiçbir neden yok çünkü şimdi *y-* ile başlayan kelimelerimizin bir kısmı eskiçağda *s-* ile başlıyordu. Çuvaşça ve Yakutça/Sahaca bu özelliği korumuştur. Eski çağda Türkçeden Farsçaya geçen *yıl* kelimesi bu dilde *sal* olarak kalmıştır. Osmanlı Dönemi'nde kullanılan *salname* 'yıllık' tabirinde bu kelime karşımıza çıkıyor. Demek ki eski biçimi olan *sıl/sal* ile geçmiş ve öylece kalmıştır. Konuya bu şekilde bakmayan, Macarca ile Çuvaşça ve Ortak Türkçenin kıyasıyla hüküm yürüten Sinor, Çuvaşçada yaşayan *ś-*'nin Ortak Türk *y-*'den önce ve eski olduğunu söylüyor.[326]

Dolayısıyla Türkçe *Yurmatı* ve Macarca *Gyarmatu* kelimeleri, anlaşılan daha öncesinde *Sarmat* benzeri bir telaffuza sahipti. Başkırtlar eskiden beri yurtları olan Başkırdistan'da yaşadığına ve Sarmat ve Macarlar oradan çıktıklarına göre önümüzde hangi soru ve sorun kalıyor? Buradaki Türk asıllı veya Türkler ile Macarların ortak atalarından olan Sarmat halkı tarihte iki çıkış yapmış ama tüm hicret örneklerinde olduğu gibi geride bakiyelerini bırakmıştır.

Sorun Sarmatların kimliğiyle ilgili ön kabul olarak gözüküyor. Bu denkliği ilk biz keşfetmedik. Toprağı bol olası Mandoky-Kongur bunu gördü ama kalabalığın söyleyişine uyarak, Sarmatları İranî bir halk görüp kelimeyi onlara bağladı. Berta ise bu bağlantıyı şiddetle reddeder.[327] Bunu söylemeden önce Sarmatların İranîliğini ispatlamak ve gözle görmek gerekmez mi? Herkes öyle diyor diye öyle mi olacak?

---

[325] Németh, *A Honfoglaló Magyarság Kialakulása*, s.309.

[326] Sinor, "Two Altaic Verbs", s.328-329.

[327] Berta, *Türkçe Kökenli Macar Kavim Adları*, s.58.

Tarihî gerçekler, belgeler tüm aydınlığıyla ortada olduğu hâlde bugün neredeyse herkes Türklerin Ermenilere soykırım yaptığını söylemiyor mu? Hâlbuki öldürülen 600.000 kişi Müslüman'dı; soykırım Müslümanlara, bilhassa Türklere yapıldı. Ölen 110.000 Ermeni ise Suriye'ye göçerken bilhassa Kürt çetecilerin saldırıları sonucu telef oldu. Şimdi herkes öyle diyor diye tarihte Ermenilere soykırım yaptığımız mı yazılacak?

BÖLÜM 13

DOBROWSKİ'NİN HİKÂYESİ

Derksen adlı dil bilimci 2008 yılında Slav dillerinin 'Hint-Avrupa' atalardan miras alınmış en eski ortak hâlini temsil ettiğine inanılan kelimelerin köken sözlüğünü yayınladı. Kitabın kısaltmalar bölümünde Tr. gibi bir şey yok. Yani Slav dillerinin eski dönemlerde çok dolaylı yollarla da olsa Türkçe ile hiçbir temasının olmadığına baştan karar verilmiş. Gerçekten de Slav dillerinde yaygın bulunan pek çok kelime ayıklanarak adına uygun bir sözlük oluşturulmuş. Lakin sözlükteki şu kelimeler bizim gözümüze takıldı (Okunuşlar Türkçedeki gibidir):

Bogat' 'zengin, bay', *bole* 'daha çok' (krş. *bol*), *da* 'çünkü, rağmen' (krş. *de/da* 'ama'), *delto* 'keski, delgi', *d'l* 'oymak, yarmak' (krş. *del*), *ded* 'dede', *del* 'kısım, bölüm' ve bundan *deli* 'bölmek' (krş. *dilmek*), *de* 'demek, söylemek', *dobro* 'iyi' (krş. *doğru* < *tovrı*), *duh* 'nefes, ruh' (krş. *döş*), *duşa* 'nefes, can' (krş. *döş*), *d'n* 'gün' (krş. *tün* 'gece'), *d'rv'na* 'tarla' (krş. *tarı-* 'ekmek, yetiştirmek'), *dira* 'kırık, delik' (krş. *tar* 'dağıtmak, bozmak, kırmak'; bugünkü Türkçemizde *darmadağın* kelimesinin ilk kısmında yaşar), *elen'* 'geyik' (krş. *elik* 'erkek geyik'), *er, era* 'bahar' (krş. *yaz* < *yar*), *e- (ye-)* 'yemek', *eto* 'sürü, davar' (krş. *ed* 'mal, mülk'), *ez, ej* 'eşik', *ezva (yazva)* 'yara', *gaba* 'kapmak, zorla almak', *gaz-* 'ezmek, yıkmak', *god* 'zaman' (krş. *öd* 'zaman'), *gore-* 'yakmak' (krş. *kor*), *gor-* 'or, yüksek', *grdlo* 'gırtlak', *khorni-* 'korumak', *kaya-* 'pişman olmak' (krş. *kaygı*), *kog'da* 'ne zaman' (krş. *kanda*), *kon'* 'at', *kon'* 'son', *kop'ye* 'mızrak' (krş. Eksi Türk *küpe* 'silah'), *kor'*, *kori-* 'serzeniş, sitem etmek, azarlamak' (krş. *kargımak* 'lanetlemek, kınamak'), *kort'* 'zaman, kere' (krş. *kor* 'zaman', *kere*; Macar *szor* 'sıra, kere'), *kosa* 'saç' (krş. *köse*), *koza* 'keçi' (krş. *kuzu*), *koda* 'nerede' (krş. *kayda*), *kudo, çudo* 'mucize, mucizevi' (krş. *kut*), *ka* '-e doğru' (*-e/-a* < *-ke/-ka*, *Türk budun Tabgaçka körür erti* "Türk budun Tabgaç'a tabi idi"), *mene* 'bana', *oko* 'göz' (krş. *okumak*), *on* 'o', *ora-* 'ekin ekmek' (krş. *or-* ekin biçmek), *pal-* 'yanmak' (krş. *balkır* 'ışımak'), *paok* 'örümcek' (krş. *bög* 'örümcek, böcek'), *pol* 'yarım' (krş. *bölmek*), *s'la-* 'göndermek' (krş. *salmak*), *tat* 'hırsız' (krş. *tat* 'yabancı'), *te-* 'dövmek', *tep-* 'dövmek', *teg-* 'çekmek', *tog'* 'tok, sıkı, sert', *tvori-* 'yapmak, yaratmak' (krş. *türemek*), *uçi-* 'öğretmek' (krş. *ög* 'akıl'), *velik'* 'büyük' (krş. *uluğ*), *vet'ikh* 'eski, geçmiş' (krş. *öt* 'geçmek'), *jar* 'parlamak, ısınmak' (krş. *yaru* 'parlamak'), *jeg* 'yakmak', *jela* 'istek' (krş. *yalvarmak*).

Belirttiğimiz gibi bu kelimeler Türkçe veya başka bir Slavdışı dilden alıntı olması düşünülmeyen, ata Slavların dilinde bulunduğu varsayılan kelimelerden oluşan bir köken sözlüğünden alınmıştır. Yani henüz Türkçe ile Slav dillerinin ilişkisi başlamamıştır. Zira başladığında karşımıza inanılmaz bir tablo çıkıyor. Macarcada 450 kadar Türkçe kelime olduğunu söyleyenler, Sırpçada bunun 10 katından fazlasını telaffuz ediyorlar. Rusçadaki Türkçe kelimelerin 1700'e kadar çıktığını söyleyenler var. Muhtelif Slav dillerindeki Türkçe kelimelerin ya sözlüğü yapılmış ya da daha az olanlar makalelerde ele alınmıştır. Ama bunların tamamına yakını açık şekilde son bin yılı, yani Kuman-Tatar-Osmanlı çağını ilgilendirmektedir.

Biz ise köklere gitmekteyiz. Daha eskilere bakmak lazım. Derksen'in sözlüğünde yer almayıp, Türkçe olduğu açık ve çeşitli Slav dillerinde yaygın olan pek çok kelime vardır. *Tılmaç* 'çevirmen, dilmaç' bunlardan biri; *barak* 'kıllı köpek' bunlardan biri; *baran* bunlardan biri, *bik* 'boğa' bunlardan biri.

Bir başka husus, Macarcadaki Slavca asıllı olduğu söylenen kelimelerin bu gözle yeniden ele alınmasının gerekliliği. Bunu yaptığımızda karşımıza şimdiki listeler yerine aynen İngilizcedeki gibi Türkçenin ve Macarcanın hem ayrı ayrı hem de paylaştığı kelimelerin listesi çıkabilir.

Bildiğimiz tarihî dönemde Hunların Slavlar üzerinde egemenliği söz konusu ama hem oldukça kısa (50 yıl?) hem de uzaktan olmuştur. Yani etnik olarak Hunlar ve Slavlar çok iç içe yaşamamışlar, devlet yıkıldıktan sonra da Hunların büyük bir kısmı doğuya geri çekilmiştir. Bu yüzden Türkçe-Slavca dil ilişkilerinde onlara çok fazla yer vermek zor gözüküyor. Hunların yakın etnik ilgisi ve ortak yaşamı German kabileleriyle olmuştur.

Avarlar ise 562'de Orta Avrupa'yı ele geçirerek 790'lara kadar neredeyse iki buçuk asır Slavlara egemen olmuşlar, Slavlarla iç içe yaşamışlardır. Bu uzun dönemde özellikle *ban, jupan ve yuğruş* gibi idarecilikle ilgili tabirlerin çevredeki Slavların diline geçtiği ve kademe kademe yayıldığı biliniyor. Fakat Avar diliyle ilgili malzeme bulunmadığından, elimizdeki Türkçe unsurların hangilerini onlara vereceğimize kesin karar veremeyiz.

Bildiğimiz kelimelerden Avar çağı ödünçlemesinin doğası hakkında fikir edinmek mümkündür. Mesela *jupan* kelimesi çeşitli telaffuz farklarıyla Güney Slavları ve Slovaklarda bölgesel yöneticiyi ifade ederken Orta Çağın sonlarında Lehistan, Rusya ve Prusya gibi yerlerde belirmeye başladı ve yargıç, beyefendi, soylu gibi anlamlar taşıdı.[328] Bu durum kelimenin Orta Avrupa'dan yavaş yavaş yayıldığını ve gittikçe anlam değiştirdiğini göstermektedir.

Aynısını yukarıda değindiğimiz *ban* kelimesinde de görmekteyiz. Bosna ve Hırvatistan'da bu kelime genişçe bir bölgenin

[328] Brückner, *Słovnik Etymologiczny Języka Polskiego*, s.667-668; Fasmer, *Etimologiçeskiy Slovar' Russkogo Yazıka II*, s.65-66. Genel olarak *jupan* kelimesi ve kurumu "Avar Kültür Çevresindeki 'Jupan' Sanı Hakkında" başlıklı bildirimizde çalışılmıştır.

yöneticisi anlamına gelirken Lehistan'da *pan* biçimiyle 'bey, bay' anlamını kazanmaktadır. Demek ki kelimenin Lehlere ulaşması vasıtalı ve uzun bir aradan sonra olmuştur.

Bunu anlamak çok kolay. Avar iktidarı Karpatların kuzeyine, sonraki Leh ve Rusların atalarının yaşadığı bölgelere ulaşamadı. Galiçya'daki Ak Oğur/Hırvatların temsil ettiği direniş aynı zamanda kültürel etkiye set oldu ve o zamanlar doğrudan Avarların idaresinde bulunan Slovaklar ile Güney Slavlarının atalarının dillerine geçen kelimeler kuzeye ilerlemek için bir süre beklemek zorunda kaldılar.

Yukarıdaki birinci dereceden kelimelerde bu özellik gözükmüyor. Yani tek bir kaynaktan fazla anlam kayması yaşamadan gelmişler. Daha doğrusu ileride yapılacak ayrıntılı bir çalışma bize bu konuda fikir verebilir. Ama yukarıdaki kelimelerin ayrışmadığı, tek bir noktaya gittikleri açık ki bu yüzden Derksen'in sözlüğüne alınmışlar.

O zaman tek bir söz kalıyor: Eğer bunların az veya çok bir kısmı Türkçeden geçti ise bu Avarlardan önceki bir zamana, Slavların toplu hâlde yaşayıp daha dağılmadıkları günlere ait bir hadise olmalıdır. Buna uygun zamanın Hun çağı olmasının zorluğunu belirtmiştik. Daha geriye gideceğiz. Turan bozkırlarından gelip zamanla Karpatların kuzeyinde yerlilere karışıp yok olan kavim olarak Sarmatları bildiğimizden (Orta Çağ'da ve Yeni Çağ'da Lehler atalarının Sarmat olduğunu sanırlardı) bu kelimelerin ekser kısmı onlardan alınmış olmalıdır.

Yukarıda Dnyeper Nehri'nin Türkçe ismi olan Var'ın 2500 yıl öncesine giden kaydının olduğunu, Bug'dan itibaren tüm ırmakların Türkçe adlarının bulunduğunu söylemiştik. Bu durum bölgede Sarmat öncesine giden bir Türk varlığına, muhtemelen doğrudan Sakalara gider. Ve bu bölgeler Slav ana yurdunun bitişiğidir.

Yani adını Sarmat veya Saka koyalım, milat öncesinde ve sıralarında Slavların atalarının yaşadığı bölgede, Karpatların kuzey ve kuzeydoğusundaki sahada dahi etkin bir Türk varlığı bulunuyordu. Yukarıda Doğu Avrupa'daki erken Türk varlığına daha ayrıntılı değinmiştik. Bu bölüm de onun destekçisi olsun.

Esasında Eski Dünya'nın her köşesine ulaşan Türk göçlerinin çok da uzakta ve ücra yerde olmayan Karpat kuzeyine, hatta Baltık sahillerine ve İskandinavya'ya ulaşmasını ihtimal dışı tutmak için bir sebep bulunmuyor. Altınorda zamanında çok sayıda Tatar Litvanya Prensliğine iltica etmiştir ve bugün onların torunları Finlandiya, Litvanya ve Polonya'da hâlâ yaşıyorlar. Elbette eski dönemlerde de benzer göçler olmuştur. Zira eski kaynaklar bunun örneklerini veriyor.

BÖLÜM 14

VİKİNG BOYNUZLARI

Bugün Vikinglerin veya Normanların (kuzey adamları) torunu olarak sınıfladığımız kuzeydeki dört halk olan İsveçliler, Norveçliler, Danimarkalılar ve İzlandalılar German kavimlerindendir, yani köken olarak Almanlar ve İngilizlerle aynı kaynaktan gelirler. Dilleri de birbirine çok yakındır.

Bu kuzey adamlarının yüzyıllar boyu sözlü anlatılan kahramanlık hikâyeleri 12. yy.dan itibaren yazıya geçirildi. Bu destanlara *saga* diyoruz. Sayıları 40'tan fazladır. Sagaların başlangıç kısımları beklediğimiz gibi daha çok destani ve hatta efsanevidir; sayfalar ilerledikçe tarihîlik öne çıkar. Bu arada Türk kültüründe ölenlerin ardından yakılan ağıtlarda söylenen sözlere verdiğimiz *sagu* isminin buna benzerliği dikkat çekicidir ancak İngilizce *say* 'söylemek' fiilinin de kökünde bulunan Ana German **saʒō(n)* kökünden gelir.[329]

En önemli ve ünlü saga, 1230 yılında İzlanda'da Snurri Sturrluson adlı bir rahipçe yazıya geçirilen, şimdiki adıyla *Heimskringla* olarak bilinen bir metindir. Bunun başlangıç kısımları Norveç hanedanı Ynglinga'nın köklerini anlatır. Sturrluson aynı şeyden o tarihten on yıl kadar önce yazdığı *Prose Edda* diye bilinen manzum eserinde de bahseder.

Kuzeyin kurucu atası, büyük kahramanı Odin'dir. Savaşçı bir kral olmakla birlikte, sonradan tanrılaştırılmıştır. Sagaların

---

[329] Orel, *A Handbook of Germanic Etymology*, s.311.

büyük bir kısmı Odin'den bahseder. Bu adam halkıyla birlikte 'Türk ülkesinden' (Turkland) gelen bir önderdir. İnsan olarak gözüktüğü yerlerde de yiğitliğinin yanında büyü gücüyle karşımıza çıkar. Bu yüzden büyünün ifadesi olarak görülen Runik yazının mucidi olarak anlatılır. Zira 'run' kelimesi sihir demektir.[330]

Runik yazı Türklerin ve akraba toplulukların kullandığı oyma yazıyla aynıdır. Elbette farklı işaretler bulunur ve aynı işaretler bazen farklı seslerle okunur. Bunu doğal karşılamak gerekir çünkü bugün, örneğin çok yakın olan Çeklerle Lehlerin kullandığı Latin abecelerinde bile birbirinden farklı harfler vardır ve bazı harfler birbirinden farklı okunur.

İskandinav ve Turan yazılarının benzer ve muhtemelen aynı oluşunun tarihî sebeplerini sagalardan takip etmek mümkündür.[331] *Prose Edda* Odin'in halkı olan Aslardan ve yurtlarından bahseder: "*Don Nehri'nin doğusundaki memlekete Asaland veya Asaheim* (As ülkesi veya yurdu) *denir ve bu memleketin başşehrini Ásgard* (Askent) *adlarlar.*"

İster geleneklerdeki bilgiyi aktarsın isterse eski çağ Latin ve Yunan yazarlarını okumuş olsun, Sturrluson'un verdiği bu bilgi tarihî bir gerçekliktir ve zaman tespitinde de işimize yarar. Zira As halkının tarihini diğer kaynaklardan takip edebilmekteyiz. Bunlar Sarmat çağında (MÖ 2-MS 2. yy.) Orta Asya'nın batısında yaşamış, yavaş yavaş Hazar'ın üzerinden batıya doğru

---

[330] Looijenga, *Texts and Contexts of the Oldest Runic Inscriptions*, s.80; Daly, *Norse Mithology A to Z*, 2004, s.78.

[331] *Heimskringla* metinleri Laing (London – New York 1961: 7-11) ve Hollander'den (Austin 2002: 6-10) karşılaştırmalı olarak yapılmış, *Prose Edda* metinleri ise Lagerbring'in kitabının çevirisinden (2008: 74-77) alınmıştır. *Heimskringla* daha sonra yanlış bir isimle Türkçeye çevrilmiştir. Ondan da bakılabilir: Snorri Sturluson, *Viking Mitolojisi.*

kaymış bir kavimdir. 'Asya' kelimesi onlardan gelir.[332] Yumuk Karadeniz'in doğuya bakan kafası gibi duran Azak Denizi'nin adı da onlardan gelir.[333]

Bu halkın kökleri çok tartışılmıştır[334] çünkü bir taraftan Macaristan'da ortaya çıkmış bir sözlük dillerinin İranî olduğunu gösteriyor (diyorlar... Ama ne hikmetse kendi kendilerinden Aszlar diye Türkçe çoğul ekiyle bahseden bir halk var karşımızda), dolayısıyla eski çağ ve Orta Çağ'daki Alan-As ikilemesinde onları İranî bir halk olan Alanların yanına koyuyor, bir taraftan da eski kaynaklar kimlik verirken onları Türk olarak tarif ediyor. Bugün As adını taşıyan uruklar çeşitli Türk ulusları arasında bulunuyor, daha doğrusu Orta Asya'nın her yerinde, Nogaylarda ve İdil boyunda varlar.[335] 8. yy. başında da Altay Dağlarının hemen kuzeyinde, Kırgız komşuluğunda yaşayan bir budun olarak anılırlar ve Göktürklerle savaşmışlardır.[336]

---

[332] Aslar hakkında Türkçede en geniş bilgi Czeglédy'de bulunabilir: *Turan Kavimlerinin Göçü*, s.33-66; ayrıca Golden, *Türk Halkları Tarihine Giriş*, s.61-63.

[333] Nikonov, *Kratkiy Toponimiçeskiy Slovar'*, s.17. Fasmer, *Etimologiçeskiy Slovar' Russkogo Yazıka I*, s.63, bunu Türkçe *azak* 'alçak yer' kelimesinden getirir ve Rusça *Azov* biçimini de Kırım Tatarcasından alır ama Türkçede böyle bir söyleniş bilinmediği gibi, aynı anlam çerçevesinde Genel Türkçe *Azak*'tan Kırım Tatarcası *Azov*'a bir denklik de kurulamaz.

[334] Aslar hakkında dünyadaki en yeni ve ileri çalışmayı bir Türk tarihçisi yapmıştır: Üren, *Avrasya'nın Bozkır Halkları: Alanlar ve Aslar*.

[335] Lezina, vd., *Bütün Türk Halkları*, s.114-115.

[336] Gömeç, *Kök Türk Tarihi*, s.137, 144, 158.

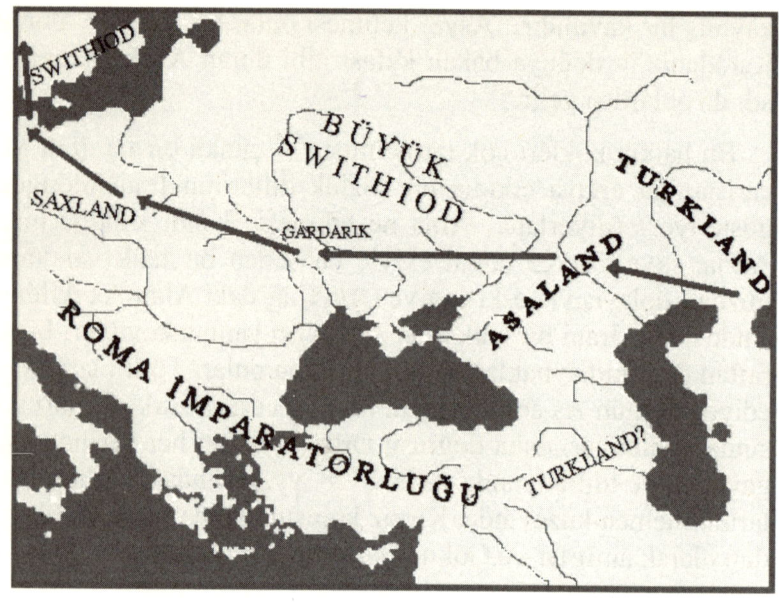

Harita 8. Odin'in Türkland'dan İskandinavya'ya göçü.

MÖ 2. yy.da Aslar önemli bir güçtü ve Strabon'a göre anlaşılan hâkim oldukları bugünkü Güney Kazakistan bölgesinden üç müttefik halk ile birlikte Özbekistan ve Kuzey Afganistan'a saldırmışlardı.[337] O zamanlar Alanların adı geçmiyor. Daha sonra bu birliğin üyesi olan Alanlar yükseliyor. Bunu 4. yy. sonunda yazan Romalı asker tarihçi Ammianus Marcellinus'un iki defa söylediği "*eskiden Massaget olan Alanlar*" ifadesinden anlıyoruz.[338] Hâlbuki Alanların var olduğu zamanda Massagetler de vardır ve diğer birçok yazarın yanında (mesela Claudianus), Marcellinus da bir yerde bunları ayrı iki halk olarak zikreder.[339] Alanların nasıl yükseldiğini ise çok açık şekilde anlatıyor. De-

---

[337] Alemany, *Sources on the Alans*, s.107; Czeglédy, *Turan Kavimlerinin Göçü*, s.36-39.
[338] Alemany, *Sources on the Alans*, s.33, 35.
[339] Alemany, *Sources on the Alans*, s.33, 45.

ğişik isimler taşıyan halklar zamanla tabi oldukları Alanların adı altında birleşiyorlar. Ortak özellikleri göçebeliktir ve yaşam ve savaş tarzlarıdır.[340]

Hazar kağanı Yusuf'un 960 yılı civarında Endülüs'e yazdığı mektup As ve Alanları ayrı olarak zikreder. Aslar, Oğuzlar ve diğer kavimlerle birlikte Hazarlara saldırdığında, Alanlar Hazarların tek müttefikleridir.[341] Bunu yine aynı dönemden kalan isimsiz *Kenize Mektubu* adlı Hazar belgesi de doğrular.[342] Onların en yakınında bulunan Hazarlar ayrı ve tastamam ilgisiz iki halktan bahsetmektedir.

Burada bozkırdaki boy birliklerinden bahsedildiğini bizzat Ptolemeus'daki Alanorsi ifadesinde görüyoruz. Bu Alan ve Aorsların birliğidir.[343] Arslar Hazar döneminde rol oynayan Harezmli bir kavimdir. Alan değillerdir.

Kafkaslardaki durum bize Alan ve Asların ayrı halklar olduğunu söylüyor. 1404 yılında Güney Azerbaycan'da Sultaniye başpiskoposu (olarak görev yapan) Johannes de Galonifontibus tarafından tutulan bir kayıtta Kafkaslardaki kavimler sayılır: "*Yunanlar, Ermeniler, Zikler, Tatlar, Volaklar, Ruslar, Çerkezler, Lekler, Aslar, Alanlar, Avarlar, Gazikumuklar ve bunların neredeyse hepsi Tatar dilini konuşur*".[344]

Doğrudan Tatar dili (bundan Kıpçak Türkçesini anlamalıyız) konuştuğunu bildiğimiz bir topluluk ilk bakışta gözükmüyor. Piskopos tüm bu halkları iyi tanıyor ve dillerinin farklı olduğunu biliyor (Kendisi bölgede konuşulan 35 dil saymış.). Burada

---

[340] Alemany, *Sources on the Alans*, s.36.
[341] Kokovtsov, Yevreysko-Xazarskaya Perepiska v X veke, s.116-117.
[342] Karatay, "Hazarların Musevileşmesine Dair Bir Belge: Genize Mektubu", 10.
[343] Alemany, *Sources on the Alans*, s.101.
[344] Tardy, "The Caucasian Peoples", s.91; Alemany, *Sources on the Alans*, s.159.

Tatarcanın bölgesel geçer dil olduğuna dair de bir ibare yok. Şu halklardan en az birinin ana dili olarak Türkçe konuşması gerekiyor. Bugün gibi o dönemde de Kafkaslarda Türkçe konuşanların varlığını iyi biliyoruz. Bunlardan biri değilse nerede bu Türkler? Öbür türlü neden adları geçmiyor?

Burada sayılanları günümüz halklarıyla eşlediğimizde As ve Alanları Oset sayarsak, onlara iki isim veriliyor, buna karşılık o dönemde de kayda değer büyüklükte olması gereken Karaçay-Balkarlar açıkta kalıyor. Piskopos neden bir aynı halkı iki isimle ansın ve öyle yapmışsa neden durumu açıklamasın? Neden bunlar aynı halkın iki ismidir diye bir kayıt düşmesin? Bu sorunu o günlerde yazan Müslüman coğrafyacı Ebu'l-Fida hallediyor. Abhazya'nın doğusunda Alanların olduğunu, onların da yanında Türklerden As adlı bir kavim olduğunu söylüyor.[345] Bunlar Karaçaylar olmalıdır. Zaten bugünkü Osetler, tıpkı diğer Kafkas halkları gibi Türk olan komşuları Karaçaylara As derler.[346] Oset kelimesini biz bütün dünyalılar Gürcüceden alıyoruz: Ovs. Bu halk kendisi iki topluluğa ayrılır: Digor ve İron.

As etnolojisi ayrı bir kitaba konu olacak kadar karışıktır ve tahlili Umut Üren'in kitabında yapılmıştır. Ama biz eski dönemlerdeki Alan-As ikilemesinin sanıldığı gibi aynı halkın ayrı iki adı değil, iki halktan oluşan bir birliğin, birlikteliğin adı olduğunu bilmeliyiz. Durumu Ammianus Marcellinus yukarıda geçtiği gibi açıklıyor. Bu, bozkırdaki etnik süreçlerin kuralıdır. Birkaç kat kimlik vardır. Üst kimlik bozkırın dışarıda tanınan en önemli ve büyük halklarının adıdır: Saka, Sarmat, Hun, Türk ve Tatar gibi. Bunun altında boy birliğinin adı vardır. Bir boy diğerleri üzerinde hâkim olunca adını da onlara yayar.[347] Bura-

---

[345] Alemany, *Sources on the Alans*, s.249.

[346] Laypanov ve Miziyev, *Türk Halklarının Kökeni*, 139; Alemany, *Sources on the Alans*, s.6.

[347] Golden, *Türk Halkları Tarihine Giriş*, s.7.

da da zaman zaman Aors, As ve Alan gibi isimlerin öne çıktığını görüyoruz.

En son ve iyi bildiğimiz dönemde de Marcellinus'un özetlediği üzere, Alanlar çeşitli boyların üzerinde hâkim durumdaydılar. Hunlar 4. yy.ın ikinci yarısında batıya doğru hareketlendiklerinde kademe kademe Alan varlığını sona erdirmişler, bir kısmını Kafkaslara sürerken bir kısmını da Batı Avrupa'ya yollamışlardır.

İskandinav sagalarında kabilenin *As*, üst kimliğin ise *Turk* olarak geçmesi her şeyi açıkça söylemekle birlikte (*Hervarar* ve *Bosa* sagası gibi anlatıda eski döneme uzanan hemen tüm sagalarda eski ulus olarak *Turk* kelimesi geçer[348]), öyle bir kültürel öge vardır ki Türklerden başka hiçbir ulusça paylaşılmaz. Hükümdar sülalesi kut sahibi olduğu için hükmetme hakkına sahiptir ama bunun bedeli olarak da ülkede işler iyi gitmediğinde hükümdarın kutunun gittiğine inanılır ve öldürülür.[349] Bunun aynısını Sturrluson'un *Heimskringla*'sında görmekteyiz.[350]

Vikinglerdeki As konusuna dönersek, güncel durumu çok iyi bildiklerini düşündüğümüz Vikinglerin bir kaynağının bu şekilde hayli eski ama tastamam doğru bir bilgiye sahip olması, sadece eski Yunan ve Latin yeryazım bilgisine vakıf olmalarıyla açıklanamaz. Bu köklü bir geleneğe, eskilerden gelen bir söylenceye işaret ediyor ve başka bir kavmin değil, hâkimiyet alanları nispeten dar olan ve kısa süren As kavminin adını veriyor. Batı bozkırlarında Asların adını taşıyan bir kent, hatta onlarla özdeşleşmiş bir kent bilmesek de sonraki zamanda derlenen anlatılarda onlara kendi adlarını taşıyan bir şehrin atfedilmesini tabii karşılamalıyız.

---

[348] Gürgün, *İsveçlilerin Türk Kökenleri Üzerine*, s.89-90.

[349] Kafesoğlu, *Türk Milli Kültürü*, s.248-251.

[350] Gürgün, *İsveçlilerin Türk Kökenleri Üzerine*, s.148.

Eğer Sturrluson manastırda eski Yunan ve Latin kitaplarını okuyarak kendi halkının eski tarihini yazmaya çalıştıysa Asları seçmesi tuhaf olacaktır. Çünkü okumuş olabileceği kaynaklar Asların varlığından başka bir şeyden bahsetmez. Belki Strabon'dan onların Soğdiyana'ya saldırılarını okumuştur ama Hazar'ın kuzeyindeki hilalde As tarihini doğrudan ve açık anlatan bir kayıt yok. Çeşitli kaynaklar onların sadece var olduğunu söylüyor ama özenilecek şanlı bir tarihleri yok. Haydi, Hun, Sarmat vs. büyük toplulukları geçtik, en azından Alan veya Massaget gibi daha etkin toplulukların isimlerini seçerdi. Asların onun kitabında yer alması kitabi değil, geleneksel bilgiye dayandığını, belki gelenekte söylenenleri kitaplardan teyit ederek eserini daha rahat yazdığını gösteriyor.

Sturrluson, *Heimskringla*'da devam eder: "*Bu başşehirde adı Ódin olan bir yönetici hüküm sürüyordu... Ódin büyük ve uzak ülkelere gidip çok memleketi alan bir savaşçıydı. O derece muzafferdi ki, her savaşta zafer onun yanında olurdu. Zaferin her savaşta onun oluşu halkının inancıydı... Sık sık o kadar uzağa gidiyordu ki seyahatinde yıllar geçiyordu.*"

"*Kuzeydoğudan güneybatıya Büyük Swithiod'u* (Rusya) *diğer memleketlerden ayıran bir dağ silsilesi uzanır. Bu silsilenin güneyi Ódin'in büyük mülkünün bulunduğu Turkland'a uzak değildir.*"

Bu tarif görünürde Azerbaycan'ı anlatıyor. Anlamak zor değil. Sturrluson'un yazdığı günlerde Anadolu ve Azerbaycan artık Türkiye olmuştu ve bunu bütün Avrupa o dönemde iyi biliyordu. Fakat Odin zamanında Türkiye neresiydi? Bu önemlidir, zira Odin'in esas toprakları Turkland'da imiş. Bizim şimdiki zamanlarda parçaları birleştirerek yazabildiğimiz tarih bunu doğruluyor. Hazar'ın kuzeyinden Kafkasların ötesindeki düzlüklere doğru yayılan As devletinin ve kavminin esas kısmı doğuda, Türkistan'da idi. As imparatorluğu bir dönem belki de Pamirlerden Don Nehri'ne kadar uzanıyordu.

Ama Azerbaycan'dan bahsi boşuna olmamış olamaz mı? Yani Odin zamanında Hazar'ın kuzeyindeki yayda hâkim olmakla birlikte, daha önceki ataları gerçekten de Kafkasların güneyinden göçmüştür de coğrafyayı bilen Sturrluson orayı kendi zamanındaki duruma göre adlandırmıştır... Böyle bir ihtimal onun ülkesini bırakıp kuzeye gitmesine neden olan Roma tazyikini de açıklayabilir.

Çok tuhaf ama böyle bir durum var. MÖ ilk bin yılda Aras Nehri'nin doğusundaki bölge, şimdiki Nahçıvan ve civarı *Aza* ülkesi olarak biliniyordu ve Strabon'un zamanına kadar böyle kullanılmış gözüküyor.[351] Bu Aza halkıyla Odin'in halkı Aslar arasında bağlantı kurabilir miyiz? Takip eden Suvar bahsini okuyunca zihinlerimiz buraya geri dönecek ve Sturrluson'a hak verecektir. İzlandalı rahip Asland'ı geleneklerden ve Turkland'ı güncel bilgiden alarak kullanıyor gözükmekte. Türklerin hareketliliği, Orta Doğu'yu fetihleri; kafasını karıştırmış olmalı ama en iyi şekilde toparlıyor.

Odin'in göçünü de kısaca verelim: *Prose Edda*'ya göre Odin "*bilgeliğiyle dünyanın kuzeyinde adının çok yüksek tutulacağını ve bütün kralların hepsinden fazla onurlandırılacağını anladı. Bu onda Turkland'dan ayrılma hissi uyandırdı.*"

Heimskringla'ya göre ise, "*o zamanlar Romalıların reisleri dünyanın çok yerine yayılıp tüm halkları kendilerine bağlamışlardı ve bu sebeple pek çok reis kendi mülkünden kaçmıştı. Fakat uzak görüşlü olan ve sihir gücü bulunan Odin kendi soyunun dünyanın kuzey yarısına gelip yerleşeceğini biliyordu.*"

Romalılar değil de, belki İskender, Azerbaycan'daki ataların göçüne sebep olmuş olabilir, çünkü Romalılar bu bölgeye ulaştıklarında Orta Asya'da çoktan yerleşmiş bir As devleti vardı. Ama Odin'in göçünde Orta Asya unsurları dışında kimse suçlu

---

[351] Ağasıoğlu, *Azer Xalqı*, s.13.

gözükmüyor. Bu unsurların başında Birûnî'nin söylediği gibi kuraklık olmalıdır, zira ona göre Alan ve As kavimleri Harezm'den kuraklık sebebiyle Kafkasların kuzeyine göçmüşlerdir.[352] Kuraklık aynı zamanda nüfus baskısını artırıyor ve yeni yurt arama konusunda insanları zorluyordu. Marcellinus, Alanların diğer halklara boyun eğdirip kendileştirdiğini söylediğine göre, belki doğudan gelen ve bağlı iken bağımsız olup yükselen Alan kavmi de Asları kovalamış olabilir.

Tabii hem tarihten hem de İzlanda sagalarından Asların tamamının göçmediğini iyi biliyoruz: "*Kardeşleri Ve ve Vilje'yi Asgard'da bıraktı ve kendisi tüm tanrılar ve diğer insanların büyük bir kısmıyla önce batıya Gardarike'ye, sonra da güneye Saxland'a doğru göçe başladı. Pek çok oğlu vardı, Saxland'da geniş bir devlete boyun eğdirdikten sonra oğullarını o memleketin yönetimine bıraktı. Kendisi kuzeye, denize doğru gitti ve Fyen'deki Odins denen bir adayı kendine yurtluk aldı.*"

Doğudan batıya tüm göçenlerin yaptığı gibi önce Kiev civarlarını yokluyor. Balkanlar'a geçemiyor (çünkü orada büyük bir güç vardır) ve Saksonya üzerinden Danimarka'ya gidiyor. Daha iyi bir yurt arayan birisi, tüm kavimlerin yaptığı gibi Bucak üzerinden Balkanlar'a dönmek ister, bunu yapamazsa ikinci tercih olan Macar ovasını zorlar. Anlaşılan Balkanlar'da Roma'yı, Macar ovasında da Yazığları bulan Aslar, Karpatların kuzeyinden Almanya'ya doğru devam etmişlerdir.[353]

Böylece bir tarihleme önerisinde de bulunmuş olduk. Odin'in göçü bozkırdaki As yıldızının sönmesi anlamına gelmiştir. Bu ise MS 2. yy.dadır. Nasıl saga geride kardeşlerin kaldığını söylüyorsa gerçekten de As kalıntıları bozkırda kalmış ve sonraki tarihi gelişmelerde ve etnik süreçlerde rol oynamışlar-

---

[352] Şeşen, *İslam Coğrafyacılarına Göre Türkler*, s.197.

[353] Bu göç şu bildiride çalışılmıştır: Karatay, "Kral Odin'in Turkland'dan İskandinavya'ya Göçü".

dır. Sturrluson'dan daha önce yazan, kendisi de Odin soyundan gelen kralların neslinden olan Are Şorgilsson'un *İzlanda Tarihi*'nde Odin'in oğlu 'Türk Kralı' (Turkakonung) lakaplı Yngve ile kendisi arasında 39 kral sıralanır. Tahminî bir hesaplama bizi yine Milat sıralarına götürecektir.[354]

Bu tarihlemeyi haklı kılan başka bir sebep ise Türk oyma yazısıyla aynı olan İskandinav Runik yazısının MS 2. yy.dan itibaren başlamasıdır. Bu yazının Kuzey'e gidişini Odin ve Asların göçüyle ilgili görmek için böylece tarihî bir sebep beliriyor.

Orta Asya'daki Türk yazıtları en erken 6. yy.dan başlatılıyor.[355] Neden kuzeyde daha önce başladığı, bunun kaynağın kuzey'de olduğunu gösterip göstermediği sorulacaktır. Cevabı iklim şartları veriyor. Kuzeyin daimi soğuk ikliminde eşya korunur. Bozkırda ise gece-gündüz ve kış-yaz sıcaklık farkının büyüklüğü, alanın açık olması ve ayrıca şiddetli rüzgâr taşı, kayayı dahi ufalar. Türk yazıtlarının erken tabakasının kuzeyde, Yenisey boylarında olması bu bakımdan tesadüfi değildir.

Göktürklerden önce Türklerin yazıyı bilip bilmediklerinin ise açık cevabına sahibiz. İncil'i Hunların diline çeviren misyonerler acaba hangi yazıyı kullandılar?[356] Ya da neden Göktürk tarihinin erken döneminden bahseden ve hiç de yeni bulunmuş gibi anlatmayan Çin ana kaynakları *Chou-shu* ve *Sui-shu*'daki Türklerin yazısı olduğuna dair kayıtları okumuyoruz? *Chou-shu*'da açık ifadelerle "*T'u-küe'lerin* [Türklerin] *yazısı Hu-barbarların* [genel olarak Turanlı göçerler] *yazısına benziyordu.*" denir.[357] Sui-shu ise "*Yazıları yoktu, sözleşmelerini bir tahta parçasının*

---

354 Gürgün, *İsveçlilerin Türk Kökenleri Üzerine*, s.76.

355 Nihayetinde de Orta Doğu'nun Sami halklarının yazılarına, Aramiceye götürülür. Róna-Tas, A., "Turkic Writing Systems", s.126; Golden, *Türk Halkları*, s.178.

356 Zachariah, *The Syriac Chronicle*, s.229-230.

357 Mau-Tsai, *Çin Kaynaklarına Göre Doğu Türkleri*, s.23;

üzerine küçük bir tahtayla kakarak ifade ederlerdi."[358] gibi kendi içinde çelişkili bir ifade ile aslında yazının olduğunu söyler, zira tahtaya kazınan şeyler bir ifadenin karşılığı olmalıdır. Çentik tarifi aynı zamanda oyma yazıya işaret etmektedir, zira oyma yazı çentik atar gibi dik ve kesin çizgilerle yazılır.

Türk oyma yazısının başka bir (Arami?) abecenin uyarlaması olmayıp, tamgalardan kendi içinde gelişen bir yazı oluşunun delili olarak bizzat kendisi sunulur. Birçok ünsüzün aynı sesi veren ikizinin bulunmasına karşılık, işaretlerden çok azı (üçü) ünsüz birleşimlerine aittir. Bu durum diğer abecelerde görülmez ve oyma yazıyı özgün kılar. Türk yazısındaki harfler dikkat edildiğinde ev (*eb*), ok ve yay gibi nesnelere benzemekte ve aynı sesi vermektedir.[359]

Vakıa, bu tartışmalara gerek kalmamıştır. Bir taşın üzerindeki yazının yaşını hesaplamakta teknik zorluklar var ama bir yazının yanında eş zamanlı konulmuş organik bir cisim varsa, yaklaşık tarihi bulunabiliyor. Örneğin mezardaki cesedin gömülme zamanını kemiklere veya tahta parçalarına uygulanan karbon sınamasıyla tespit etmek mümkün. Bu şekilde, Kazakistan'daki Pavlodar kenti yakınlarında 1960 yılında bulunmuş ve MÖ 5 ila 4. yy.lara tarihlenen bir mezarda bir kemik üzerinde *ak sıkın* 'ak geyik' yazısı görülmüştür.[360]

1970 yılında ise Kazakistan'ın güneyindeki Esik kurganı kazısıyla MÖ 6 ila 5. yy.lara tarihlenen ünlü Altın Adam bulunmuştur. Burada çıkartılan bir gümüş kâse üzerinde bir cümle uzunluğunda bir oyma yazı ele geçmiştir.[361] Okuma çalışmaları

---

358 Mau-Tsai, *Çin Kaynaklarına Göre Doğu Türkleri*, s.63.

359 Alyılmaz, *(Kök)Türk Harfli Yazıtların İzinde*, s.2.

360 Amanjolov, *Türk Filolojisi ve Yazı Tarihi*, s.61.

361 Amanjolov, *Türk Filolojisi ve Yazı Tarihi*, s.106-107. Kâsenin resmi ve üzerindeki yazılar Alyılmaz, *(Kök)Türk Harfli Yazıtların İzinde*, s.24-25'te bulunabilir.

farklı sonuçlara gitmektedir. Bunu o kadar eski zamandaki dilin farklılığına bağlamalıyız ama sonuçta bu yazı ancak Türkçe okunabilmektedir.

Çok eski tarihlerden bahsediyoruz. Dolayısıyla yazıyı kuzeye Asların götürdüğü noktasında bir zaman sıkıntısı gözükmüyor. Doğu bozkırlarına bakarak Asların da bu yazıyı bildiğini düşünmeliyiz. Çünkü belirttiğimiz gibi onların bir kolunu Göktürk çağında Altaylar'ın kuzeyinde görüyoruz. Bu bölge çok sayıda yazıtın, daha doğrusu mezar yazısının bulunduğu yerdir. Anlaşılan aynen Türk budun gibi Asların bir kolu da bahtlarını doğuda aramak için 'ileri' gitmiştir.

Yalnız Odin'in gerçekten gittiği konusunda kuşkular var. Eski büyük ata olarak göç ona hamledilmiş olabilir ama Hazar coğrafyasında onun izleri kalmış gözüküyor. En başta bunu *Heimskringla*'nın ayrı bir saga olarak görülen baştan beri alıntıladığımız kısımlarını içeren *Ynglinga* destanı buna işaret eder. 11. bölümde Kral Sveigder'in tahta çıktıktan sonra atalarının memleketini, tabii en başta Odin'in makamını ziyaret amacıyla Turkland'a gittiği yazılıdır.[362]

Demek ki Odin'in mezarı ve makamı Türkistan'da imiş. Bu tamam da Emir Timur'un bir sefere çıkmadan önce Öden Ata'nın kabrini ziyaret ederek dua etmesini neyle açıklayacağız? Bunu onun zaferlerini anlatan *Zafername* adlı kitapta Nizamettin Şâmî yazmıştır.[363] Türkmenistan'da, şimdiki Daşoğuz yakınlarında da Ütin Kala diye eski bir yıkıntıdan haber verilmektedir.[364] Buyrun yeni bir sorun daha. Kim buna bir çözüm önerecek?

---

362 Gürgün, *İsveçlilerin Türk Kökenleri Üzerine*, s.89.

363 Nizamüddin Şâmî, *Zafernâme*, s.77.

364 Mantayev, *Bir Tarih Kaynağı Olarak Muravyev ve Velihanov'un Eserleri*, s.105.

Ütin Kala'yı ve alakalı olabilecek diğer yerleri araştırmak için fırsat, her şeyden önce zaman kollamaktayız ama bu bekleyiş esnasında Oğuz-Türkmen coğrafyasındaki *Avdan Ata, Avdan Baba* kişiliği gözden kaçmıyor. Sadece Ege bölgesinde dört yerde geçer. Bunların hep birlikte değerlendirilmesi gerekiyor. Artık yetişmiş Viking uzmanlarımız var ve özellikle Emre Aygün ve Selim Karagöz'den bu konuda ileri çalışmalar bekliyoruz.

BÖLÜM 15

SUVAR'DA NE VAR?

Tekrar tekrar Macar bahsine dönmemiz kaynakların zorlamasıyla oluyor. Âdeta kaynaklardaki ipuçları hep birlikte bizi bir yere doğru yönlendiriyor. Yukarıda andığımız Bizans'ın yazar imparatoru 7. Konstantinos, Macarların öğrenebildiği en eski zamanlarını anlatırken "*Bunlar o zaman Türk adlanmıyordu, bir sebeple Sabartoi Asphaloi ismine sahiptiler.*" ifadesini kullanır.[365]

Kendi zamanında isimleri Türk olan Macarların daha eskiden Sabart adlandığını söylemesi kafaları o kadar karıştırmıştır ki, bu ismi taşıyan halkı kolayca görebilmemiz dışında, bu cümlenin sırrı ve Macarlarla bağlantısındaki esrar henüz tam anlamıyla çözülememiştir. *Asphaloi* kelimesini bilim dünyası çoğunlukla Yunancada halk ağzıyla 'kuvvetli' olarak çevirir ama bu tatmin edici değildir. Bu yüzden başka öneriler getirilmiştir.

Avrasya'da bu ismi eşleyebileceğimiz tek halk bizdeki kitaplarda çoğunlukla Sabir, bazen de Sabar olarak geçen, Orta Çağ'daki Türkçe söylenişi Suvar olan bir Türk boyudur. Bu Suvarlar kaynaklarda içlerinden Macarların çıktığı Onoğur birliğini Batı Sibirya'dan Avrupa'ya süren topluluk olarak ge-

---

[365] Constantine Porphyrogenitus, *De Administrando Imperio*, s.171.

çer.[366] Dolayısıyla 5. yy.da yazan Priskos'a göre Macarların atalarını kovalayan halk, 10. yy.da yazan Konstantinos'a göre Macarların eski adını taşımaktadır. Bu bilmecenin görünen tek çözümü, Oğurların bir dönem Batı Sibirya'da iken Suvar egemenliğinde yaşamış olmalarıdır.

Suvarlardan bir kol 515 senesinden itibaren Kafkasların kuzeyine, Hazar Denizi kıyılarına yerleşiyor. Oradan İran ve Bizans arasındaki mücadelelere katılıyorlar ve iki tarafta da paralı asker olarak savaşıyorlar. Göktürk orduları 570'lerde Kafkaslara ulaştığında onların egemenliğine giriyorlar. Birinci Göktürk Devleti'nin yıkılışından sonra da Suvarların yaşadığı bölgede 630 yılından sonra Hazar Devleti ortaya çıkıyor. Dolayısıyla Hazarların Suvar halkının etnik devamı olduğu görüşü hemen bütün tarihçilerce kabul edilir ve buna işaret eden Belâzurî ve Mesûdî gibi kaynaklar da vardır.[367]

Orta Çağ'da Suvarların Türk olduklarını, Türkçe konuştuklarını çok iyi biliyoruz. Hatta Kaşgarlı Mahmut onların lehçesinden örnekler verir. Kafkaslardaki Suvarlar ve Hazarlarla ilgili bilgilerimiz de Türkçe konuştukları yönünde. Sibirya'da kalanlar şimdiki Doğu Tatarlarının ataları olmuştur. Moğollar zamanında bunların bölgesi Sibir Hanlığı olarak örgütlenmişti. Bunun Moğolların telaffuzu olduğunu tahmin etmek mümkün. Zira *Moğolların Gizli Tarihi* adlı eserde bunların ismi *Şibir* olarak geçmektedir.[368] 17. yy. başında bu devlet Ruslarca ortadan kaldırıldı. Ama Sibir sınırlarından itibaren başlayıp Büyük Okyanus'a kadar uzanan bir kıta büyüklüğündeki arazi o gün bugündür onların adıyla, Sibirya olarak adlandırılmaktadır.

---

[366] Ahmetbeyoğlu, *Grek Seyyahı Priskos*, s.65.

[367] Bir incelemesi için bkz. Karatay, "Suvarlar: Doğu Avrupa'nın Esrarengiz Kavmi", s.108.

[368] *Manggol-un Niuça Tobça'an - Moğolların Gizli Tarihi*, s.160.

Öyleyse Macar bağlantısını nasıl kuracağız? Belirttiğimiz gibi, tarihin görebildiğimiz kısmı itibarıyla Suvarları bizim dilimizi konuşanlar arasında saymamız gerekiyor. Daha eski döneme gitmedikçe bir Macar bağlantısı zor gözüküyor. Fakat Konstantinos bir konuda daha kafamızı karıştırıyor. Macarların eski yurtlarından Peçeneklerce sürüldükten sonra bir kolun İran tarafına indiğini, bir kolun da şimdiki Tuna boylarındaki yurda geldiğini söyler.[369] İran tarafından Kafkasların güneyini, Azerbaycan arazisini anlamalıyız. Evet, buraya kuzeyden gelenler olmuş ve şimdi Tiflis'in doğusunda kalan yerlere yerleşmişlerdir ama bunlara Macar değil, Savard denir.[370]

Dolayısıyla Macarların Savard adlanmasının etnik bir boyutu da var. Yani Türkçe konuştuklarını iyi bildiğimiz Suvarlar veya onların bir şubesi Macarların da ataları. Bu çözülmesi güç bir bilmece. İşin aslı çözümü zorlaştıran tek konu Türkler ile Macarların dilinin ayrı olması. Acaba Suvarlar zamanında soyların birleştiği gibi diller de birleşiyor mu? Üstelik Suvarların çıkıp geldikleri bölgeler Macarların da kökünün olduğu yerler. Tıpkı Türk budunun bulunduğu yerin aynı zamanda Macarların yaşadığı yer olması gibi. Konstantinos'un Macarlara Türk adını verip eski isimlerinin de Suvar olduğunu söylemesi ki bu bilgiyi Macarların kendilerinden, bizzat efsanevi kral Árpad'ın torunundan dinlemiştir, Suvar kökündeki bir Türk-Macar ortaklığı için mevcut bilgimiz yeterli değil ama bazı ipuçları öne sürülebilir.

Yerleşmiş tarih anlayışında Suvar adının ilk önce yukarıda işaret ettiğimiz Oğurları kovalama vesilesiyle Priskos'ta 463 senesinde geçtiğine inanılır ama ondan 300 sene önce mükemmel bir coğrafya kitabı yazan Mısırlı Ptolemeus da İdil Nehri

---

[369] Constantine Porphyrogenitus, *De Administrando Imperio*, s.171.

[370] Arap ve Ermeni kaynaklarında bu topluluktan bahsedilir. Bkz. Karatay, "Suvarlar: Doğu Avrupa'nın Esrarengiz Kavmi", s.110-111.

ötesindeki Savar halkından bahseder.[371] Başka bir yerde ise yine aynı bölgedeki Sovard diye bir kavimden bahseder.[372] Bunları Orta Çağ'da adı geçen kavimden ayrı düşünmek için bir sebep yok. Değilse bunlar kim? 20. yy. âlimleri Suvarların Türkistan'ın doğusundan geldiklerine inanırlar[373] ama son derece inanılır olan Ptolemeus'taki bu bilgiye neden inanmadıklarını açıklamazlar. Çünkü bu bilgi kabul edildiği zaman, Türkler hayli batıya taşınmış olacaktır.

Suvar isminin gizemini daha da artıran husus, bunun eski Orta Doğu'nun önemli halklarından birinin adı olmasıdır. Yaklaşık olarak Van Gölü ile Bağdat arasında kalan bölgenin halkına eskiden Subar denirdi. Tıpkı Avrasya'daki Suvarlar gibi, Subar halkının isminin yazılışında da sesli harfler değişiklik göstermekte, bazen *Subir* ve *Şubir* gibi biçimler görülmektedir.[374] Muhtemelen Sümer (Şumir) ismi de onlardan gelmektedir çünkü batıdaki çölden gelen şimdiki Arapların ataları olan topluluklar bütün Mezopotamya halkına öyle derlerdi (Sümerlerin kendi kullandıkları isimleri Kiengir'dir).[375]

Maalesef kendilerinden doğrudan kalan metinler bulunmadığı, komşuları da onlar hakkında fazla kayıt tutmadıkları için Subarların dil ve tarihlerini bilmiyoruz. Tek bildiğimiz batıdan gelen Sami asıllı toplulukların zamanla onların yerini aldığı, Subar yurdunun gittikçe kuzeye doğru sıkıştığı ve sonra ortadan kaybolduklarıdır. Bir süre Hakkâri civarında küçük bir devletçikleri olur ama MÖ 8. yy.dan sonra bu devlet de ortadan kalkar.[376]

---

[371] Alemany, *Sources on the Alans*, s.99-101.
[372] Alemany, *Sources on the Alans*, s.100.
[373] Değişik âlimlerin görüşleri Karatay, "Suvarlar: Doğu Avrupa'nın Esrarengiz Kavmi", s.101'de verilmiştir.
[374] O'callaghan, *Aram Naharaim*, s.42.
[375] Amanjolov, *Türk Filolojisi ve Yazı Tarihi*, s.40.
[376] Ağasıoğlu, *Azer Xalqı*, s.129-131.

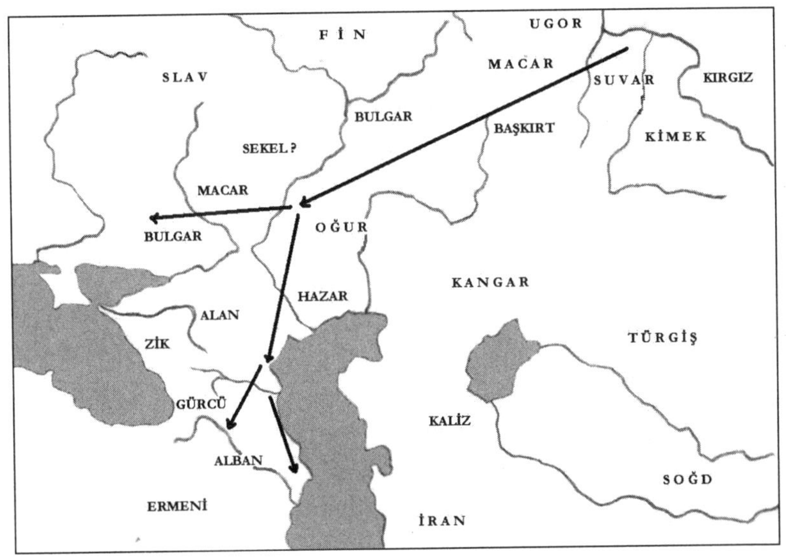

Harita 9. Suvarların 5. yy civarında Kafkaslar'a dönüşü.

Bu halkın nereye gittiği önemli. Bölgede kalanlar, kuşkusuz, sonraki halkların etnik havuzuna katkı yapmışlardır. Örneğin günümüzdeki Kürt aşireti Zebarîlerin bunlardan geldiği iddiaları üzerinde düşünülmelidir. Bugünkü Kürtler Farsçadan bozma bir dil konuşuyorlar. Elbette eski Subarlar Kürtçe konuşuyor olamazlardı, zira Subar halkı ortadan kalktığında İranî topluluklar bölgeye daha yeni yeni gelmişlerdi. Öyleyse o zamanki Subarların ve bağlantı doğruysa şimdiki Zebarların atalarının dili neydi?

Bunu ancak tahmin edebiliriz. Çünkü Subar diliyle ilgili doğrudan veri yok. Sadece bizimki gibi bitişken bir dil konuştuklarını biliyoruz çünkü onlarla akraba olan çevredeki halkların dilleri de öyle. Elimizde bir ipucu olabilir. Bu ülkeyi anlatan Akkadça *Subartu* ve Babilce *Subarda* kelimelerinin son hecesinin ülke ismi veren bir ek veya kelime olduğu anlaşılıyor. Sümerler aynı şeyi *Subarki* biçiminde söylerler ki Sümercede *ki* kelimesi yer, yurt, ülke anlamına gelir. Dolayısıyla Sami dili olan diğer ikisinde de böyle olmalıdır.

Ama Sami dillerinde böyle bir kelime bilmediğimiz için Subarların kendi dillerinde *tu, to, ta* gibi bir kelimenin ülke anlamına gelmesi de mümkündür. Bu ise bir Türkçe bağlantısına ışık tutabilir. Hemen tüm dillerde dağ, yükseklik, orman ve ülke (dolayısıyla şehir ve kale) anlamları veren kelimeler ortak bir kökten gelir. Arapça ve İbraniceden Yunancaya, Slavcaya hatta Türkçe ve Macarcaya kadar bu konuda en çok kullanılan kök *or/gor* köküdür. Bu anlamlardan birine başka bir kelime girdiğinde, zamanla o kelime diğer anlamlara sıçramaktadır. Bu yüzden, örneğin aslı itibarıyla ağaç, dolayısıyla orman anlamına sahip olan *yış* kelimesini Göktürk çağında üç ayrı anlamda görüyoruz: ülke, dağ ve orman.[377]

Hâlbuki *dağ* kelimemizin (eski Türkçe *tav/tov*) tek bir anlamı olduğu gibi, kökünü tespit etmek de mümkün gözükmüyor. Kelimenin başka anlamlar kazanmamış olması düşündürücüdür. Buna karşılık daha önce dağ anlamına kullanılan *yış* ve muhtemelen *or* kelimeleri unutulmuş, yerini dağa bırakmış. Dolayısıyla *dağ* kelimesini diğer anlamları ölmüş eski bir kelime olarak görmek için sebeplerimiz var. Bu da eski kayıtlarda bir yerde buna benzer telaffuzda bazı kelimeleri ülke manasıyla arayabileceğimizi gösteriyor. İşte Subartu kelimesinin sonundaki hece böyle bir kelimeyi saklıyor olabilir.

Macarlarla ilgili geçen *Savart* gibi biçimlerde sondaki harf eski Macarca küçültme ekiyle açıklanıyor.[378] Hâlbuki çok özel bir anlamı olmadıkça bir halkın isminin sonuna küçültme eki

---

[377] Bu anlam kümesinin daha geniş bir anlam bilimi çerçevesinden incelemesi için bkz. Karatay, "Ötüken Yış: Dağ, Orman ve Ülke", s.131-139.

[378] Németh, *A Honfoglaló Magyarság Kialakulása*, s.193.

konmaz. Suvarlarla ilgili böyle bir durum gözükmüyor, isimleri büyük çoğunlukla yalın olarak yazılıyor. Buradaki biçimi Yunanca *Savarto*, Ermenice *Sevorde*, Arapça *Siyaverde* şeklinde okumalı ve sonda Türkçe *tav* 'dağ' kelimesinin eskiden kalma bir anlam akrabasını görmeliyiz.

Avrasya'daki Suvar'dan Orta Doğu'daki Subar'a isim benzerliği dışında nasıl bir hat çekeceğimiz sorulacaktır. Ptolemeus'ta bu halkın isminin İdil civarında geçmesi ve yer isimleri ile onları Kırgızlarla yan yana koyan çeşitli kaynaklardan, başta *Moğolların Gizli Tarihi*'nden anladığımız üzere esas yurtlarının Güney Sibirya'nın ortaları olması,[379] MS 2. yy.dan 5. yy.a doğru doğuya hareket ettiklerini gösterir.

Priskus'un verdiği habere göre Suvarlar, Oğurları kovalarken kendileri de Avarlardan kaçmışlardır. Bu Avarlar 552 senesinde Göktürklerin ortadan kaldırdığı, şimdiki Moğolistan arazisinin hâkimi olan, Çin kaynaklarının Juan-juan dedikleri kavimdir. Çok fazla batıya açıldıklarına dair haber yok. Suvarları ancak yakında bir yerlerde, Altayların batısındaki düzlüklerde rahatsız etmelerini umarız.

Doğuya doğru harekette olan bir halkın kalkış yeri neresidir acaba? Ptolemeus onları İdil boylarında yakalıyor. Daha berisinde olmasınlar? Biraz daha eski kaynaklara baktığımızda belki bir şeyler görebiliriz. Mesela Herodotos tam olarak bugünkü Kuzey Azerbaycan arazisine yerleştirebileceğimiz bir *Sa(s)peir* halkından bahseder. Üstelik Aras'ın güneyindeki Medler ile Gürcülerin ataları olan Kolhisliler arasındaki tek halk olarak üç defa bunları anar.[380] Yani o çağa göre yeterince büyüklükte, hatta bayağı büyük bir topluluktur.

---

[379] 20. yy. başında yayınlanan ünlü makalesinde Patkanov bu bölgede Suvarlarla ilgili çok sayıda yer adı ile masal kahramanı adı tespit etmiştir: Patkanov, "A sabirok nemzetisége", s.337-343.

[380] Herodotos, *Herodot Tarihi*, I/104, I/110, IV/40.

Ama tuhaf olan şey bu kadar büyük bir halktan bu bölgede Herodotos'tan önce ve sonra bahsedilmemesidir. Nereden geldiler, nereye gittiler? Belli ki Kuzey Azerbaycan'da belki birkaç yüzyıl kaldılar ama daha fazla değil. Kalıcı yurt edinemediler burayı ve göçlerine devam ettiler. Bu göç onları Derbent Geçidi üzerinden Kafkaslar'ın kuzeyine, dolayısıyla bozkır dünyasına taşıdı.

Dahası kimdi bu Sa(s)peir halkı? Bunun açıklanması gerekmez mi? Daha makul bir açıklama gelinceye kadar biz bu halkın Kuzey Irak ile İdil boyları arasındaki safhayı temsil ettiğini düşüneceğiz. Üstelik Kuzey Irak'taki Subar halkı için Türk ve Macar bağlantısını birlikte düşündürecek haklı bir sebep bulunuyor.

Bu arada Kuzey Irak'ta eski çağda Turukku adında bir kavimden bahsedildiğini ama bunun Türk kelimesiyle şekil benzerliği dışında bir ilgisinin olmadığının düşünüldüğünü belirtmiştik. Bu konuyu şimdi Suvarları okuduktan sonra bir kez daha düşünmeli değil miyiz?

BÖLÜM 16

GILGAMIŞ ÇOK ARAMIŞ AMA...

Kuzey Irak'taki Subarların güney komşuları olan Kiengirler veya bizim dememizle Sümerler bu iki isimleriyle de dikkat çekerler. Amanjolov adlı Kazak âlimi onların öz adlandırmaları olan 'Kengir'de Orta Kazakistan'daki Kengir ırmağını görür.[381] Sümer-Türk bağlantısına inanan hemen tüm âlimler gibi o da Türkistan'dan Mezopotamya'ya bir göç öngördüğü için[382] bu ırmak ismi aslında etnik kaynağı teşkil etmektedir.

Hâlbuki bağlantı bundan ibaret değildir. Kenger/Kangar adını taşıyan bir Türk boyu vardır ve Orta Çağ boyunca ve yakın zamanlara kadar çeşitli yerlerde karşımıza çıkmışlardır. Amanjolov'un işaret ettiği gibi Orta Kazakistan'ın onların (bir kısmının) yurdu olduğunu doğrularcasına Peçeneklerin sekiz boyundan üçünün ortak adı *Kangar*'dır.[383] Orhon Yazıtları'nda geçen *Kengeras*[384] budun adı da bunlarla, yani Peçenekliğin nüvesiyle ilgili olsa gerektir.

---

381 Amanjolov, *Türk Filolojisi ve Yazı Tarihi*, s.40.

382 Amanjolov, *Türk Filolojisi ve Yazı Tarihi*, s.40. Tuna, *Sümer ve Türk Dillerinin Tarihi İlgisi*, s.49.

383 Constantine Porphyrogenitus, *De Administrando Imperio*, s.171.

384 Ergin, *Orhon Abideleri*, s.27.

Yazıtlardaki bu isim aslında iki boy adını barındırır: Kenger ve As. Bu durum Aral-Seyhun havzasında o dönemde bu iki boyun birlik içinde olduklarını akla getiriyor.[385] Bugün de çok ilginç bir benzeşme (?) olarak Kırgızların *Azık* boyunun bir uruğunun adı *Kangır*'dır.[386] Orta Çağ'da bu boyun ismini Kıpçak bileşiminde *Kangar* veya *Kongur* okumalarıyla görüyoruz.[387]

Bu boyun ismini çağdaş döneme kadar Güney ve Kuzey Azerbaycan'da da görüyoruz. Bunu Türkistan'dan Oğuz göçleri eşliğinde bir hareketlenmeyle açıklamak güzel olurdu, eğer 5. ve 6. yy.larda bir Ermeni ve iki Süryani kaynağında, yine Azerbaycan arazisinde bu boyun ismi geçmeseydi.[388] Oğuzlardan 500 sene önce Orta Doğu'da gezinen bir Türk kavmi günümüzün kalıpçı tarihçilerini çok öfkelendirecektir ama ne yapalım, bu böyle.

Aslında sıkıntı dünyanın herhangi bir yerinde böyle 'vaktinden evvel' gelmiş Türk bulmak değil, buraya nasıl geldiklerini bulmak. Güçlü Sasani İran'ı aşarak doğudan gelmiş olamazlardı herhâlde. Kafkaslardan gelmiş olmaları mümkün ama bu kez de İran idaresindeki arazide yabancı bir topluluk olarak yerleşmiş olmaları, tarihî beklentilerin ötesinde kalıyor. Bizanslıların aksine İranlılar yabancıları kendi bölgelerinde yerleştirmemekle biliniyorlar. Onlardan silahlı kuvvet olarak faydalanıyorlar ama kendi sahalarında yurt vermiyorlar. Ta ki uzak serhat bölgelerine yerleşsinler...

Fakat yerliler için elbette böyle bir şey yok. Sadece Sasani idaresindeki geniş memleketlerde değil, bizzat ana İran'da da

---

385 Togan, *Umumi Türk Tarihine Giriş*, s.53.

386 Karataev, *Kırgız Etnonimder Sözdüğü*, s.84.

387 Kangar boyunun geniş bir açıdan incelemesi şu makalemizde yapılmıştır: "Hanakas Oğuzlarından Karakalpak ve Özbeklerin Keneges Boyuna", s.180-182.

388 Pritsak,"The Pečenegs: A Case of Social and Economic Transformation", s.212.

daima çeşitli etnik topluluklar olagelmiştir. Acaba bu erken Orta Çağ'daki Orta Doğulu Kangarlar bölgenin yerlileri mi? Acaba bunlar Sami tazyikleri karşısında doğudaki dağlık bölgelere çekilen eski Sümerlerin, yani Kiengirlerin etnik kalıntıları mı?

Bugün Tahran ve Hemedan'dan bu tarafta kalan yerler, yani tarihî Med ülkesi neredeyse tamamen Türklerce meskûn. Türkleşme dediğimiz süreç genellikle yerli ahalinin zamanla Türklere benzemesi şeklinde değil de sürekli göçlerle Türk nüfusun artması ve yerlilerin zamanla azınlıkta kalmaları şeklinde cereyan etmektedir. Bu yüzden Özbekistan'da Türklerle Sart ve Tacikler, Anadolu'da Türklerle Ermeni ve Rumlar bir arada ayrı topluluklar olarak bulunmuşlardır.

Fakat güneyi ve kuzeyiyle Azerbaycan'da durum başka. Buraların Farslaşma sürecinin hiçbir zaman tamamlanmadığını düşünmek için çok sebep var. Persler MÖ 6. yy.dan itibaren Med yurdunun kesintisiz hâkimleridir ama sadece Medlerden ibaret olmayan bölgesel etnik kimlikler varlığını korumaktadır. İlk bölümde değindiğimiz Anadolu'daki uzun süren Roma/Bizans idaresiyle kıyaslarsak bin yıllık bir Pers idaresinin bu bölgelerin dil ve kimlik yapısında değişmelere sebep olduğu kesindir ama bunun halkın ne kadarını ne ölçüde kapsadığı kuşkuludur. Çünkü örneğin diğer Türk topluluklarından kopuk bir yerde, Fars kitle içinde yaşayan ve köken olarak Oğuzlarla ilgisi olmayan Halaç Türkleri bugün varlıklarını hâlâ korumaktadırlar.

İşte, tahminimizce, çoğu eski Orta Doğu halklarından oluşan yerli halkın Farslaşmayanları bu kez dokuz asır süren (1025-1925) Türk idaresinde Türkleşmişlerdir. Bu bapta kendi adları Kiengir olan eski Sümerlerin dağlık bölgeye çekilmiş torunlarının Orta Çağ başlarında bu bölgede Kangar olarak kaydedildiklerini, Selçuklular geldikten sonra Kengerlü adıyla Türkmen kitlelerine karıştıklarını ve nihayet bugünkü Nahçıvan ve çevresindeki Türklerin esas etnik kaynağı olarak yerleşikleştiklerini düşünebiliriz.

Aşağı Mezopotamya'daki eski halka muhtemelen 'Subar' yollu nispet edilen 'Sümer' ismi de sorunlara sebep oluyor. Bunlar Subarlardan isimleri dışında başka ne aldılar? Subarlar, yani Kuzeyliler isimlerini verdiklerine göre Güneylilerden daha mı üstündüler? Güneyliler ilk kez yazıyı bulup çok üstün bir medeniyet kurarken aynı düzlükte, Mezopotamya ovasının Bağdat'ın kuzeyinde kalan kesimlerinde yaşayan Subarların bunu yapamamış olmalarını nasıl izah edeceğiz? Sümerler yazıyı bulduklarında Subar olgusunun Samilerce ortadan kaldırılmış ve sürülmüş olması (MÖ 23. yy.)[389] böyle bir medeni eksikliğin sebebi olabilir mi? İlk gelen Sami istilacılar Subar medeniyetinin izlerini yok etmiş olabilir mi?

Bunlar cevabı zor olan sorular. Bir şekilde cevaplanmaları gerek. Cevabı zor olmayan diğer bir soru ise Sümer dilinin neden Türk ve ikinci dereceden de Macar diliyle yakınlığının, daha doğrusu fazlaca kelime ortaklığının bulunduğudur.

Belirttiğimiz gibi, üstün bir medeniyet kuran Sümerler, ilk keşfedildikleri 19. yy. başından beri dünyayı kendilerine hayran bıraktılar ve herkes kendi atasının Sümerler olmasını diledi. Ancak yaşayan ve bilinen dillere bu dili bağlama çabaları sonuçsuz kaldı. Bugün Batı'daki kitaplarda bu halkın dilinden 'tecrit edilmiş' olarak bahsedilir. Örneğin Sümercenin eklemeli bir dil oluşuyla Türkçe ve Macarcaya benzediği fikrini her fırsatta alkışlayan konunun ünlü uzmanı Kramer, öte yandan sözdizimi ve kelime dağarcığı açısından tek olduğunu ve yaşayan hiçbir dille akraba olmadığını söyler.[390]

Fakat bu görüş bir görüşün görmezlikten gelinmesini içerir. Sümercede Türkçe ve Macarcayla ortak unsurlar bol miktarda bulunmuştur (özellikle Kramer'den sonra). Söz dizimi ise, kabul edelim, değişken bir yapıdır. Aynı aileden dillerin söz dizi-

---

389 O'callaghan, *Aram Naharaim*, s.43.
390 Kramer, *Sümerler*, s.401.

mi farkları uçuk seviyede iken 5000 yıl mesafedeki bir dilin elbette kelimeleri farklı şekilde dizmesi beklenecektir. (Kuzey) Azerbaycan'da söz diziminin Farsça ve Rusça etkisini açık göstermesi buna delil olarak yeter. Farsça anlaşılır da burası Rusların en az olduğu yerlerden biriydi.

Konuda bir sorun gözükmüyor. Biz bu araştırmamızda nesne olarak Sümercenin kendini değil, muhtemelen bir komşudan aldığı kelime hazinesini aldığımız hâlde, doğrudan Sümerce ile Türkçe veya Macarcayı karşılaştırmak isteyenler için bile fazla sorun gözükmüyor. Ama bu dillerle Sümerce arasında zaman ve mekân farkı olduğu bahanesiyle bağlantı reddedilmiştir.[391]

Peki, hangi dilleri kıyaslayabiliriz? Anlaşılan sadece Akkadca, Hititçe, Hurrice, İbranice, Kıptice... O kadar. Sanskritçe, İranca, Yunanca ve Latince de bu listeye eklenecektir ama o zaman Çinceyi neden eklemiyoruz? Çincenin yazılı kayıtları da yeterince eskidir.

Bugün dil kayıtları 1000 yıldan daha eski olan halk sayısı, bir elin parmakları kadardır. Geniş bir alana yayılmış Slavlar bile kıl payı kurtarırlar. Buna göre tarihî dil bilimi çalışmalarında eski, daha doğrusu istenen kadar eski kayıtları olmadığı için yüzlerce, binlerce dili kullanamayacağız.

Böyle saçmalık olmaz. Buna bilim denemez. Böyle bir itiraz bizzat çalışma yapmanın önüne geçer, bilimin önünü keser. Günümüzdeki bir halkın atalarını arıyorsunuz, öte yandan eski bir halkın da torunlarına bakıyorsunuz. Yapılması gereken şey, bugünkü halkların dilleriyle o eski halkın dilini kıyaslamak değil midir? Herkes biliyor, bugünkü dil eski bir dilin aynısı değil, değişik ölçülerde değişmiş bir biçimidir ve herkes biliyor ki kelime hazineleri dilin etkiye en açık cüzüdür.

---

[391] Örneğin Edzart, *Sumerian Grammar,* s.2, karşılaştırmaya Çin-Tibet dillerini de ekleyerek aradaki 2000 yıllık farkın karşılaştırmaya engel olduğunu söyler.

Hayır, tek bir sorun var. Sümerler gibi yüksek medeniyette bir kavim Hint-Avrupa veya Sami bağlantılar içermiyor. Üstelik öyle bir bağlantı içeriyor ki bu yüksek nitelikteki halk 2000 yıldır Avrupalının kafasındaki en kötü insan tarifinin muhatabı olan İskit, Hun, Türk kavimlerinin atası çıkıyor. İşte sorun burada. Ortada bilim yok, tamamen siyaset var. Ama biz kendi işimize sadece bilim diyeceğiz.

Buna itiraz edeceksek tüm çifte ölçütlere karşı çıkmalıyız. Ama örneğin Hint-Avrupalıların türeneğinin şimdiki Azerbaycan ve Doğu Anadolu olduğu kuramını ortaya atan Gamkrelidze ve İvanov, Sümerce ile Hint-Avrupa dillerini karşılaştırmışlardır.[392]

Vakıa, Sümer-Türk bağlantısından bahseden hiçbir bilim insanı veya aklı başında insan Sümerlerin Türk olduğu gibi bir şey söylememiştir. Dünyadaki en son ve zirve eser olan, süzülmüş ve damıtılmış bir sonuç sunan O. Nedim Tuna'nın kitapçığında bu açıkça ifade edilir. Sümerce ayrı bir dildir, ondaki Türkçeyle bağlantılı kelimeler yabancı dururlar ve sonradan girmişlerdir.[393]

Tuna çeşitli ses denkliklerini izleyerek 168 tane Sümerce kelimenin Türkçeyle bağlantılı olduğunu göstermiştir. Ses denkliğine daha önce değinmiştik. Örneğin Sırpçada *çumur* 'kömür' kelimesi var. Başka örnekler de bulduğumuzda, mesela *çupriya* 'köprü', Türkçe söz başı *k-*'nin Sırpçaya geçmiş kelimelerde *ç-* olduğunu söyleyebiliyoruz. Tuna da böyle denkliklerle birçok Sümerce kelimenin Türkçede koşutunun bulunduğunu söylemiştir.

Örneğin *d-* (ve akrabası *t-*) ile başlayan bazı Sümerce kelimeler Türkçe *y-* başlangıcına sahip (Türkçede pek çok kelimede

---

[392] Gamkrelidze ve İvanov, *İndoevropeyskiy yazık i indoevropeytsı*, s.871-876.

[393] Tuna, *Sümer ve Türk Dillerinin Tarihi İlgisi*, s.41, 47.

sözbaşı *y-* düşmüştür): *dar* 'yarmak, bölmek', *dip* 'bağ' (krş. *yip* 'ip'), *dir* 'yarmak, yirmek' (krş. *yir, yırt*), *dirig* 'çok fazla' (krş. *irig* 'iri, kaba, sert'), *dirig* 'toplamak' (krş. *irk* 'toplamak'), *dirra* 'yardım' (krş. *yarı* 'yardım'), *dugud* 'ağır, zor' (krş. *yogun* 'yoğun, kaba'), *taga* 'düşman' (krş. *yağı* 'düşman'), *tar* 'kesmek, yarmak' (krş. *yar*), *tir* 'ülke, arazi' (krş. *yir* 'yer'), *tu* 'yumak, yıkamak', *tul* 'kaynak, kuyu' (krş. *yul* 'kaynak, pınar, göz') gibi.

Bazı Sümerce *g-* başlangıçlı sözcüklerde bu *g*'yi çıkarınca Türkçe kelimelere ulaşılıyor: *gaz* 'ezmek', *gi* 'kamış, saz' (krş. *ı* 'ağaç'), *gid* 'gidermek' (krş. *ıd* 'göndermek'), *gig* 'hastalanmak' (krş. *ig* 'hastalık'), *gişig* 'kapı' (krş. *eşik* 'kapı'), *gud* 'öküz' (krş. *ud* 'öküz'), *gukin* 'toplama, yığma' (krş. *ökün* 'yığın'), *gur* 'ekin biçmek' (krş. *or* 'ekin biçmek' > *orak*), *gil* 'ölmek' gibi.

Bazı Sümerce *n-* başlangıçlı sözcükler ile *y-* başlangıçlı Türkçe kelimeler anlam ilgisine sahip gözüküyor: *nad* 'yatmak, uzanmak', *nad* 'uzanmak' (krş. *yad* 'yaymak'), *niggig* 'tabu, yasak' (krş. *yıg* 'engel olmak'), *nigin* 'yekün, toplam' (krş. *yığın*) gibi.

Bazı Sümerce *s-* (ve akrabası *ş-* ile *z-*) başlangıçlı sözcükler ile *y-* başlangıçlı Türkçe kelimeler anlam ilgisine sahip gözüküyor: *sar* 'yazmak', *sig* 'iyi' (krş. *yeğ*), *sig* 'yün', *silig* 'el' (krş. *elig* 'el'), *sulu* 'yol', *şeg* 'yağmur' (krş. *yağ*), *şir* 'şarkı söylemek' (krş. *yır* 'ezgi, koşma, müzik'), *şur* 'vahşi' (krş. *yoz* 'vahşi'), *şurim* 'yarım', *zag* 'sınır' (krş. *yaka* 'sınır, taraf), *zal* 'parlamak' (krş. *yal* 'yanmak, alevlenmek') gibi.

Bazı Sümerce *s-* (ve akrabası *ş-* ile *z-*) başlangıçlı sözcükler ile *ç-* başlangıçlı Türkçe kelimeler anlam ilgisine sahip gözüküyor: *sag* 'küçük çocuk' (krş. *çağa* 'yeni doğmuş' > *çağla*), *sag* 'dövmek, vurmak' (krş. *çak*), *şab* 'kesmek, ayırmak' (krş. *çap* 'vurmak, vurup kesmek'), *Şulpae* 'bir ilah adı' (krş. *çolpan* 'zühre, çoban yıldızı'), *zibin* 'böcek' (krş. *çibin* 'sinek'), *ziz* 'gemik, düşük nitelikli buğday' (krş. *çeç* 'samandan ayrılmış tahıl') gibi.

Bazı Sümerce *u-* başlangıçlı sözcüklerin Türkçe karşılıklarında başa *k-* gelmiş gözüküyor: *ud* 'fırtına' (krş. *kad* 'kar fırtınası'), *udu* 'koyun', *umah* 'çamur' (krş. *kömek* 'çamurlu, bataklık'), *un* 'halk' (krş. *kün* 'elgün, halk'), *ur* 'kurmak', *ur* 'kürümek', *uru* 'korumak, bakmak', *urugal* 'mezar' (krş. *kurgan*), *uşan* 'kuş', *uşub* 'kuş evi' gibi.

Bazı kelimeler çok küçük farklılıklarla aynıdır: *bulug* 'sınır boyu' (krş. *buluŋ* 'köşe, bucak'), *dag* 'şafak, sabah' (krş. *taŋ* 'tan'), *dingir* 'Tanrı',[394] *iduga* 'ıtriyat' (krş. *yıdıg* 'pis koku'), *gur* 'kırmak', *kalag* 'güçlü, sert' (krş. *kalıŋ* 'kalın'), *kid* 'kıymak, yarmak' (krş. *kıd* 'kıymak'), *kad* 'dokumak' (krş. *kat* 'sıkıca iliştirmek'), *kudim* 'altın veya gümüş ustalığı' (krş. *kuyum*), *nig* 'şey, bir şey' (krş. *neŋ* 'şey, nesne'), *ud* 'zaman' (krş. *öd* 'zaman'), *udi* 'uyumak' (krş. *udı* 'uyumak'), *tugdu* 'düğüm', *azgu* 'boyunduruk (hayvanlara)' (krş. *asgu* 'askı'), *di* 'konuşmak, demek', *du* 'doldurmak', *dug* 'dökmek', *dur* 'oturtmak' (krş. *tör* 'sedir'), *eş* 'esmek', *gim* 'gibi', *kabkagag* 'kap', *kaş* 'hızlı gitmek' (krş. *kaçmak*), *kaş* 'sidik' (krş. *kaşan* 'havyanın işemesi'), *ki* 'yapmak, kılmak', *kiri* 'bahçe, tarla' (krş. *kır*), *ku* 'fırlatmak' (krş. *ko* 'koymak, bırakmak'), *kur* 'toprak, arazi' (krş. *kuru* 'kara'), *kur* 'korumak', *nammu* 'o ne?', *sag* 'iyi' (krş. *sağ* 'iyi, sağ, sağlam'), *sakhar* 'bir çeşit kase' (krş. *sagır* 'şarap kâsesi'), *sig* 'ince, zayıf' (krş. *sığ*), *sum* 'vermek, sunmak', *tag* 'yakalamak' (krş. *daga* 'izlemek, eşlik etmek'), *takh* 'eklemek' (krş. *takmak*), *te(ga)* 'ulaşmak, erişmek' (krş. *teg* 'değmek' > *teğet*), *tibira* 'metal, maden' (krş. *temir* 'demir'), *tin* 'yaşamak' (krş. *tın* 'nefes, soluk, ruh'), *tuku* 'dokumak', *tuku* 'sallamak,

---

[394] Bu kelime Sümercede cins isimdir, 'ilah' manasındadır. En büyük Sümer ilahının adı Enki'dir. Bu kelime iki kelimenin (yer + gök) birleşiminden oluşmuştur. Biz de Türkçe tanrı kelimesinin böyle iki kelimeden oluştuğunu düşünüp tan + gir önermesinde bulunduk. Bkz. *Bey ile Büyücü*, s.207-208.

sarsmak' (krş. *toku* 'vurmak' > *tokmak*), *tuku* 'kovalamak' (krş. *daga* 'izlemek, eşlik etmek'), *u* 'uyku' (Eski Türkçe *u* 'uyku'), *u* 'on', *umuş* 'iş' (krş. *yumuş* 'görev, hizmet'), *ur* 'ekin biçmek, ormak', *uş* 'us', *uş* 'iş', *zag* 'sağ (taraf)', *pa* 'dal' (krş. *bağ*),[395] *pa* 'üst kısım, tepe' (krş. *baş*), *sag* 'baş' (krş. *şakak*) gibi.

Bazı kelimelerde aynen bizdeki *z*'ye karşılık Bulgar Türkçesindeki gibi *r*'leşme görülür: *bur* 'dağıtmak' (krş. *boz*), *gur* 'kırmak, parçalamak' (krş. *üz* 'kesmek, koparmak'), *khar* 'kazmak', *sar* 'yazmak', *sur* 'süzmek', *ur* 'ruh, can' (krş. *öz*) gibi.

Yine Sümerce bazı kelimelerdeki -*ş*- sesi düzenli olarak bizdeki *l*'ye denk gelir: *amaş* 'ağıl', *aşşa* 'altı', *gişge* 'gölge', *gişkim* 'söğüt' (krş. *yılgın* 'ılgın ağacı'), *tuş* 'oturmak' (krş. Göktürk *olur* 'oturmak'), *uş* 'duvar temeli' (krş. *ul* 'temel'), *uş* 'ölmek', *aşag* 'tarla' (krş. *alan*), gibi.

Son iki örnek kümesi bize Bulgar Türkçesindeki r'leşmenin çok eski ve asli olduğunu, buna karşılık l'leşmenin sonraki bir gelişme olduğunu gösteriyor. Yani bizim *beş* rakamı Çuvaşça *pıl*-'dan eskidir; Çuvaşça *hır* da bizdeki *kız*dan yaşlıdır.

Sümerce *mae* 'ben' ve *zae* 'sen' pek çok dil gibi Türkçe ile de uyuşuyor. Bir tabakada da 'ben' için *men* var. Bu eski Türkçenin aynısı. Ama ikinci tekilde Nostratik bölge dillerinin büyük kısmı, Macarca da dâhil, yakın bir ses olan *te* kullanırken Türkçenin *se(n)* biçiminin Sümerceye yaklaşması dikkat çekici.

---

[395] Sibirya'nın derinliklerine kadar bütün Türk lehçelerinde bulunan bu kelime, Farsçada da bulunduğu için Türkçeye bu dilden geçtiğine hükmedilmiş (Clauson, *An Etymological Dictionary of Pre-Thirteenth Century Turkish*, s.354), ama tersi düşünülmemiştir. Hâlbuki Fin *p*- ~ Macar *f*- ~ Türk *b*- denkliğine göre (krş. Fin *pää* 'baş', Mac. *fej, fő* 'baş', Tr. *baş*; Fin *puoli* 'yarım', Mac. *fél* 'yarım', Tr. *böl*-; Fin *pura*- 'bur-', Mac. *fúr* 'bur-', Tr. *bur*-; Mac. *fél* 'kork-', Fin *pelätä* 'kork-', Tr. *belin* 'korku'; Mac. *föl* 'piş-', Tr. *piş*- gibi), Türkçede "ağaç, ağaçlık, bahçe" vs. anlamında böyle bir kelimenin olması gerekiyor.

Bazı örneklerde dikkat çekici şekilde Türkçe *k/g* olan seslerin karşılığında Sümercede *l* buluyoruz: *alim* 'geyik' (krş. *elik* 'geyik'), *alim* 'hükümdar' (krş. *ilig* 'hükümdar'), *izim* 'kızgın, kaynar' (krş. *isig* 'sıcak'), *kurum* 'azık, yiyecek', *nurum* 'ışık' (krş. *yaruk*), *şurum* 'ahır' (krş. *sürüg* 'sürü'), *um* 'anne' (krş. *ög* 'anne')[396] gibi.

Tuna'nın bu listesine yeni ilaveler yapılabilir. Mesela yukarıdaki en son denkliğe göre Sümer *kalam* 'ülke' kelimesi Türkçe *kalak* biçimine ulaşacaktır. Kalınan yere Türkçede kurallı olarak böyle denir ama bizim böyle kayıtlı bir kelimemiz yok. Belki de *kale* kelimemiz Arapçadan değil, eski Türkçe döneminden gelmektedir. Ama Ermenicede 'kent' anlamına gelen bu dile yabancı *kałak* kelimesi var. Ahıska'nın Ermenice ismi Ahalkelek'teki gibi. Bu kelime Ermeniceye muhtemelen Türkçeden geçmiştir.

Yine *apa* 'baba', *ada* 'baba', *ure* 'dağ' (krş. *or* 'yüksek'), *uru* 'ateş, ışık, parlak nesne' (krş. *kor*), *gig* 'gece', *uşgi* 'öç', *e* 'ev, aile, oda', *gidda* 'çıda, mızrak', *tud* 'doğ-', *tud* 'döv-',[397] *dur* 'otur-' (krş. Tr. *dur*), *ki* 'gibi', *utul* 'otlat-', *tab* 'yak-, pişir-' (krş. *tav* 'sıcaklık'), *ul* 'şiş-, kabar-' (krş. Tr. *ulu*) gibi yeni eklemeler yapabiliriz.

Sümercenin yazılı tarihi 2500 yılı bulur. Türkçenin ise sadece 1300 yıldır. Türkçenin, her ne kadar muhafazakâr bir dil olsa da, bu süre zarfında geçirdiği değişiklikleri göz önüne aldığımızda karşımızda tek bir anda konuşulan Sümerce adlı bir dilin bulunmadığını görürüz. Zaman içinde ses ve anlam değişiklik-

---

[396] *Nurum* ve *um* kelimelerinin Sami dillerinde karşılaştırmaları yapılır. Biz de 'nur' ve 'ümmü' olarak bu kelimeleri Arapçadan biliyoruz.

[397] Çivi yazılarından okuduğumuz Sümerce ses ayrıntılarını yansıtmadığından ve yakın sesler aynı yazıldığından, bu iki kelimedeki gibi durumlarla çok karşılaşıyoruz. Bu da aslında bağlantıyı güçlendiriyor. Doğmak ve dövmek gibi sesçe yakın iki fiilin de Sümercede sesçe aynı (gerçekte farklı) geçmesi bir denklem ortaya koyuyor.

leri, kaymaları yaşanmıştır. Yukarıdaki birkaç örnekte aynı Sümerce kelimenin farklı Türkçe kelimelere tekabül etmesi bu sebepledir.

Hem bu duruma örnek hem de yukardaki listelere ilave olarak *giş* 'ağaç' kelimesine bakabiliriz. Tuna, bunu Göktürk çağındaki *yış* 'orman' olarak öneriyor.[398] Sümerce kelimenin zaman içinde oluşmuş bir sürü anlamı var, ağaçtan erkeklik organına kadar uzanıyor.[399] Bunları şöyle bir mantık silsilesinde dizebiliriz:

ağaç → tahta → (tahtadan) alet → (aletle) işlemek, çalışmak → iş.

↓

erkeklik uzvu → işemek

Yukarıda geçen *g-* düşmesini uygularsak Türkçe *iş* kelimesini elde ediyoruz. Bu kelime eski Türkçe metinlerde *ış* biçimi ile daha çok geçer.[400] Bu da *yış* ile ilgisini akla getirir. Bundan geriye dönerek Sümerler gibi *işle-* fiilini üretmişiz. Kayıtlarımızda *iş/ış*'ın bir 'alet' anlamı bulunmuyor ama Clauson bu kelimenin 'alet' ile ilişkili olabilecek olan 'şey' anlamını veriyor. Gerçekten de fiil yapma eki *–le*'nin varlığı, önündeki *iş*'in bir alet olmasını akla getiriyor.

İkinci grup anlam gelişmesi için ise Türkçede *işe-, çişe-* ve *çiş* sözcüklerine sahibiz (krş. Ostyak *kŏs,* Çeremiş *kəž* 'işemek'). Bugün Türkçemizde ikinci biçim, çocuklara tahsis edilmiştir. *Çişe- < çiş = işe- < X* denkliği ise *iş* biçiminin bir za-

---

[398] Tuna, *Sümer ve Türk Dillerinin Tarihi İlgisi*, s.7.

[399] Halloran, *Sumerian Lexicon*, s.17, 24; Aydın, *Büyük Sümerce Sözlük*, s.288 vd.

[400] Clauson, *An Etymological Dictionary of Pre-Thirteenth Century Turkish*, s.254.

manlar kendisinden işemek filinin çıktığı bir isim, yani erkeklik uzvu olduğunu akla getirecektir. Zira ortada isimden fiil üreten *-e* ekinin kullanımı vardır. Orman anlamındaki *yış* kelimesinin çeşitli Türk lehçelerindeki görünümü (Saha *sis*, Hakas *cış*, Şor *çış*, Teleüt *d'ış*, Kırgız *cış)*[401] bize Türkiye Türkçesinde de bulunan *çiş*'in *y-*'yi koruyan biçimden indiğini göstermektedir. Bu kalabalıktan anlayacağımız şey, Türkçe ile Sümerce arasında sadece bir kelimeyi değil, uzun zaman zarfındaki anlam genişlemelerini de içeren derin bir ilişkinin bulunduğudur. Bunun göz ardı edilecek veya tesadüfe bağlanacak bir yanı bulunmamaktadır.

Bu liste kardeş olmayan herhangi iki Hint-Avrupa dili arasındaki koşutluklarla kıyaslanacak kadar kalabalık ve görkemli. Mesela İsveççe ile Almanca kıyaslanırsa bilhassa dilin eski tabakasında neredeyse hemen her şey ortak çıkacaktır ama İsveççe ile Romenceyi yan yana koyunca herhâlde buradaki Sümerce-Türkçe koşutluklarından açık ara fazla değildir. İsveççe ile Yunancanın Hint-Avrupa sahasından gelen ortaklıklarının 30 küsur olduğunu okumuştum. Belki bu kadar az değildir ama demek ki az.

Şimdi bu derece ortaklığı olmayan dillerin verisini alıp bir aile teşkil ediyorsunuz ama söz konusu olan Türkçe ise bu kadar benzerliğin hiçbirini kabul etmiyorsunuz. O zaman bilim adına ortaya konan neye inanacağız? Üstelik listede görüldüğü gibi kelimelerin önemli bir kısmı temel katmana ait. Yani birileri Sümerce ile Türkçenin akraba olduğunu söylerse hak vermemek elde değil.

Yukarıda Macarlarla ilgili bölümde evrensel ortalamaya göre bin yılda iki dilin birbirinden kelime hazinesi bakımından üçte bir oranında uzaklaştığına değinmiştik. Yani Türkçe Sümerce-

---

[401] Sertkaya, "Yıs (Yış?) / Yis[1] / Yis / Yiş Kelimesi ve Akrabaları Üzerine", s.2-3.

den veya Sümer komşuluğundan ayrıldığından beri yüzlerce kelimeyi unutmuş, yerlerine Sümercede olmayan başka kelimeler koymuştur. Dolayısıyla kâğıt üzerinde ama gerçekçi bir beklenti olarak, Sümerceden bildiğimiz ama Türkçede karşılığını bulamadığımız daha yüzlerce kelimenin bizim terk ettiğimiz, unuttuğumuz kelimeler olması muhtemeldir. Eski Türkçe, Sümerceye belki şimdikinden kat kat fazla benziyordu. Aradan geçen binlerce yılda yapısal sahada gerçekleşen farklılıkların normal olmasını da göz önüne alırsak bir varsayım olarak Sümercenin Türkçenin köklerinin bulunduğu dil olduğunu söylemek pekâlâ mümkündür. Ama biz buna yeltenmeyeceğiz. Neden mi? Başka açıklamalar var.

Günümüz dillerinden Sümerce ile alaka kurabilen ikinci sıradaki dil Macarcadır. Hatta yukarıda geçen, Türkçede koşutluğu bulunan kelimelerin bir kısmı Macarca ile de ortaktır: Süm. *yir* 'yazmak' ~ Mac. *ír* 'aynı'; Süm. *dir* 'yirmek' ~ Mac. *nyir* 'aynı'; Süm. *tir* 'yer, arazi' ~ Mac. *tér* 'saha, alan'; Süm. *gukin* 'yığmak' ~ Mac. *gyüj* 'aynı'; Süm. *sig* 'iyi' ~ Mac. *jó* 'aynı', *jog* 'hak'; Süm. *şab* 'kesmek, ayırmak' ~ Mac. *csap* 'vurmak, çarpmak'; Süm. *kad* 'dokumak' ~ Mac. *köt* 'bağlamak'; Süm. *sur* 'süzmek' ~ Mac. *szür* 'aynı'; Süm. *kur* 'korumak' ~ Mac. *őr* 'aynı'; Süm. *uş* 'us' ~ Mac. *ész* 'aynı', Sümer *pa* 'dal' ~ Mac. *fa* 'ağaç', Sümer *pa* 'üst kısım, tepe' ~ Mac. *fej* 'baş', Sümer *gil* 'ölmek' ~ Macar *gyil* 'öldürmek', Sümer *gil* 'ölmek' ~ Macar *öl* 'öldürmek' gibi.

Budapeşteli A. Zakar'ın 1971 yılındaki küçük bir bilgi notu ilim âleminde tamamı muhalif olmak üzere büyük tartışmaya sebep oldu. Aynı muhalefet Macaristan'a da yansıdı. Ama maalesef alan uzmanlarının o tarihten sonra konuya eğilmeleri beklentisi aradan geçen elli yıla rağmen boşa çıktı. Şu an bu konuda ve Suvar-Macar, Sarmat-Macar gibi alanlarda internette dolaşan yorumlamaların haddi hesabı yok. Bunların farkına varma dışında herhangi birini vakit ayırıp okuyabildiğimi söyleyemem. Yukarıdaki koşutluklar büyük ölçüde kendi tespitlerim ve iyimser bir şekilde Türkiye'de O. Nedim Tuna'nın yaptığını Macaristan'da meslekten birinin yapması için beklentimi sürdüreceğim.

Zakar, 58 başlıkta özetlediği Sümer dil bilgisinin 55 başlığının Macarcaya, 29'unun 'Türk dillerine' uyduğunu söyler.[402] Çalışmasına ulaşamadığım için, muhalefet eden bütün bilim insanlarının peşin reddinin aksine, bilinmeyen bir konuda hüküm veremeyeceğimi belirtmek isterim. Üstelik Türkçenin dil bilgisi özellikleri Macarcadan çok gelişmiştir ve Sümerce ile kıyaslanabilecek daha fazla özellik bulunur. Ama sayılar bu kadar fazla olmasa bile, ortada bir bağlantı varsa (Herhâlde dünyanın en ciddi dergilerinden birine yazan Zakar yalan söylemiyor, öbür türlü çalışmasına erişen Macaristan'daki muhalifleri onu dünyaya rezil ederlerdi.) biraz dikkat sarf etmek gerekir. Sonuçlardan çok, böyle bir konuya gösterilen dikkat eksiği şüpheli gözüküyor.

Zakar, Hymes'ın 100 kelime listesini (Swadesh'ten önce önerilen liste) kullanarak 57 Sümerce kelimenin Macarcada denginin olduğunu söylüyor. Bu inanılmayacak bir rakamdır ve itiraz eden âlimlerden birinin hatırlattığı gibi, Hint-Avrupa çatısı altında kardeşlikleri kuşkusuz olan German ve Slav dillerinin ortaklıklarının iki katıdır. Hatta durum böyle ise Sümerce ile Macarcanın MS 47 civarında birbirinden ayrılmış olması lazım geliyor.[403]

Ortak unsurlara Macarca yönelme eki *–ra*'yı ekleyebiliriz. Bugün eski Anadolu Türkçesini konuşsaydık biz de "Söğüt're gidiyorum." diyecektik. Osman Gazi, Orhan Gazi öyle diyorlardı. Bazı kelimelerimizde bu ek eski biçimiyle kalmıştır: *İçeri* < *iç-re*, *dışarı* < *taş-ra*. Bu eski biçimi bugün *taşra* olarak ayrı

---

[402] Zakar, "Sumerian-Ural-Altaic Affinities", s.215.

[403] Tartışmaya W. H. Jacobsen'in katkısı: Zakar, "Sumerian-Ural-Altaic Affinities", s.217.

bir kelime gibi kullanıyoruz. Sümercede de bu ek bulunur. Yine Sümercede *gim* eki veya kelimesi 'gibi' anlamı verir.[404] Azerbaycan'da hâlâ *kimi* biçimi kullanılırken, biz *gibi*'ye çevirmişiz. Macarcada ise aynı kelime olan *kép* 'benzerlik'ten 'sûret' anlamına geçmiş ve nihayet bugün 'resim' manasını kazanmıştır.

Eğer Sümercedeki bu kelimeler kendinin değil de, komşu bir dilden veya Sümerlerin kaynaştığı bir topluluktan alıntı ise, esas sahipler atalığını Türklerin ve Macarların paylaştığı bir topluluk olacaktır. Çünkü bu iki halk da Sümerceye giden kelimelerde pay sahibi. Bu ata topluluk doğudaki Elamlar ve batıdaki Araplar olamayacağına göre, Sümerlere kendi isimlerini de yayan kuzeydeki Subarlardan başka seçenek kalıyor mu?

Sahi Macar elçilerinden eski dönemleri hakkında haber alan Konstantinos Porphyrogenitus onların eskiden "bir sebeple Sabar" adlandığını söylememiş miydi? Eğer ataları MÖ 5. yy.da ve de sonraki asırlarda hâlâ Sabar adlanıyor idiyseler, aradan geçen en fazla 15 asırlık bir zaman dilimi bir etnik ismi hafızalarda tutmak için çok mu uzun? İnsanlar çok daha fazla zamandır topluluk isimlerini koruyor ve kullanıyorlar. Kaldı ki milat sıralarında Sibirya'daki Suvarların durumunu tam bilmiyoruz. Fakat bu bilgisizliğimiz Suvar temelinde Türk ve Macar topluluklarını birleştirmeye engel olmuyor.

---

[404] Aydın, *Büyük Sümerce Sözlük*, s.250.

ana toplumu, hatta ön toplumu ortaya çıkmadan önce Orta Doğu, Orta Asya ve Doğu Avrupa'da tarım biliniyordu.

Sorunlu bir konu da Orta Asya'nın ilk büyük kültür dairesi olan ve MÖ 2400'lerde son bulan Afanes'evo'nun ortaya çıkışı ve sahipleriyle ilgilidir. Altaylar'ın batı eteklerine ulaşmış 'beyaz' insanların oluşturduğu veya taşıdığı bu kültüre 'beyazlığından' ötürü doğrudan Hint-Avrupa aidiyeti izafe edilir. Ancak sorun renkte değil zamandadır, zira başlangıç tarihi sürekli geri alınıyor. Artık MÖ 3700'ler telaffuz ediliyor.[455] Yani Hint-Avrupa yayılmasından çok önceki bir dönem.

Küçük ayrıntılarda ayrışan pek çok yazar, Afanes'evo halkının Toharların ataları olduğu görüşünde birleşir.[456] Toharlar nispeten yakın zamanlardan, MS 6 ve 7 yy.lardan bize dil malzemesi bırakan Doğu Türkistanlı bir halktır. Adlarının böyle olduğunu tahminen biliyoruz. MÖ 160'larda Hunlardan son darbeyi yedikten sonra Çin'in kuzeyinden batıya göçen Yüeh-chih halkıyla özdeşleştirilirler. Yüeh-chih'lerin bir kısmı göç esnasında Doğu Türkistan'da kalmış, büyük kısmı ise göçe devam ederek Batı Türkistan'a ulaşmış ve üç müttefik halkla birlikte Afganistan'daki Helen Baktriya krallığına saldırarak ortadan kaldırmıştır. Erken İslam kaynaklarında Afganistan'ın kuzeyine Toharistan denmesi ve bir Uygur belgesinde çeviri kaynağı olarak "Tovrı tili" ifadesinin geçmesi bağlantı kurmamızı sağlıyor ve bu adlandırmayı yapıyoruz.[457]

---

455 Mallory, *Hint-Avrupalıların İzinde*, s.257; Anthony, *The Horse, The Wheel and Language*, s.309; Anthony ve Brown, "The Secondary Products Revolution", s.143-4.

456 Mallory, *Hint-Avrupalıların İzinde*, s.78-9; Anthony, *The Horse, The Wheel and Language*, s.264-5, 309-311; Barros Dagaard vd., "The First Horse Herders", s.2; Carpelan ve Parpola, "On the Emergence, Contacts and Dispersal of Proto-Indo-European", s.79.

457 Narain, "İç Asya'da Hint-Avrupalılar", s.210.

'Batı Kentleri', yani Doğu Türkistan'ın kent devletleri hakkında tek basamaklı nüfus sayılarına kadar ayrıntı veren Çinliler, göçebe Yüeh-chih'lerin eskiden Kansu'nun batısındaki Tun-huang ile Tanrı Dağları arasındaki bölgede oturduklarını söylerler, Hunlardan kaçıp batıya gidemeyenlerin bir kısmının Doğu Türkistan'da (Tibet egemenliğinde) kaldığını eklerler[458] ama kent devletlerini tek tek anlatırken sakinlerini Yüeh-chih'lere bağlamazlar. Yani bu bahisler Uygurlar gelmeden hemen önceki Doğu Türkistan sakinlerinin silme Tohar olduğunu akla getirmemelidir. Yüeh-chih'ler batıya göçtükten sonra Çinlilerin Doğu Türkistan'ı Hunlardan almak veya bu kentlerin serazad yöneticilerini yükündürmek için Yüeh-chih yardımına başvurması bunu göstermektedir. Bu bölgede muhtemelen, Hotan'da bulunan belgelerin gösterdiği üzere, Orta Asya'nın güney kuşağı boyunca doğuya doğru yayılan İranî halkların en ötedeki kısmı yaşıyordu.[459]

Daha büyük sıkıntı ise Tohar belgelerinin birbirini anlamayacak derecede uzak iki ayrı lehçede yazılmış olması. Bunları ayırmak için Turfan'da bulunan doğudaki lehçe için 'Tohar A' ve Kuça'daki batı lehçesi için 'Tohar B' dili ifadeleri kullanılır. Bunların birbirinden 500 ila 1000 yıl önce ayrıldığı düşünülür.[460] Yüeh-chih göçüyle belgeler arasındaki yaklaşık 750 yıl buna uygun düşüyor ancak örneğin takip eden dönemde, günümüze kadar sürmek üzere, aynı bölgede aynı şartlarda yaşayan Uygurlar böyle bir lehçe kopması yaşamamışlardır. Bunun iyi değerlendirilmesi lazım. Narain'in yaklaşımı durumun farklı olduğunu gösterebilir,

---

458 Onat vd., *Çin Kaynaklarında Türkler. Han Hanedanlığı Tarihinde "Batı Bölgeleri"*, s.36.

459 Narain, "İç Asya'da Hint-Avrupalılar", s.222.

460 Mallory, *Hint-Avrupalıların İzinde*, s.72.

zira ona göre Tohar A muhtemelen ayinlerde kullanılan ölü bir dildi.[461]

Hint-Avrupa dil ailesi yüz rakamının söylenişine göre *satem* ve *centum* adıyla ikiye ayrılır. Fakat Toharca Batı Avrupa ve Anadolu dilleriyle birlikte *centum* grubunda yer alır, Asya'ya yayılmış Hint ve İran dilleri ile onların geride kalan en yakınları olan Slav ve Balt dillerinin dâhil olduğu *satem*'de değil.[462] Bu, batıdaki bir grubun ana kitleden kopuş ve Asya'nın doğusuna göçünü açıklamayı zorlaştırıyor. Onların illa da batılı olmaları şartını ise *centum* biçiminin esas olup, *satem*'in sonradan ve merkezde ortaya çıkması önerisi ortadan kaldırır.[463] Nitekim erken bir dönemde kopan Hititçenin *centum* dili olması bunun eskiliğini gösteriyor olabilir.

Anadolu Hint-Avrupa dillerinin (Hitit, Luvi ve Pala) 'Ön Ana' dilden MÖ 3400 civarında koptuğu düşünülmektedir.[464] Toharca ise bundan sonraki bir tarihte kopmuş ve doğuya gitmiştir. Eğer bu dil Ari kolunun ayrışmasından sonra Yunan-Ermeni ve Batı

---

[461]Narain, "İç Asya'da Hint-Avrupalılar", s.210; Mallory, *Hint-Avrupalıların İzinde*, s.72.

[462] Mallory, *Hint-Avrupalıların İzinde*, s.73.

[463] Renfrew, *Archaeology and Language*, s.108. Öte yandan, yukarıda dil bahislerinde geçtiği üzere, Hint-Avrupa *sat* '100' Türk ve Ugor denkliklere sahip. Kimin kimden aldığını tahmin bile edemeyiz ama coğrafi yayılıma bakarak fikir edinebiliriz. Hem bunu kullanan Hint-Avrupalılar hem de Türk ve Ugorlar (ikisi birden 'Urallılar') dağınık değil, toplu bir görünüm arz ediyorlar. Öyleyse bu Güney Urallılarla bir temasın neticesi olmalı. Öte yandan, Hint-Avrupa içinde bu kelime yaklaşık bir bütünlük arz ederken Türk, Macar ve Ugor bölgelerinde büyük farklılıklara uğramış. Sanki bu ikinciler kelimeye atalarından sahiptiler ve keyiflerince biçimlendirdiler ama *satem*ci Hint-Avrupalılar bunu dışarıdan alınmış olarak muhafaza ettiler... Bu sadece tahmin edilebilir. Hint-Avrupa içinde iki tane '100' varsa, biri ya üretilmiştir ya da ödünçlenmiştir. Beride tek bir yüz var ve Ural halkları tarafından paylaşılıyor.

[464] Gamkrelidze ve Ivanov, *Indo-European and the Indo-Europeans*, s.758-9; Anthony, *The Horse, The Wheel and Language*, s.46.

Avrupa grubu ile teması sürdürdü ise[465] Toharcanın en erken MÖ 2000'lerde kopmuş olması lazım. Dolayısıyla onlar Karadeniz kıyılarından ayrılmadan 1700 sene önce Orta Asya'nın doğusunda ortaya çıkan Afanes'evo kültürünün onlarla hiçbir ilgisi olamaz. Bu konuyu burada kapatmak lazım.

Narain'in Toharlara yaklaşımı onun Hint-Avrupalıların ana yurdu hakkındaki önerisi ile bağlantılıdır. Kısaca onlar ana yutta kalmış olan topluluğu temsil ederler. Dolayısıyla *centum* ona göre de esas lehçeyi temsil eder. Hun ve Vusunların ortak harekâtıyla kovulan Yüeh-chih/Toharlar Yukarı Ceyhun'un üst kısmına yerleşmiş ve çevreyi demetime almışlar, daha sonra Afganistan arazisini müttefikleriyle beraber işgal ederek eski çağ'ın bölgedeki son dönemine damgasını vuran Kuşan İmparatorluğu'na evrilmişlerdir.[466]

Toharları Afanas'evo kapsamında Altaylar ve batısında binlerce yıl yaşadıktan sonra güneye, Doğu Türkistan'a doğru inmiş bir topluluk saymak, çevredeki Türkçe ve diğer dillerle yoğun bir ilişkiyi akla getirmektedir. Bu vardır ancak beklenen yoğunlukta ve yakınlıkta değil. Üstelik Toh. A *kom*, Toh. B *kaum* 'güneş' > Tr. *kün*; Ön Toh. **ś(a)twer* 'dört' > Tr. *tört*; Toh. A *wiki*, Toh. B *ikam* 'yirmi' > Tr. *yigirmi* gibi önerileri içerir.[467] Hâlbuki, örneğin 'iki' için düzenli olarak **do/*du* gibi bir kelime beklerken Türklerin rakamı 'iki'ye çok benzeyen 'yirmi'ler bulmamız, aslında Toharların Türkçeden alıntı yaptığını gösterir. Toharcada Türkçe çok alıntı vardır[468] ama belirttiğimiz gibi bunların nitelik ve niceliğinin binlerce yıllık bir komşuluktan beklenen seviyeyi göstermediği düşüncesindeyiz. Bu yüzden Toharların ana kitleden koptukla-

---

465 Gamkrelidze ve Ivanov, *Indo-European and the Indo-Europeans*, s.794.

466 Narain, "İç Asya'da Hint-Avrupalılar", s.209-44.

467 Türkçedeki Toharca ödünçlemeler için en son Dıbo'ya ("Tyurko-toharskaya kontaktnaya leksika", s.1-31) bakılabilir.

468 Dıbo, *Hronologiya tyrkskih yazıkov*, s.776-7.

rında o dönem yoğunluklu olarak Orta Asya'nın kuzey kuşağı boyunca yaşayan Türklere çok temas etmeden, Orta Asya'nın güneyi boyunca doğuya doğru ilerledikleri ve Türklerin yaşadıkları yerlerden geniş çöllerle ayrılan bir sahada yaşadıkları için dil ilişkisinin nispeten az olduğu düşüncesindeyiz.

Seyhun'un kuzeyindeki sahada, Batı Kazakistan'da MÖ 4000'lerden itibaren takip edilebilen, güneydeki Kelteminarlılardan ayrı, at binen, hayvan besleyici ve metal işleyici bir kitlenin varlığı dikkat çeker. Anthony'ye göre bunlar Hint-Avrupalı değildi ve Kazakistan'ın kuzeyindeki Botay-Tersek kültürünü oluşturanların torunlarıydı. Sergeivka kazılarının gösterdiği üzere en az MÖ 2800-2600'lerde metal işlemeye başlamışlardı.[469] Sintaşta sakinlerini Hint-Avrupalı kabul etmediğimizde, hemen güneylerindeki bu kimselerin onların akrabaları olduğu varsayımına da aynı mantıkla, daha mantıklıca ulaşabiliriz. Nitekim safi bir nüfus yayılmasıyla açıklamamız gerekmeyen Sintaşta'nın yayılarak Andronovo hâline gelmesi de bu fikrimize takviye de bulunabilir. Sintaşta ve devamı olan Andronovo'nun sakinlerinin gen verisi uyuşur, Doğu Avrupa'daki Ural asıllı Yamnaya ile de ortaklık sergiler ama Ari kökten inen Hint nüfusla eşleneği yoktur.[470]

Andronovo'ya gelmeden, Witzel'in Kelteminar kültür çevresinin yadigârı olarak tespit ettiği bazı kelimelerin Türkçe ile ilişkisi üzerinde durmak gerek. Orta Asya'nın batısındaki bu kültür MÖ 1700'lerde Arilerce tamamen ortadan kaldırılmıştır ve yazıları henüz okunamadığından, dillerini bilmiyoruz. Buruşaski dilinden geçip Ari dillerine de yayılan *gur* 'buğday'[471] kelimesi Türkçe

[469] Anthony, *The Horse, The Wheel and Language*, s.388-9.

[470] Reich, "Ancient DNA Suggests Steppe Migrations Spread Indo-European Languages", s.54.

[471] Witzel, "Linguistic Evidence for Cultural Exchange", s.31-2.

bulgur ile kıyaslanabilir. Yine aynı kaynaktan *bhiş* 'kaynatmak' fiili bizdeki *piş-* ile yan yana geliyor. Yukarıda bunu Türk ve Hint-Avrupa ortaklıkları arasında saymıştık. Diğer bir kelime ise Türkçedeki *pars* ile eşleşebilecek *pard* 'leopar' sözcüğüdür.[472] Eğer bu önerimiz doğru ise ve Türkçe bunları bir Hint-İran tavassutuyla almadıysa bu durum Türklerin atalarının Kelteminar'ın hemen kuzeyindeki, Anthony'nin Botaylılara bağladığı, bizimse Sintaştalıların hemcinsi gördüğümüz nüfusla ilişkilenmesine yol açar.

Avrasya eski çağının en meşhur kültürü olan Andronovo, belirttiğimiz gibi esasında Ural sahasındaki Sintaşta ile çevresindeki kardeş kültürlerin güneye ve doğuya doğru yayıldığı evreyi temsil eder. MÖ 19. yy.dan başlatılan ve MÖ 12. yy.da son bulan bu kültür çok geniş bir alana yayılmış olup, Ural bölgesiyle birlikte yaklaşık bugünkü Kazakistan arazisini kapsar ve sınır ötesindeki düzlüklere atlar. Eski Kelteminar bölgesi, şimdiki Türkmenistan belirgin şekilde dışarda kalır.[473] Eş zamanlı olarak Altaylar'ın hemen batısındaki madencilikte çok ileri olan ve en güzel işçilikleri çıkaran Seymo-Tribuno kültürü de çevreye yayılmaya başlamıştı.[474] Seymo-Tribuno kültürü Altaylardaki madenlerin kendilerini cezbettiği Sintaşta göçmenlerinin ürünü olarak görülür.[475] Doğudan ve batıdan bu iki yayılmanın ortada kalan, belki de bir Paleo-Sibir halkı olan Botaylıların güneyde kalan kısımlarının asimile olmasında etkisi olabilir. Bunun sonraki dönemde tüm bu bölgede karşımıza Türklerin çıkmasıyla ilgisi vardır. Yani aynı

---

472 Witzel, "Linguistic Evidence for Cultural Exchange", s.35.

473 Okladnikov, "Tarihin Şafağında İç Asya", s. 122; Anthony, *The Horse, The Wheel and Language*, s.435 vd.

474 Di Cosmo, *Ancient China and its Enemies*, s.30.

475 Carpelan ve Parpola, "On the Emergence, Contacts and Dispersal of Proto-Indo-European, s.84.

kökten gelen batıdaki Sintaşta ve doğudaki amca Afanas'evo'nun torunları olan Seymo-Tribuno kültürü sakinleri doğudan ve batıdan bu yayılmayla buluştular ve Güney Sibirya kuşağı ile Kazak bozkırları yeknesak bir dil yapısına kavuştu. Andronovo kültürünün Güney Sibirya'ya ulaşması MÖ 16-14. yy.lar arasına tarihlenir.[476]

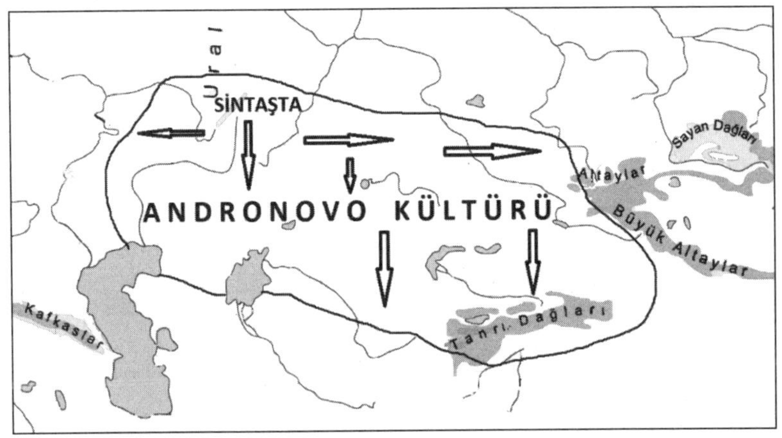

Harita 12. Andronovo kültürünün yayılım sahası.

2400'lerden 1600'lere kadar Güney Ural bölgesinde hava yağışlıdır ve verimlidir.[477] Yukarıda değindiğimiz Arilerin sıkıştırması sona erdikten sonra bu bölgenin rahatladığını ve bunun nüfus artışını tetiklediğini söyleyebiliriz. Bu tam da Sintaşta'nın büyüme evresine denk geliyor. Dolayısıyla tüm Andronovo sahası aynı kökten olmamakla birlikte, Kazak bozkırına doğru Sintaşta yayılışının sadece bir kültür göçünü değil, İlerleme Dalgası Mo-

---

476 Okladnikov, "Tarihin Şafağında İç Asya", s.124.

477 Stobbe vd., "Bronze Age Human-Landscape Interactions in the Southern Transural Steppe", s.14-6.

deli uyarınca bir nüfus göçünü de içerdiğini düşünebiliriz. Nitekim Güney Ural sahası Tunç Çağı boyunca yoğun nüfusluydu ama MÖ 2. bin yılın sonlarına doğru azalmaya başladı.[478] Bu azalmayı nüfus ihracı ve artan kuraklaşma ile beraber değerlendirmeliyiz.

Andronovo yayılması o dönemde Hazar'ın doğusunda olup İran ve Hindistan'a doğru akan Arilerin durum ve konumunu da çok iyi açıklar. Sintaşta savaşlarında başarılı olamayan bu kalabalık ve savaşçı topluluk MÖ 18. yy.la birlikte Aral'ın güneyine kaydı ve önce Türkmenistan'daki, ardından Pakistan'daki kültürleri yok ederek bölgeye yerleşmeye başladı. Yurtlarını koruyan Sintaştalılar ise Arilerin çekilmesinden sonra rahatladılar. İyi hava ve istikrarlı çevrenin eşlik ettiği bu rahatlama beraberinde kültürel yükselmeyi getirdi. Onların baskısının mı yoksa ganimet ve yurt arayışının mı Arileri güneye doğru sürdüğünü ancak tahminen söyleyebiliriz ama artan nüfuslarına yurt olarak önce Aral'ın kuzeyindeki, sonra da doğusundaki bozkırları seçerek yayılmaya başladılar.

Ariler kendi içlerindeki ortak dili muhtemelen MÖ 1800'lere kadar konuştular.[479] Bundan sonra bugün Hint ve İran şeklinde adlandırdığımız iki kola ayrıldılar. Gerek Sintaşta cephesinde, gerekse Batı Kazak bozkırlarında önde olan topluluğu sonraki Sanskritlerle özdeşleştirmek Türkçedeki bu dille alakalı ortaklıkların fazlalığını da açıklamaya yarayacaktır. İranlıların ataları daha ge-

---

478 Di Cosmo, *Ancient China and its Enemies*, s.30. MÖ 6. yy. ile birlikte bölgede nüfus yeniden artmaya başlamıştır (Di Cosmo, *age.*, s.30). Bu ise yazılı kaynaklardan bildiğimiz bir konu olarak Sarmatların yükseldiği döneme tekabül eder. Bu yüzden nüfus artışlarını takip etmek yanıltıcı olmayan sonuçlara daha çok götürecektir.

479 Carpelan ve Parpola, "On the Emergence, Contacts and Dispersal of Proto-Indo-European, s.83; Anthony, *The Horse, The Wheel and Language*, s.408.

rideydiler. Vedalar sayesinde çok erken bir Hint dil kaydına ulaştığımız gibi, Avesta metinleri sayesinde de ilk bölümlerinin MÖ 10. yy.dan aşağı olmadığı tahmin edilen İranî dil kayıtlarına ulaşıyoruz. Veda ve Avestaların dili o kadar yakındır ki[480] 16. yy.daki Anadolu ve Çağatay Türkçeleriyle kıyaslamak abartı olmaz. Yani MÖ 1000 yılından sonra bile Hindistan ve İran'dan iki kişi birbirleriyle rahat anlaşabilirlerdi.

Türkçe ile Hindî ve İranî dillerin paylaştığı bazı kelimelerin bu dönemdeki ödünçlemelerin yadigârı olduğu anlaşılıyor. Örneğin İranî *bâgem* [*bâga*] "talih, pay, servet" kelimesi sonradan Türkçeye geçmiş *pay*'ın kökünde bulunur. *Bahş* kökü de bundan gelir. Bu kelime *bhAga* olarak Hindistan'da da bulunur ve Arapçadan geçmiş *hissA* ile birlikte "pay, hisse" anlamına gelir. Ortak Slav *bogat* 'zengin' kelimesi de buraya bağlanır ve İranî bir alıntı olarak gösterilir.[481] Avesta metinlerinde geçen *baga* "tanrı, ilahi güç; pay (nimet, lütuf) dağıtan" kelimesi de bu bapta incelenir. Esas anlamın lütuf, pay olduğu, tanrı anlamının ondan geliştiği söylenir. Ortak Slav *bog* 'tanrı' kelimesini de ihmal etmemeliyiz.[482] Türkçede ise hem *bay* 'zengin' hem de *bayat* 'tanrı' kelimeleri bulunur. 'tanrı' ve 'lütuf', dolayısıyla 'zenginlik, servet' kavramlarının anlam buluşması evrensel olsa gerektir. Nitekim German **gōđjanan* 'bahşetmek, zengin kılmak' fiilinin kökünde[483] hem **gōđ(az)* 'iyilik' hem de **guđ(z)* 'tanrı' kelimelerini görmek zor değil. Róna-Tas'a göre Türkçe *bay* 'zengin' kelimesi Ön Türk *bayă(n)*'dan gelir.[484] Bunları ilgisiz görebilir miyiz? Ana Slav di-

---

[480] Mallory, *Hint-Avrupalıların İzinde*, s.65-6.

[481] Rastorgueva ve Edelman, *Etimologiçeskiy Slovar' İranskih Yazıkov -II-*, s.45.

[482] Rastorgueva ve Edelman, *Etimologiçeskiy Slovar' İranskih Yazıkov -II-*, s.48 vd.; Witzel, "Linguistic Evidence for Cultural Exchange", s.38.

[483] Orel, *A Handbook of Germanic Etymology*, s.138.

[484] Róna-Tas, "The Reconstruction of Proto-Turkic", s.75.

line ödünçleme ile girdiyse bu kelime ya Hint-İran kolunun ana kitleden kopuk ve kendi içinde birleşik olduğu dönemde (Sintaşta savaşları ve sonrası) üretilmiş olmalı, daha büyük ihtimalle de ana Türkçeden Slav ve Arilerce ayrı ayrı alıntılanmış olmalıdır. Kelimenin başka Hint-Avrupa dillerinde bulunmayışı bizim savımızı destekler.

Andronovo kültürlerinin sakinleri, bildiğimiz tek bir istisna dışında bilimsel edebiyatta İranî olarak görülüyorlar. 2002 yılında yazdığı makalesinde genel bir değerlendirme yapan Lamberg-Karlowski basit bir soru soruyor: Eğer Andronovolular Ari ise kesin Ari olduğunu bildiğimiz çağdaşları Hint-İranlılarla neden hiçbir kültürel ilgileri yok? Veya çok sayıda alt kültürü olan Andronovo'nun tamamı mı İranî?[485] Aynı makalenin ekinde itirazını dile getiren Mallory, Andronovo-luların Türk olamayacağını çünkü o dönemde tüm bozkırın Arilerle dolu olduğunu söyleyerek konuyu açıklamış olduğuna inanıyor.[486] Anthony ise makalenin başında Lamberg-Karlowski'nin Kuzmina'ya eleştirisindeki cümleleri hiç okumamışçasına Sintaşta-Andronovo toplumu ile Rigveda-Avesta toplumu arasında benzerlikler olduğunu, her ikisinde de hayvancılığın önemli olup 'süt ve yağın' zenginlik ifadesi görüldüğünü, sığır ve at kurban ettiklerini, araba kullandıklarını ve savaşı kutsadıklarını söyler.[487] Diğer toplumlarda 'görülmeyen' bu etli sütlü etnoğrafik özellikler, Anthony'nin kendi kitabındaki Hint-Avrupa yayılmasını hangi mantıkla ele aldığını da ele vermektedir. Ama esas ayırıcı vasıflar, yani maddi kültürdeki farklılıklar söz konusu olduğunda Andronovo'nun Hint-İranlılardan farklı olduğunu, özellikle bu ikincilere münhasır gri çömleklerin bozkırda bulunmadığını Mallory kendisi söyler. Farkın sebebini ise İndus boylarındaki Harappa kültürüyle temasların

---

[485] Lamberg-Karlowski, "Archaeology and Language: The Indo-Iranians", s.74.
[486] Lamberg-Karlowski, "Archaeology and Language: The Indo-Iranians", s.79.
[487] Lamberg-Karlowski, "Archaeology and Language: The Indo-Iranians", s.75.

Andronovo'yu değiştirdiği iddiasıyla açıklar.[488] Pakistan'da bulunan bu kültürün içine girip ortadan kaldıran Arilerin değil de uzaktaki Kazak bozkırındaki bir kültürün Harappa'dan etkilenmesini anlamak güç. Üstelik Andronovo MÖ 19. yy.da başlıyor, Türkistan'ın güney düzlüklerine ulaşması 15. yy.ı buluyor ama Harappa kültürü 17. yy. itibariyle ortadan kalkmış bulunuyor...

Renfrew'in Lamberg-Karlowski'ye itirazı da ilginç: Andronovo'nun devamı olan Saka ve Sarmatlar İranî dil konuşuyorlardı, bu öncekilerin de aynı dili konuştuklarının delilidir.[489] Hâlbuki ilk bakışta Türkçe kökeni beliren bazı özel isimler ve aynı şekildeki birkaç kelime dışında Saka ve Sarmatların dil delilleri bulunmaz, bu yüzden ilgili edebiyatta onların İranîlikleri 'İranî' olan Andronovoluların torunları olmaları ile 'ispatlanır'. Hemen yukarıda geçen Avesta dili münasebetiyle bir kıyas önerelim. MÖ 1000 civarında bile bir İranî ile bir Hindî'nin çok rahat anlaşabildiği bir ortamda, Saka-Sarmat çağı olan MÖ 500 civarında dünyadaki tüm İranî dil konuşanlar birbirleriyle rahat anlaşabilirlerdi. Perslerle İskitlerin mücadelelerini büyük ayrıntıyla anlatan ve yeri geldikçe bu ikisi hakkında mebzul miktarda etnografik bilgi aktaran Herodotos, bunların herhangi bir kültür veya köken ortaklıklarından bahsetmediği gibi, asla bir dil yakınlığından söz etmez. Bu ikisi tamamen düşman ve yabancı iki halktır. Hâlbuki aynı Herodotos Sarmatların İskit/Saka dilini "bozuk bir şekilde konuştuklarını" aktarır.[490] Yani ortada sadece bir lehçe meselesi vardır.

Dolayısıyla biz de aynı mantıkla tersini söylemek durumundayız: Eski Sintaşta memleketinden çıkan Sarmatlar ve Andronovo'nun varisi Sakalar aynı dili konuşuyorlardı ve bu dilin İranîlerle ilgisi yoktu. Dolayısıyla genetik ve kültür verilerine ila-

---

488 Mallory, *Hint-Avrupalıların İzinde*, s.263, 265.
489 Lamberg-Karlowski, "Archaeology and Language: The Indo-Iranians", s.74.
490 Herodotos, *Herodot Tarihi*, s.223.

veten dil verisi de Sintaşta ve Andronovo'nun Arilerle ilgisinin olmadığını göstermektedir. "Göçebeler İraniydi ama nasıl Ural-Altaylı oldular bilmiyorum." cümlesini kuran Renfrew'in bu ifadesi sadece kökenin değil, sonraki sözde dönüşümün dahi açıklanamadığının itirafı olarak gözüküyor.[491] Ama hiç kimse Güney Ural'dan İrlanda'ya kadar taşınan kurganın Orta Asya'dan İran ve Hindistan'a neden taşınmadığı, Arilerin sözde bu kimlik bilgisi niteliğindeki âdetlerini neden kısacık bir yolda hemen unuttukları sorusunu cevaplandırmak istemez.

Özetlersek sorunlu bir Altay kuramından hareketle bilinemezlik üzerine kurulu Altay akrabalık sahasındaki bir Türk ana yurdunun bu noktada bilim dışılığı, bunu takviye eden bir gerçek olarak Ön ve Ana Türkçe ile Çince arasındaki temasların yokluk derecesinde azlığı ve sonraki zamana ait oluşu, Türkçenin Ural bölgesi dilleriyle Altay'dan hiç de uzak olmayan karabeti, özellikle Macarca ile Moğolcanın ötesine geçen ve akrabalık sınıfında değerlendirilmesi gereken dil ilişkileri, Batı Avrupa'daki *centum* grubu dillerle şaşırtıcı bir fazlalık teşkil etmek üzere, Türkçenin Hint-Avrupa dil ailesi dağılmadan önce onunla çok yakın ilişkide olduğunu gösteren emareler ve Avrasya'nın Tunç Çağı kültürlerinin konum ve özellikleri birlikte değerlendirildiğinde, Türkçenin ve Türklüğün Avrasya'nın hayli batısında bir yerlerde, anlaşılan Güney Ural sahasında ortaya çıktığı anlaşılıyor.

Bu bölgeden birinci kademede Altaylara doğru giden Afanas'evo ile Güney Sibirya kuşağını tutan sonraki Türklerin ataları, ikinci kademede de Andronovo ile güney ve güneydoğuya doğru yayılarak şimdiki Türkmenistan hariç tüm Orta Asya bozkırını kaplamış gözüküyor. Bunlar kendi içinde kültürel ve genetik açıdan bütünlük teşkil ederler. Bu genetik birliktelik günümüz Orta Asya Türk topluluklarına kadar büyük ölçüde korunmuştur.

---

[491] Renfrew, *Archaeology and Language*, s.204.

Bunun sebebi Türklerin Hint-Avrupalıların aksine tarihi kayıtların da gösterdiği üzere nispeten çok geç tarihlerde dağılmış olması olarak açıklanıyor.[492] Buradaki gen yığıntıları Orta Asya dışındaki Türklerce de büyük oranda paylaşılıyor ama konu Doğu Asya genleri olunca bu ortaklıklar birden düşüyor. Bunun muhtemel sebebi ise Orta Asya'ya, aşağıdaki Türk tipi tartışmasında değineceğimiz üzere, Doğu Asya'dan çeşitli göçebe toplulukların batıya doğru hareketi olarak gösteriliyor.[493] Yani bütün Türklerin paylaştığı genler Orta Asya, paylaşılmayanlar ise Doğu Asya kökenli. Bu da asli Türklerin batıda ortaya çıktığının bir başka kanıtıdır. Böyle bir öneri, aşağıda inceleyeceğimiz bazı gerekçeli özellikler dışında, en başta eski Türk tipini göz önüne almayı gerektirecektir.

---

[492] Martínez-Cruz vd., "In the Heartland of Eurasia", s.221-2; Yunusbayev vd., "The Genetic Legacy of the Expansion of Turkic-Speaking Nomads", s.14.
[493] Martínez-Cruz vd., "In the Heartland of Eurasia, s.222.

BÖLÜM 19

SARIŞIN TÜRKLER

Genetik araştırmalar Güney Sibirya'nın Tunç ve Demir Çağı nüfusunun yarıdan fazlasının renkli gözlü olduğunu ortaya koymuştur.[494] Bundan ne anlamalıyız ve sonraya nasıl bağlamalıyız?

Türklüğün Altay ailesine eklemlenmesini ilham eden sebeplerden birinin de Doğu Türklüğünde hâkim olan çekik gözlülüğü Moğolsu (Mongoloid) bir biyolojik ırkla telif etme ihtiyacının olduğu açıktır. Batı Türklüğü de -dolayısıyla bu görüşe göre- başka toplumlarla karışarak asli niteliklerini kaybetmiş ve 'beyazlaşmıştır'. Ancak gözle görünen tarih bunun tersini söylemeyi daha çok mümkün kılıyor. Yani aslen 'beyaz' olan Moğol ve Çin komşuluğundaki Doğu Türklüğü onlarla binlerce yıl süren komşuluk neticesinde görünüm değiştirmiş ve baskın olan Moğolsu özellikleri edinmiş, 13. yy. ve devamındaki Moğol istilaları da bunu iyice takviye etmiştir. Bu etkiye fazla uğramayan Batı Türklüğü ise asli görünümünü büyük ölçüde korumuştur. Nitekim Hodoğlugil ve Mahley'nin araştırma sonuçlarına göre, Türkiye'de az bulunan Doğu Asya ögeleri Kırgız, Uygur ve Hazaralardan, onlarda az bulunan Orta Doğu ögeleri de Tür-

---

[494] Keyser vd., "Ancient DNA Provides New Insights into the History of South Siberian Kurgan People", s.404, 408.

kiye Türklerinden çıkartıldığında geriye aynı genlerin kaldığı görülmektedir.[495] Bu genler Altaylar'ın batısındaki dünyaya aittir ve baştan beri önerdiğimiz şekilde Türklerin Batı Avrasya kökenleriyle ilgilidir.

Bu bağlamda ulaşabildiğimiz en eski kaynaklardaki Türk tipini incelemekte fayda ve gereklilik vardır. 951 yılında *Kitâb'ül-Mesâlik ve'l-Memâlik* (Ülkeler ve Yollar Kitabı) adlı bir kitap yazan Acem yazarı İstahrî, 977 yılında yazdığı *Sûret'ül-Arz* isimli coğrafya kitabında bu eseri yaklaşık aynen alıntılayan Nizipli Arap âlimi İbn Havkal ve çok sonradan, 1228 yılında bitirdiği *Mücel'ül-Buldân* adlı eseriyle İstahrî'yi izleyen Suriye Hama'dan Yakut, "*Hazarlar Türklere benzemezler. Zira Hazarlar kara saçlıdır.*" derler.[496] Bu hükmün kaynağını muhtemelen hocaları Belhî'den (922) almaktadırlar ama bizim üzerinde durmamız gereken nokta muhalif anlamdır: "*Türkler kara saçlı değildir.*"

Başka yerlerde Türklerin güzelliğini öve öve bitiremeyen bu yazarlar, kendi zamanlarındaki Türk kavimleri olarak Uygur, Oğuz, Kıpçak, Kırgız, Karluk ve Peçenekleri verirler ve Türklere benzediklerini söyleyerek Halaçları katarlar. İbn Havkal'ın Hazarları hiç görmediğini iyi biliyoruz. Çok gezen İstahrî de Hazar'a gittiğine dair bir bilgi vermiyor. Buradaki *kara* ifadesi, takip eden cümledeki *Kara Hazar* adlandırmasının yaptığı bir parazit olabilir. Birbirleriyle tanışıp görüş alışverişinde bulunan bu Müslüman yazarlar eski Türklerde ikili siyasi ve toplumsal örgütlenmenin adlandırması olan *Kara* ve *Ak* sıfatlarından insanların rengini anlamışlar, üstelik bir adım ileri giderek izah bile etmişlerdir: "*Bu Kara Hazarlar Hintlilere benzerler*".[497]

---

[495] Hodoglugil ve Mahley, "Turkish Population Structure and Genetic Ancestry", s. 20.

[496] Yörükân, *Müslüman Coğrafyacılar*, s.122; Şeşen, *İslam Coğrafyacıları*, s.139, 158, 167.

[497] Şeşen, *İslam Coğrafyacıları*, s.158, 167.

Dolayısıyla bu ifade hükümsüz kalıyor ve şöyle bir cümle ile tashih yapmamız gerekiyor: "*Hazarlar da diğer Türkler gibi kara saçlı değildir.*"

Nitekim bütün kaynakların Türkler arasında saydığı ve bugün dünyada kimsenin bundan kuşku duymadığı Hazarları da başka kaynaklar, sarışın veya en azından renkli gözlü olarak nitelerler: İbn Rabbihî Hazarların açık tenli, siyah saçlı ve mavi gözlü olduklarını söyler.[498] İbn Sa'd el-Mağribi de ona katılır: "*Onlar beyaz tenli, mavi gözlü, kızıl saçlı, iri vücutludurlar.*"[499] Bunlar Dunlop'ın dediği gibi tamamen kuzeyli insan tipinin tanımlarıdır: Küçük ve renkli gözler, siyah, sarı veya kızıl saç.

Bu tanıma iki yazar daha katılır. Ömrü boyunca, Halifelik kapıkulu ordusunu oluşturan on binlerce Türk askerinin Bağdat sokaklarında dolaştığını gören sahaf Nedîm, Türkleri küçük gözlü ve hayli sarışın olarak niteler.[500]

Bu ifadeden esas anlamamız gereken şey, Orta Doğu'nun Müslüman yazarlarının gözünde Türklerin genel olarak renkli saçlarıyla bilindiğidir. Türk deyince sarı saçlı adam anlaşılıyordu ve bunun açıklamasına gerek yoktu. Türklerle çok iç içe olduklarına ve özellikle Bağdat'ta çok fazla Türk gördüklerine göre, böyle genel bir bilgide yanılma payı az olsa gerek.

İslam coğrafyacılığının altın çağının en önemli isimlerinden olan Gerdizî, çeşitli Türk kavimleri ve yurtları hakkında ayrıntılı bilgiler verir. Bunlardan biri de o zamanlar en uzaktaki Türk topluluğu olan Kırgızlara aittir ve son derece değerlidir. Zira Çin kaynakları ve Orhon Yazıtları dışında ilk kez başka bir

---

[498] Dunlop, *Hazar Yahudi Tarihi*, s.27-8.

[499] Dunlop, *Hazar Yahudi Tarihi*, s.28.

[500] Ibn'ül-Nedîm, *El-Fihrist*, s.29. Bu eser yenilerde Türkçeye çevrilmiştir, ancak çeviride bu metinde geçen Arapça *ebyaz* kelimesi 'aşırı beyaz' olarak alınmıştır ki (Muhammed b. İshak en-Nedîm, *El-Fihrist*, s.97), bunun 'sarışın' olarak çevrilmesi gerekirdi.

kaynak tarafından bu ayrıntıyla anılırlar. Buna göre, üstte değindiğimiz gibi, 'kırmızı saçlı' ve 'beyaz yüzlü' Kırgızlar Slavlara o kadar çok benzer ki Gerdizî nereden duyduğunu bilmediğimiz bir hikâye anlatır ve Bizans'tan kaçan bir Slav'ın Kırgızların atababası oluşunun hikâyesini uzun uzun nakleder.[501] O sırada Kırgızlar, Altaylar'ın kuzeyindeki düzlüklerde yaşıyorlardı ki bugünkü Hakaslar onların Sibirya'daki kalıntısıdır.

O dönemde Kırgız ülkesiyle Müslüman Orta Asya arasında ticaret kervanları işlerdi ve insanlar Güney Sibirya'dan bihaber değildi. Burada şaşırtıcı olan şey, Gerdizî ile aynı bilgiyi ondan zaman ve mekânca çok uzaklardaki Çin kaynaklarının da vermesidir. Buna göre onlar kızıl saçlı, beyaz yüzlü ve yeşil gözlüdürler. Aralarından siyah saçlı olanları talihsiz nitelerlermiş.[502] Kırgızların kuzeyinde de adları Po-ma (Alaca Atlı) olarak verilen bir Türk boyu vardı ki dilleri tastamam aynı olmasa da (anlaşılan lehçe farkı vardı) görünüşleri aynen Kırgızlar gibiydi.[503] Böyle tasvir içeren bir ismin fazla bağlayıcılığı olmasa da onları sonraki dönemde karşımıza Oğuz birliği içinde çıkan Alayuntlu (Alaca Atlı) boyu olarak teşhis edebiliriz.

Çin kaynaklarının görünüşlerini 'çirkin' bularak tarif ettikleri Türk boyları arasında Vusunlar da vardır ki aynen Kırgızlar gibi yeşil gözlü ve kızıl saçlıdırlar.[504] Yukarıda bunlara ayrıntılı değinmiştik. Bu boyun kalıntıları şimdi aynı adla çeşitli Türk halkları arasında yaşamaktadır. Hun çağında Cungar boğazının batısında, şimdiki Doğu Kazakistan arazisi civarında yaşamaktaydılar ve sonradan önemlerini kaybetmişlerdir.

Çin kaynaklarının sadece bu boyları 'renkli' tarif ettiklerini düşünmemeliyiz. Bu eserlerde İslam kaynaklarındaki gibi in-

---

501 Şeşen, *İslam Coğrafyacıları*, s.71-72.
502 Eberhard, *Çin'in Şimal Komşuları*, s.67.
503 Kıldıroğlu, *Kırgızlar ve Kıpçaklar*, s.93.
504 Eberhard, *Çin'in Şimal Komşuları*, s.105.

sanların fiziki görünüşü pek anlatılmaz ve anlatıldıkları yerde işte bu şekilde tarifler vardır. Aynı şekilde başka milletlerin kaynaklarında da saç veya göz rengi gibi hususlardan ziyade, Orta Doğu veya Avrupa halklarına tuhaf gelen geniş yüz, basık burun ve küçük gözler öne çıkartılır. Çin kaynakları münferit kimselerin görünümlerini de vermezler. Bildiğim kadarıyla yalnız "donuk cam gibi gözlerle" büyük öfke saçtığı için elçilerin göz göze gelmeye korktukları büyük Göktürk hükümdarı Mukan'ı (553-572) anlatırlar.[505]

Bu bapta Prof. Dr. Alimcan İnayet kayda değer bir bilgi nakletti. Göktürk Yazıtları'nda Türk ordularının Kuzey Çin'deki Shang-tung'a kadar vardığı bildiriliyor. Bugün ise şimdiki adıyla Shandong eyaletinde olağanüstü bir durum olarak mavi gözlü Çinlilere rastlanıyor. 1500 yıllık bir kalıtımdan bahsetmek için elimizdeki bilgi yeterli olmayabilir ama bu tür örneklerin akılda tutulmasında fayda var.

Bu bilgilerin hem Kültigin heykelinde gördüğümüz kafa şekliyle hem de Uygur bitiklerindeki resimlerde görülen çekik gözlü insan tipiyle çeliştiği söylenecektir. Öncelikle, Kültigin heykeli bir Çin tipini değil, çekik gözlü yuvarlak kafalı bir Türk tipini temsil eder. Mukan'dan 250 yıl sonra yaşayan Kültigin'in bu kadarcık çekik gözlüleşmesini yadırgamamak lazım.

Ancak henüz doğulu halklarla fazla karışmamış ilk kuşağın mümtaz temsilcisi Mukan Kağan'da böyle bir şey yok. Çünkü Türk budun MS 100 civarında Batı Sibirya bölgesinden Altaylar'a gelmiş, dört asır kadar etraftan soyut şekilde (Ergenekon'da) yaşamış ve daha Mukan'ın dedeleri zamanında ortaya çıkmışlardı. Altaylar'dan Ötüken'e taşındıklarında ise daha yoğun bir Moğolsu kitle içinde kendilerini buldular. İslam kaynaklarında Dokuz Oğuzlar olarak bilinen Uygurlar da onlar gibi

---

505 Chou-shu ise onu "*gözleri bilye gibi parlıyordu*" diye betimler: Mau-Tsai, *Çin Kaynaklarına Göre Doğu Türkleri*, s.19.

aynı bölgenin, yani doğu bozkırlarının Türkleri olup, esasında Göktürklerden etnik bir farkları yoktu. Bilge Kağan onlar için "*Dokuz Oğuz benim milletim idi. Yer gök karıştığı için, ödüne kıskançlık değdiği için düşman oldu.*" der.[506]

Buna karşılık Altay-Cungarya çizgisinin doğusuna geçmeyen, dolayısıyla yerli halkla ve Çinlilerle fazla karışmayan Türk boyları olan Kırgızlar, Alayuntlular (?) ve Uysunlar renkli olarak tarif edilirler. Bu arada, günümüzdeki muhtelif Sibirya halkları gibi bu renkli Türklerin de gözlerinin zaten küçük olduğunu, bunu Çinli veya Moğollara bağlamaya gerek olmadığını söylemeliyiz. Siyah saç ve göz geni renkliye baskın olduğundan, doğudan gelen etkinin Türklerin görünümünden ziyade renklerini değiştirdiğini düşünmeliyiz. İlk çağlarda yalnız doğudaki Türkler bu etkiye maruzken 10. yy.dan başlayarak Kitay, 13. yy.da Moğol ve 17. yy.da Oyratların batıya hareketlenmesiyle bu etki Orta Asya'ya yayıldı.

Orta Asya Türklüğü etnik manada Moğollaştı diyemeyiz, aksine gelen sayıca az Moğollar Türkleşip ortadan kalktılar. Ama taşıdıkları genlerin baskınlığı sayısal değerlerinin ötesine geçti. Daha açık ifadeyle, siyah göz ve saç genleri renkli olanları büyük ölçüde ortadan kaldırdı.

Erken dönemde Çin ve Moğol cenahıyla ilişkileri olmayan Batı Türkleri ise zaten her fırsatta renkli olarak anlatılırlar. Türkçede her vesileyle vurgulandığı ve haklarında çok şey yazıldığı için Kuman-Kıpçakların ve onlardan ayrı düşünemeyeceğimiz Oğur-Bulgarların (her ikisi de 'renkli' eski Ting-ling boylar birliğinin varisleri olarak) sarışınlığını burada tekrarlamaya gerek yok. Bu bahiste sadece Kuman kelimesinin diğer dillere 'sarışın' olarak çevrildiğini vurgulamamız yeter. Etnik isimler çevrilmez ve aynen alınırlar. Türkçemizde çeviri olarak sadece 'Kızılderili' kelimesine sahibiz, onu da etnik bir isim

---

[506] Ergin, *Orhun Abideleri*, s.41.

olarak görmek mümkün değildir, sadece ırki bir tasnif ve tariftir. Hâlbuki Kuman kelimesi onlara Polovets 'sarışın' diyen Ruslardan başlayarak Leh (*Plauci*), Çek (*Plawci*), Latin (*Pallidi*), Alman (*Falon, Valwen*, vb.) dillerine çevrilmiştir. Batıdaki gelenekten habersiz olan Ermenilerin de onların ismini *Kharteaş* 'sarışın' olarak çevirmesi ilginçtir. Bunda haksız değiller, zira pek çok kaynak onlardan bir topluluğun ismini Türkçe *sarı* kelimesiyle verir. Rusların onları sarı olarak nitelemesi ve görünümlerini tuhaf ve kendilerinden tamamen farklı bulmaları, Gumilëv'un dediği gibi Ruslarla aralarındaki büyük ırk farkına işaret eder.[507]

Yine Kumanlar gibi batı, hatta kuzeybatı Türklüğüne sokmamız gereken Oğuzlar da farklı değildir. Zaten Orta Doğu'da Orta Çağ'daki yukarıda bahsettiğimiz Türk imgesi büyük ölçüde Oğuzlara bakılarak oluşuyordu, zira onlar Harezm'de ve Seyhun'un hemen ötesinde Müslümanların doğrudan komşusuydu ve bir rivayete göre Müslümanlaştıkça 'Türkmen' adını alıyorlardı. Kıpçakların İslam ülkelerine gelişi yukarıda anılan eserlerin yazımından çok sonradır.

Oğuzlardaki renklilik bizzat atababa ile başlar. Oğuz Destanı'nın Uygurca nüshasında onun doğumu anlatılırken "yüzü gök, gözleri al" ifadesi geçer.[508] Şimdiye kadarki çalışmalarda bu sözler için hiç tahlilci bir metin tenkidi yapılmış gözükmüyor ve Pelliot'nun da anlam çözümlemesinde ayrıntıya girmediğini görüyoruz. Kelimelerin peşinden gidilerek Oğuz'un yüzünde semavilik bulunduğuna, gözlerinin ise ela olduğuna hükmedildi. Hâlbuki cümle açık ve mecazsızdır, sıfatların içeriği de iyi biliniyor. Mavi yüzlü ve kırmızı gözlü bir insan herhâlde dünyalar güzeli olarak anlatılmaz ancak bir ucube olurdu.

---

[507] Artamonov, *Hazar Tarihi*, s.541. Bu kaydı Hocası Artamonov'un kitabına Gumilev düşmüştür.

[508] Pelliot, *Uygur Yazısıyla Yazılmış Uğuz Han Destanı Üzerine*, s.11-12.

Elimizde tek nüshası bulunan eserde, hatalı bir kulun yanlış bir yazımını düşünmek sorunu çözmektedir. Güzellik al yanakla ifade edilir. Mavilik, bugüne kalan ifadeyle göğermişlik, ancak ölünün çürümesini anlatır ve olsa olsa yakışıklı bir zombiyi tarif eder. Veya ifadeleri alırsak Oğuz Han Avatar kahramanlarından birine benzeyecektir. Mavi rengin insanı Şirinler'deki gibi şirin göstereceğini düşünemeyiz. Kısaca burada kendisi küçük ama sonucu büyük bir tensih hatası var. İki sıfatın yerlerini değiştirdiğimizde sorun çözülür ve "al yanaklı, mavi gözlü, dünyalar gözlü bir çocuk" karşımıza çıkar.

Kayıtlarda, Oğuz kimliğine sahip olduğundan emin olduğumuz kimselerle ilk görüşen kimse olan İbn Fazlan, önde gelenlerden birinin ismini "Alptogan oğlu Etrek" olarak verir ki[509] bu kelime sarışın demektir ve aynı anlamıyla Kıpçaklar arasında da geçer.[510] Sarı Saltukları, Saru Hanları bir kenara koyalım. Annesi bir Türk olan ve soyunda Batılı herhangi unsurdan haberimiz olmayan Orhan Gazi'nin sarışın olduğunu biliyoruz. Bugün İran'daki az sayıdaki sarışın kimselerin tamamına yakınının Türk olması bu bapta düşündürücüdür. Türkmenistan'da Ersarılar büyük ve esaslı topluluklardan biridir. Anadolu'da da diğer unsurlarla fazla karışmayan Ege ve Torosların Yörükleri ile İç Anadolu'nun Alevilerinde çoklukla görülen küçük çakır gözler bu eski Türk tipinin kalıntısıdır. *Dede Korkut Hikâyeleri*'ne serpilmiş hâlde çok yerde gördüğümüz 'ela göz' de bu bağlamda dikkate alınmalıdır.

Elbette dünyada sarışın bir ırk yoktur. Baltık denizinin doğu sahillerinde sarışınlık zirveye çıkar, doğuya ve batıya doğru gittikçe kademeli, güneye indikçe keskin şekilde azalır. Sarışınlık milletleri veya dilleri takip etmez. Güya Avrupa'daki milletlerin çoğundan ırk olarak farklı olan Fin ve Estonlar çok yoğun şe-

---

[509] İbn Fazlan, *İbn Fazlan Seyahatnamesi*, s.37.
[510] Turan, *Selçuklular Tarihi*, s.65.

kilde sarı iken, Hint-Avrupalı dediğimiz İtalyanlar esmer veya kumraldır. İspanyollar ise genelde daha da esmer olup, Araplara benzerler. Bunu sadece Endülüs kalıntısı olarak göremeyiz. Öte yandan Arapların arasında da renkli gözün nadirattan olmadığını biliyoruz.

Dolayısıyla falanca halk aslen şöyledir, bugün şöyledir gibi saptamalar mümkün değildir. Bizim nesnemiz olan kuzey dünyasında sarışınlık veya kumrallıkla niteleyebileceğimiz bir ırk bulunmadığı gibi, elbette eski Türklerin tamamı da sarı değildi. Belki de toplam nüfusta kumralların oranı daha fazlaydı. Güneye inince esmerleşme arttı. En eski Türk tipini anlamak için bugünkü Başkırt-Tatar bölgesine bakmak yeterlidir.

Türk ana yurdu olan Güney ve Güneybatı Sibirya boyunca yayılan, eski Ting-ling'lerin torunu olan nüfus, bizce bugünkü Türklüğün mayasını teşkil etmektedir. Türklüğün ırk olmadığı, biyolojik gerçeklik taşımadığı iddiaları da gerçekle bağdaşmaz. Bir Türk ırkı vardır ve anlamak için geçirdiği evreleri iyi bilmek gerekir. Bu ırktan gelenler bugün Anadolu nüfusunun ezici çoğunluğunu oluşturmaktadırlar.

SONUÇ

Karaçay âlimleri Laypanov ve Mızıyev kazı verilerine, özellikle kurganlara dayanarak Türk ana yurdunu İdil-Ural bölgesine yerleştirirler.[511] Bu kitabı daha yeni okuyabildim ve yaklaşık aynı fikirleri paylaştığımıza sevindim. Ancak belki kazı biliminden anlamadığımdan olacak, kazı malzemesinin yorum ve kullanımında daima ihtiyatlı, daima temkinli olmak gerektiğini sanıyorum. Bu kitap boyunca tartışılan sorunların temelinde de eski çağlardan, hatta Taş Devri'nden buluntuların yanlış ve keyfî yorumlanması, basit ifadeyle, çekik gözlü olmayan tüm iskeletlerin Ari/İranî insanlara verilmesi, yani Asya'nın üçte ikisinin İran hâline gelmesi yatmaktadır.[512] Kazı bilimi verisinin çok somut bir delil sunmadıktan sonra dayanak değil, ancak destek olarak kullanılabileceğini sanıyorum.

Etnik yapıların ömrünün kısa olduğu, adlandırmaların ise ondan da kısa ve değişken olduğu hükmü, köken araştırmalarında budun adlarının verimli kullanılmasını engellemişe benziyor. Bu hüküm büyük ölçüde Avrupa tarihine bakılarak verilmiş gözüküyor. Çünkü orada, doğusunda ve batısında eski kabileler neredeyse tamamen kaybolmuş durumda. Angleler İngiliz, Franklar Fransız olmuş ama bugünkü etnik yapıların izdüşümü tam olarak o kabilelere gitmiyor. Diğer ünlü German kabileleri, bilhassa Gotlar tamamen kaybolmuş. Slav bölgesinde de durum

---

[511] Laypanov ve Miziyev, *Türk Halklarının Kökeni*, s.39-52, 149. Batıda bir yurda inanan Zekiev, bunun yerinin şimdilik tam bulunamayacağını söyler ama tahminini bizimki gibi İdil-Ural ve Batı Türkistan olarak verir: *Türklerin ve Tatarların Kökeni*, s.52.

[512] Bu yorumlar bize daha önce de *İran ile Turan* kitabını yazdırmıştır.

aynı. Bugünkü etnik isimlerin (Sloven ve Slovak, daha az derecede de Leh ve Çek isimleri dışında) hiçbiri eski döneme gitmiyor, üstelik bugünkü isimlerin peşinden gidenler bambaşka kapılardan çıkıyorlar.

Bunun sebebi dünyanın bu tarafında ve tabii Türkiye'de, Azerbaycan'da kabile yapılarının çözülüp milletleşme süreçlerinin tamamlanmış olmasıdır. Türkiye'de Kınık, Bayındır, Peçenek, Uluborlu, Keçiborlu gibi boy isimlerinin kalması gibi, Batı'da da Türingen, Göttingen, Toscana hatta Endülüs (< *Vandal*usia) gibi etnik kaynaklı isimler yaşamaktadır. Lakin bunların etnik içeriği kalmamıştır. Konuyu buralara göre düşündüğümüzde etnik yapıların ve isimlerinin ortalama bir ömrünü tespit edebiliriz ve zamanla ölüp gittiklerini ancak belli yer adlarında yadigârlarının kalabileceğini düşünürüz.

Ama boy yapısının korunduğu yerlerde durum başka olabilir. Öncelikle, kabile örgütlenmesinin sürdüğü başta Afrika ve Amerika olmak üzere dünyanın önemli bir kısmının eski kayıtlarına sahip değiliz. Bugünkü bir Afrika kabilesinin adının ne kadar zamandır kullanımda olduğunu bilemeyiz. Aynı şekilde eskiden var olup bugün esamesi okunmayan kabilelerin varlığını da düşünmeliyiz. Bu açıdan Avrupa ve Afrika'nın durumu iki ucu temsil ediyor. Toplum biliminin buralara bakarak bir ölçüt belirlemesi zordur.

Ama eski kayıtların nispeten iyi olduğu ve bugün boy yapısının şöyle böyle korunduğu Avrasya'da, bilhassa yeni yerleşik Türk dünyasında durum böyle değil. Etnik yapıların ve isimlerinin ömrü konusundaki numune çalışmalar en iyi burada yapılabilir. Lezina ve Superanskaya'nın sözlüğünün Türkçe yayınına Ahsen Batur'un yaptığı ilavelerle birlikte 22 bin etnik isme ulaşılmıştır. Bunların arasında kitabın başlarında geçtiği gibi eski çağın Vusun halkının isminden Ting-ling'lerin kalıntısı Dingli'lere, Sarmat birliğindeki Siraklardan günümüzdeki Kazak uruğu Siraktılara ve bizzat Sarmatlardan günümüzdeki Yurmatılara kadar pek çok isim, değil bin yıllık doğal yaşam süresi, iki bin yılı bile aşarak hâlâ yaşamaktadır.

Üstelik bir bilinemezlik ufku var ki nerelere gittiğini bilmiyoruz. İlk MÖ 5. yy.da kayda giren Sarmatların ismi acaba daha ne kadar eskiydi? Bu durum onların 5. yy.da ortaya çıktıklarını göstermez. Belki MÖ 10. yy'dan beri bu ismi taşıyan bir topluluk bulunuyor (Türk budunun 6. yy. ortasında, Göktürk devletinin kuruluşuyla birlikte varlık âlemine geldiğini açık ifadelerle yazan büyük tarihçilere selam olsun).

Dolayısıyla Avrasya bölgesindeki çalışmalarda, başka yerlerin aksine, boy isimleri geniş zamanlı olarak rahatlıkla kullanılabilir. Burada izlenen yöntem de budur. Ancak etnik isimlerin başka ve yabancı topluluklara geçme alışkanlığı da var. İyi bilinen örnekler olarak Türk budun ismi Bulgar'ın bugün bir Slav halkını, bir Viking kabilesinin ismi olan Rus'un başka bir Slav halkını nitelediğini bilmemiz yeter. Dolayısıyla Bulgar kelimesinin izinden gittiğimizde Slav dünyasını terk ediyor, Türklerin arasına giriyoruz.

Bu durum, özellikle bizim bu çalışmadaki anahtar kelimelerimiz olan Sarmat ve Suvar örneklerinde de karşımıza çıkıyor. Acaba kök Suvarlar ve kök Sarmatlar Türk müydü, yoksa Macar mı? Böyle bir soru özünde bir yanlışı barındırır, zira soru sahibi onları bilinçaltında şimdiki Türk ve Macarlarla kıyaslamaktadır. Eski Türkler ve eski Macarlar kuşkusuz şimdikilerden farklıydı ama birbirlerinden farkları neydi?

Avrasya bölgesindeki dilsel süreçlerin de kendi doğal ortamı içinde düşünülmesi ve çalışılması gerekiyor. 100 veya 200 temel kelimedeki bu bölgede önceliği olmayan birkaç kavramı çıkartarak önem ve önceliği olanları yerine koymak suretiyle yapılan bir ayarlama ancak bir ayarlamadır ve anlam kaymaları sıkıntısını gidermez. Daha sağlıklı bir kıyaslama önce A dilinin temel kavramlarını sabit tutup B dilinde her bir kavramın açılım yaptığı anlam bilimi kümesinden tüm ögeleri göz önüne almak, daha sonra da B'yi sabit tutup A için aynı şeyi yapmak ve üçüncü adımda bu veriyi harmanlamakla olacaktır.

Öbür türlü, Clauson'un -kuşkusuz gerçeği ifade eden- 'sözde' Altayca kıyaslamasındaki gibi Türkçedeki *el* kelimesinin karşısında illa da el arayıp kolu, dirseği, omzu kabul etmezsek, sonuç hayli tırpanlanmış olarak çıkacaktır. Vakıa, Türkçe-Moğolca kıyaslamaları anlam kümelerini genişletmekte ne kadar cömert olursak olalım farklı bir görünüm kazanacağa benzemiyor, ama yine de bütün ihtimallere alan açarak daha güvenilir sonuçlar beklemek yerinde bir tutum olacaktır.

Örneğin Türkçede yükseklik ifade eden *or/ör* varsa bunun karşısına illa Sümercedeki yükseklikle ilgili isim, sıfat veya fiilleri koymamız gerekmiyor. Ülke anlamındaki *kur* temel kelime hazinesinde Türkçe yüksekliğin karşısına konabilir çünkü yükseklik ve ülke kavramları bin anlam bilimi kümesinde komşudurlar. Aynı şekilde, mantıklı bir açıklaması gözükmüyor ama kent, köy kavramları yakmakla ilgili kavramlarla ses ilgisine sahip. Eğer İbraniceden Sümerceye, Türkçeden Slavcaya çeşitli diller yakmak, parlamak ve kent (~ memleket, orman, dağ, vd.) için ses ilgisi olan kelimeler kullanıyorlarsa temel kelimeler kıyaslamasında örneğin dağın karşısına ışık koymaya hakkımız olur.

Buradaki sıkıntı nerede duracağımızı bilemeyişimizdir çünkü bu türden kelimeler bir noktada Nostratik bir kıvam kazanıyorlar. Ama bunun da çözümleri var. Mesela, yukarıdaki örnekten devam edersek, Türkçe *or*'un ('yükseklik' kökü) karşısına Slavca *gorV* 'yüksek', *gora* 'dağ', *gor-* 'kötü', *gore-* 'yakmak' ve *grad* 'kent' kelimelerinin hepsini koyabiliriz. Dağ kelimesinin Nostratik bir yayılımı mevcut gözüküyor. Fakat buna sahip diller kümedeki diğer anlamlara Slavca ölçüsünde sahip değillerse bunun yorumu en eski dönemlerde, oluşum çağlarında Türk ve Slav halklarının birbirine çok yakın yerlerde yaşadıklarıdır. Tabii benzer örneklerin artışı nispetinde bu fikir zemin ve temel kazanır, öbür türlü az sayıdaki örnek rastlantıya veya evrensel ortaklığa hamledilecektir.

Bu bakımdan, temel kelimeler yerine temel kavram kümelerini karşılaştırmış oluyoruz ve herhâlde daha sağlıklı bir inceleme yapıyoruz. Kavram kümelerini karşılaştırmak elbette yeni bir şey değil, kıyaslamalar eskiden beri zaten bu minvalde yapılıyor ama sorun eski insanların zihninde hangi kavramların birbiriyle etkileşimde ve geçişimde olarak kümeler teşkil ettiğini tam belirlememiş olmamızda yatıyor.

Etnik kelimeleri izlerken karşımıza çıkan dil ilişkisi sorununu bu şekilde -hızla ve kısaca- irdeledikten sonra, sanırım tatmin edici bir çeşniyle savımızın sunum biçimini hazırlamış olduk. Yapısal benzerliğin dil akrabalığı için yetmediği çokça söylenir. Fin körfezinden Büyük Okyanus kıyılarına kadarki eklemeli diller konuşan halkların yine de çok derinlerde de olsa ortak bir dilsel ataya gittiklerini sanmak için en büyük delil bizzat ayrı ayrı Ural ve Altay ailelerinin varlığını iddia edenlerden gelmektedir. Eğer tek başına bir Ural ailesi varsa ve eğer tek başına bir Altay ailesi mevcutsa bir Ural-Altay ailesi kendiliğinden var olacaktır. Çünkü bu iki topluluğun var olduğuna dair ortaya konan deliller Ural ve Altay'dan çok Ural-Altay'ı ispatlar gözükmektedir.

Fakat deliller gerçekten çok az. Tek başına Fin-Ugor, hatta bazı meslektaşlara göre Ugor ailesi tabiri bile anlamsızlaşıyor. Bu geleneksel kavramlardan kurtulup, kelime hazinelerinin değil ama gramer kurallarının yeterli derecede bir araya getirdiği bir üst aileyi düşünmek belki daha doğru. İşe biraz cesaret katalım: Strahlenberg'in, daha doğrusu 10. yy. Arap coğrafyacılarının zamanındaki anlayışa dönmek daha isabetli olabilir.

Bugün mevkisi Ural veya Fin-Ugor veya Ugor koluna atanan Macarca ile Altay bölgesine atanan Türkçe birbirlerine sözde diğer akrabalarından daha yakınlar. Yukarıda dediğimiz gibi, eğer bu yakınlık ödünçlemelerden doğuyorsa, o zaman bu ödünçleme olgusunu Türkçe-Moğolca ilişkisine fazlasıyla uygulamamız gerekiyor. Zira yerleşik tarihe göre Türkler Moğollarla Macarlardan belki on kat fazla zaman komşuluk etmişlerdir ve etmektedirler. Ödünçlemelerin kültür tabakasında yoğun olduğu gerçeğinden hareket edince de Türkçe ile Macarca arasındaki temel kelime koşutluklarının Moğolcanın kat kat üstünde olduğu ortaya çıkıyor. Sonuçta da Türklerin ve Macarların aynı bölgede, Orta İdil'in doğusundaki sahada türediklerini, ortak atalarının da oralara Mezopotamya'dan gittiklerini düşünme noktasına geliyoruz.

Burada bilimsel bir gündem maddesini tartışıyoruz. Başka mülahazalar sonra gelir veya başkalarının öncelikli gündem maddesidir. Macarcanın Fin-Ugor ailesiyle ilişkisini sorgulayan bir Macar "balık kardeşliğine"[513] itiraz etmediği gibi, Türkler ile Moğolların, dolayısıyla dillerinin akrabalığını sorgulayan bir Türk de Moğolsu görüntüden utandığı için bunu yapıyor değildir. Bu ayrımları iyi yapmamız lazım. Biz bilim insanı olarak ezberletilenlerden farklı sonuçlara ulaştığımızda, yani atı, kurdu ve çadırı bir kenara koyduğumuzda, göçebelikten utandığımızı söyleyenler oldu. Türklüğün eski çağı diye öğretileni biz Türklüğün orta zamanına koyduğumuzda, kurttan değil insandan doğan Türk'ü anlattığımızda, geçmişimizden utanır olduk!..

Fikirleri kişiliklerine göre değil, utanma sıkılma hissine göre gelişmiş, dolayısıyla da kişilikleri gelişmemiş binlerce isim etrafta. Üniversiteler bile bunlarla tıka basa dolu. Türk olarak yaratılmayı kaderin güzel bir cilvesi olarak gören ve buna şükreden birisi, Türk'ün geçmişindeki hiçbir şeyden utanmayacaktır.

Hiçbir millete nasip olmayan pırıl pırıl bir tarihimiz var. Kara lekesi olmayan ama karşımızdaki bütün dünya ve içimizdeki iş birlikçilerince karartmaya uğramış bir geçmişe sahibiz. Hiç kimseye ne borcu ne de dokunmuş kötülüğü olan ama herkesten bir dolu alacağı ve herkese iyiliği bulunan bir milletiz. Bize kötülüğü dokunanlar dönüp bir de diş kirası istiyorlar, iyilik yaptıklarımız ise onların yanında saf tutuyorlar. Olsun, biz bugünlere onların lütfuyla gelmedik ki bundan sonraki 'hayatta kalma' hesaplarımızda onları nazara alalım. Türk olmak zor iş ama mutlu olmak için yeterli.

---

[513] Macarca *hal* 'balık' kelimesinin Fince ve diğer kuzey dillerinde koşutlukları bulunduğundan, bu kelimeye Fin-Ugor ailesini birbirine bağlayan bir gözle bakılır.

KAYNAKLAR

Aaalto, P., "Iranian Contacts of the Turks in pre-Islamic Times", *Studio Turcica*, yay. L. Ligeti, Budapest 1971.

Agostini, Paolo, "Language Reconstruction Applied to the Uralic Languages", *Migracijske Teme*, XV/1-2 (1999).

Ağasıoğlu, Firidun, *Azer Xalqı*, Bakı 2000.

Ahmetbeyoğlu, Ali, *Grek Seyyahı Priskos* (V. Asır)*'a Göre Avrupa Hunları*, İstanbul, 1995.

Aksamaz, N. G., *Kuzey Kafkasya Mitolojisi*, İstanbul, 2001.

Alemany, Agustí, *Sources on the Alans. A Critical Compilation*, Leiden-Boston-Köln, 2000.

Allentoft, M. E., vd., "Population Genomics of Bronze Age Eurasia", *Nature*, *522* (2015).

Alyılmaz, Cengiz, *(Kök)Türk Harfli Yazıtların İzinde*, Ankara 2007.

Amanjolov, Altay S., *Türk Filolojisi ve Yazı Tarihi*, akt. K. Koç, İstanbul, 2006.

Anthony, D. W., "The Kurgan Culture, Indo-European Origins, and the Domestication of the Horse: A Reconsideration", *Current Anthropology*, 27/4 (Ağustos 1986).

-----, *The Horse, The Wheel and Language. How Bronz-Age Riders from the Eurasian Steppes Shaped the Modern World*, Princeton, 2007.

Anthony, D. W. – Brown, D. R. (2011). "The Secondary Products Revolution", Horse-Riding, and Mounted Warfare. *Journal of World Prehistory*, 24/2-3, 131–160.

Arıkoğlu, Ekrem, "Greenberg'in Avrasyatik Dil Teorisi ve Türkçe", *Gazi Üniversitesi I. Türkiyat Araştırmaları Sempozyumu Bildirileri*, 11-13 Mayıs 2005, Ankara 2010.

Artamonov, M. A., *Hazar Tarihi*, çev. D. Ahsen Batur, İstanbul, 2004.

Avşar, B. Z. – Solak, F. – Tosun, S., "Türklerin Demografisi (1950-2025)", *Türkler*, C.I, Ankara, 2002.

Aydın, Nafiz, *Büyük Sümerce Sözlük*, Ankara, 2013.

Ayto, John, *Word Origins. The Hidden Histories of English Words from A to Z*, 2. baskı, London, 2005.

Balkan, Kemal, "Eski Önasya'da Kut (veya Gut) Halkının Dili ile Eski Türkçe Arasındaki Benzerlik", *Erdem*, VI/16 (Ocak 1990).

Barros Dagaard, Peter de, vd., "The First Horse Herders and the Impact of Early Bronz Age Steppe Expansions into Asia", *Science*, 360/6396 (2018).

Barthold, V. V., *Kırgızlar*, çev. U. D. Aşçı, Konya, 2002.

-----, *Orta Asya Türk Tarihi Hakkında Dersler*, haz. K. Y. Kopraman – İ. Aka, Ankara, 2006.

Bayat, Fuzuli, *Türk Dili Tarihi*, 2. Baskı, Çorum, 2006.

-----, *Ana Hatlarıyla Türk Şamanlığı*, 3. Basım, İstanbul, 2013.

Baykara, Tuncer, *Türk Adının Anlamı*, Ankara, 1998.

-----, "Türklüğün En Eski Zamanları", *Türkler I*, Ankara 2002.

Benedict Curipeschitz, *Yolculuk Günlüğü 1530*, çev. Ö. Nutku, Ankara, 1989.

Benkő, Loránd – Kiss, Lajos – Papp, László, *A Magyar Nyelv Történeti-Etimológiai Szótára*, 4 cilt, Budapest, 1984.

Berta, Árpád, *Türkçe Kökenli Macar Kavim Adları*, çev. N. Demir – E. Yılmaz, Ankara, 2002.

Bloch, Marc, *Feodal Toplum*, çev. M. A. Kılıçbay, Ankara, 2005.

Boeschoten, Hendrik, "The Speakers of Turkic Languages", *The Turkic Languages*, der. L. Johanson – É. Á. Csató, London – New York, 1998.

Brückher, Aleksander, *Słovnik Etymologiczny Języka Polskiego*, Warszawa, 1985.

Bulatović, A., "Corded Ware in the Central and Southern Balkans: A Consequence of Cultural Interaction or an Indication of Ethnic

Change?", *The Journal of Indo-European Studies*, 42/1-2 (2014).

Butanayev, Viktor, "Moğol-Cungar Hâkimiyeti Döneminde Yenisey Kırgızları", *Türkler I*, Ankara, 2002.

Caferoğlu, Ahmet, *Türk Dili Tarihi*, 4. baskı, İstanbul-Bursa, 2001.

Carpelan, C. - Parpola A., "On the Emergence, Contacts and Dispersal of Proto-Indo-European, Proto-Uralic and Proto-Aryan in an Archaeological Perspective", *Language and Prehistory of the Indo-European Peoples. A Cross-Disciplinary Perspective,* yay. Adam Hyllested vd., Copenhagen, 2017.

Charanis, Peter, "Ethnic Changes in the Byzantine Empire in the Seventh Century", *Dumbarton Oaks Papers*, Washington, 1959.

Chavannes, E., *Çin Kaynaklarına Göre Batı Türkleri*, çev. M. Koç, İstanbul, 2007.

Clauson, Gerard, "Turk, Mongol, Tunguz", *Asia Major*, VIII/1 (1960).

-----, *An Etymological Dictionary of Pre-Thirteenth Century Turkish*, Oxford, 1972.

-----, "On the Idea of Sumerian-Ural-Altaic Affinities", *Current Anthropology*, XIV/4 (Ekim 1973).

-----, "Altay Teorisinin Leksikoistatistiksel Bir Değerlendirmesi", çev. İ. Ulutaş, *SDÜ FEF Sosyal Bilimler Dergisi*, Sayı 10 (2004).

Constantine Porphyrogenitus, *De Administrando Imperio*, yay. Gy. Moravcsik - R. J. H. Jenkins, Washington, 1967.

Czeglédy, Károly, "Šarkel: An Ancient Turkish Word for House", *Aspects of Altaic Civilization (5th PIAC 1962)* , yay. D. Sinor, Bloomington - The Hague 1963.

-----, "Megjegyzések a 942. évi Magyar kalandozás forrásaihoz", *Magyar Nyelv*, LXXVII (1982).

-----, *Turan Kavimlerinin Göçü*, çev. G. Karaağaç, İstanbul 1999.

Çoruhlu, Y., *Eski Türklerin Kutsal Mezarları Kurganlar*, İstanbul, 2016.

Daly, Kathleen L., *Norse Mithology A to Z*, New York, 2004.

Danişment, İ. H., *Türklerle Hint-Avrupalıların Menşe Birliği -I-*, İstanbul, 1935.

Décsy, Gy., *The Turkic Protolanguage: A Computational Reconstruction*, Bloomington, 1998.

Dennis, George T. (hz.), *Strategikon. Bizans Kültüründe Strateji Sanatı*, çev. V. Atmaca, İstanbu,l 2010.

Derksen, Rick, *Etymological Dictionary of the Slavic Inherited Lexicon*, Leiden-Boston, 2008.

Dıbo, A. V., *Hronologiya tyrkskih yazıkov i lingvistiçeskie kontaktı rannih tyurkov,* Moskva, 2004.

-----, "Tyurko-toharskaya kontaktnaya leksika", *Aspektı altayskogo yazıkoznaniya*, Moskva, 2007.

-----, "Material'nıy bıt rannıh turok. Jilişte", *Prirodnoe okrujenie i material'naya kul'tura pratyurkskih narodov*, Moskva 2008.

-----, *Etimologiçeskiy slovar' tyurkskih yazıkov -IX-. Etimologiçeskiy slovar' bazisnoy leksiki tyurkskih yazıkov*, Astana, 2013.

Di Cosmo, N., *Ancient China and its Enemies: The Rise of Nomadic Power in East Asian History*, Cambridge, 2002.

Diakonoff, I. M., "Media", *Cambridge History of Iran*, II, Cambridge, 1968.

Doerfer, G., "Akraba Olmama Kanıtlanabilir mi? Altay Dilleri Sorunu", *Türkbilig*, 5 (2003).

Doğan, Ahmet, "İslamiyet'ten Önceki Türk İnancına Dair", *Türkler III*, Ankara, 2002.

Dostiev, Tarik, "Kafkasya'da Hunlar", *Türkler I*, Ankara, 2002.

Drews, R., *Early Riders – The Beginnings of Mounted Warfare in Asia and Europe*. London – New York, 2004.

Drompp, Michael R., "Erken Dönemlerden Moğol İstilasına Kadar Yenisey Kırgızları", *Türkler II*, Ankara, 2002.

Dumézil, Georges, *Kafkas Halkları Mitolojisi*, çev. M. Y. Sağlam, Ankara, 2000.

Dunlop, Douglas M., *Hazar Yahudi Tarihi*, çev. Z. Ay, İstanbul, 2008.

Durmuş, İlhami, *Sarmatlar*, Ankara, 1997.

-----, "Sarmatlar", *Türkler I*, Ankara, 2002.

-----, "Vusunlar", *Türkler I*, Ankara, 2002.

Eberhard, D. W., *Çin'in Şimal Komşuları*, çev. N. Ulutuğ, 2. Baskı, Ankara, 1996.

Ebû Reyhan el-Birûnî, *Maziden Kalanlar (El-Âsâr el-Bâkiye)*, çev. D. A. Batur, İstanbul, 2011.

Edzart, Dietz O., *Sumerian Grammar*, Leiden, 2003.

Embleton, S. M., *Statistics in Historical Linguistics*, Bochum, 1986.

Engel, Pál, *The Realm of St. Stephen: A History of Medieval Hungary 895-1526*, London, 2001.

Ercilasun, Ahmet B., *Türk Dili Tarihi*, Ankara, 2004.

Érdy, Miklos, "Orta Avrasya Boyunca Hiong-nu Tarzı Kazanlar ve Bunların Kaya Kabartmalarında Ortaya Çıkması", çev. H. Şirin User, *Tarih İncelemeleri Dergisi*, XI (1996).

Eren, Hasan, "Türklerin Ana Yurdu Sorunu", *Türk Dili*, Sayı 600 (Aralık-2001).

Ergin, Muharrem, *Orhun Abideleri*, 7. basım, İstanbul, 1980.

Ernout, A. - Meillet, A., *Dictionaire etymologique de la langue Latine*, 3. baskı, Paris, 1951.

Fasmer, Maks, *Etimologiçeskiy Slovar' Ruskogo Yazıka*, 4 cilt, Moskva, 1986-1987.

Fedotov, M. R., *Etimologiçeskiy slovar' Çuvaşskoğo yazıka*, 2 cilt, Çeboksarı, 1996.

Fehér, Géza, *Bulgar Türkleri Tarihi*, Ankara, 1999.

Gamkrelidze, T., B. – İvanov, V. V., *İndoevropeyskiy yazık i indoevropeytsı*, Tbilisi, 1984.

-----, *Indo-European and the Indo-Europeans. A Reconstruction and Historical Analysis of a Proto-Language and a Proto-Culture*, çev. J. Nichols, Berlin – New York, 1995.

Gao zhau rı ge tu, *Menggu yu zu yu yu Tujue yu zu yu cihuı bi jiao yan juı*, Huh he hao te (Kökhot), 2006.

Gimbutas, M., "The Indo-Europeanization of Europe: The Intrusion of Steppe Pastoralists from South Russia and the Transformation of Old Europe", *Word*, 44/2 (1993).

Golden, Peter B., "The People *nkrdh*", *Archivum Eurasiae Medii Aevi*, I (1975).

-----, *Türk Halkları Tarihine Giriş*, çev. O. Karatay, 2. Baskı, Çorum, 2006.

-----, "Ethnogenesis in the Tribal Zone: The Shaping of the Türks", *Archivum Eurasiae Medii Aevi*, 16 (2008-2009), s.73112.

-----, "The Ethnogonic Tales of the Türks", *The Medieval History Journal*, 21/2 (2018).

Gökdağ, B. A. ve Şimşek, Y., "Temel Sözcükler Bağlamında Türkçe-nin Görünümü", *7. Uluslararası Dünya Dili Türkçe Sempozyumu Bildirileri*, C.I, ed. A. Buran vd., Elazığ, 2015.

Gömeç, Saadettin, *Türk Kültürünün Ana Hatları*, Ankara, 2006.

-----, *Kök Türk Tarihi*, 4. baskı, Ankara, 2011.

-----, *Şamanizm ve Eski Türk Dini*, 2. baskı, Ankara, 2011.

Gumilëv, Lev N., *Eski Türkler*, çev. D. A. Batur, 2. basım, İstanbul, 2002.

Gül, Bülent, *Eski Türk Tarım Terimleri*, Hacettepe Ün. Sos. Bil. Ens., doktora tezi, Ankara, 2004.

Günay, Ünver - Güngör, Harun, *Türk Din Tarihi*, Kayseri, 1998.

Gürgün, Abdullah, *İsveçlilerin Türk Kökenleri Üzerine*, İstanbul, 2011.

Halloran, J. A., *Sumerian Lexicon. A Dictionary Guide to the Ancient Sumerian Language*, Los Angeles, 2006.

Harmatta, J., "A türkök eredetmondája", *Magyar Nyelv*, XCV/4 (Aralık 1999).

Harva, Uno, *Altay Panteonu. Mitler, Ritüeller, İnançlar ve Tanrılar*, çev. Ö. Suveren, İstanbul, 2014.

Herodotos, *Herodot Tarihi*, çev. Müntekim Ökmen, 3. Baskı, İstanbul, 1991.

Hewsen, R. H., *The Geography of Ananias of Širak (Ašxarhac'oyc'). The Long and the Short Recensions*, Wiesbaden, 1992.

Heyd, V., "Yamnaya Groups and Tumuli west of the Black Sea", *Ancestral Landscape. Burial mounds in the Copper and Bronze Ages (Central and Eastern Europe – Balkans – Adriatic – Aegean, 4th-2nd millennium B.C.) Proceedings of the*

International Conference held in Udine, May 15th-18th 2008, Lyon 2012.

Hodoglugil, U. – Mahley, R., "Turkish Population Structure and Genetic Ancestry Reveal Relatedness among Eurasian Populations", *Annals of Human Genetics*, 76/2 (2012).

İbn Fazlan, *İbn Fazlan Seyahatnamesi*, çev. R. Şeşen, İstanbul, 1975.

İbn'ül-Nedîm, *El-Fihrist*, Beyrut, 1978.

İnan, Abdülkadir, *Eski Türk Dini Tarihi*, İstanbul, 1976.

İznik, Erkan, "Magi, Magus ya da Magician: Rahipten Büyücüye", *Anad. Ün. Ed. Fak. Dergisi*.

Janhunen, J., "Proto-Uralic – What, Where, and When?", *Mémoires de la Société Finno-Ougrienne,* 258 (2009).

Jankowski, H., "Altaic Languages and Historical Contact", *Current Trends in Altaic Linguistics: A Festschrift for Professor Emeritus Seong Baeg-in on his 80th Birthday*, yay. Kim Juwon, Ko Dongho, Seul 2013.

Jordanes, *The Gothic History of Jordanes*, yay. C. C. Mierow, London, 1915.

Kafesoğlu, İbrahim, *Türk Milli Kültürü*, 21. baskı, İstanbul, 2001.

Karataev, Oljobay, "Türk Boylarında Tamgalar ve Eski Kırgız-Oğuz Etnik Bağlantıları", *Türkler II*, Ankara, 2002.

-----, *Kırgız Etnonimder Sözdüğü*, Bişkek, 2003.

Karatay, O., "Türk-Slav İlişkilerinin Başlangıç Dönemleri Üzerine", *Türkler II*, Ankara, 2002.

-----, *İran ile Turan: Hayali Miletler Çağında Avrasya ve Ortadoğu*, Ankara, 2003.

-----, "Tarihi Kaynakların Objektif Tenkidiyle Bir Gerçeğe Yaklaşma Denemesi... Kürtler", *Tarih ve Düşünce*, Eylül, 2005.

-----, "Alper Tona ve Oğuz Han: Turan'da Bir Dönem, İki Gelenek", *Turan*, Sayı 2 (Güz 2005).

-----, "Hırvatların Kökeni ve Ortaçağ Hırvat Tarihi", *Balkanlar El Kitabı,* I, yay. O Karatay – B. A. Gökdağ, Çorum-Ankara, 2006.

-----, "Ötüken Yış: Dağ, Orman ve Ülke", *Omeljan Pritsak Armağanı*, yay. M. Alpargu – Y. Öztürk, Sakarya, 2007.

-----, "Hanakas Oğuzlarından Karakalpak ve Özbeklerin Keneges Boyuna", *Fuzuli Bayat Armağanı*, der. Eyüp Ay, Ankara, 2008.

-----, "Hazarların Musevileşmesine Dair Bir Belge: Genize Mektubu", *Karadeniz Araştırmaları*, Sayı 18 (Yaz 2008).

-----, "Balık 'Kent' Kelimesinin Kökeni ve Eski Türklerde Şehirciliğe Dilbilimsel Bir Yaklaşım", *1. Uluslararası Türk Dili ve Edebiyatı Sempozyumu (23-26 Ekim 2007) Bildirileri*, Yay. A. Özkan - S. Turan, Isparta, 2008.

-----, "Dnyeper nehrinin Türkçedeki Adı ve İzahı Gereken 2500 Yıl", *Karadeniz Araştırmaları*, 26 (Yaz 2010).

-----, "Ergenekon Öncesindeki Felaket Hakkında Bir Tarihleme Denemesi", *1. Uluslararası Uzak Asya'dan Ön Asya'ya Eski Türkçe Bilgi Şöleni Bildirileri*, 18-20 Kasım 2009, Afyon, 2010.

-----, "Kral Odin'in Turkland'dan İskandinavya'ya Göçü", *Halk Kültüründe Göç Uluslararası Sempozyumu*, 28-30 Mayıs 2010, Balıkesir.

-----, "Suvarlar: Doğu Avrupa'nın Esrarengiz Kavmi", *E.Ü. TDİD*, X/1 (2010).

-----, "Avar Kültür Çevresindeki 'Jupan' Sanı Hakkında", *Uluslararası Zeki Velidi Togan ve Türk Kültürü Bilgi Şöleni*, Afyonkarahisar, 13 – 15 Ekim 2010.

-----, "Türklerin ve Macarların Atalarının Ortadoğu Kökenlerine Dair", *Turan*, Sayı 10 (2010).

-----, "Etelköz: Ortanca Macar Yurdu Hakkında Yeni Bazı Tespitler", *Belleten*, Cilt LXXVIII, Sayı 281 (Nisan 2014).

-----, "Oğuz Han'ın Kimliği ve Tarihi Kişiliği Üzerine", *Çağdaş Bilimler Işığında Oğuz Kağan Destanı*, yay. Ali Rıza Özdemir, Ankara, 2014.

-----, *Bey ile Büyücü*, Gen. 2. Baskı, İstanbul, 2017.

-----, "Göktürk Çağı Türk Nüfusu Üzerine Düşünceler", *XVIII. Türk Tarih Kongresi*, 1-4 Ekim 2018.

-----, *Türklerin İslam'ı Kabulü*, 3. Baskı, Ankara, 2019.

Kayapınar, Ayşe, "Tuna Bulgar Devleti (679-1018)", *Türkler*, II, yay. K. Çiçek vd., Ankara, 2002.

-----, "Kumanlar ve İkinci Bulgar Devleti (1187-1370", *Türkler II*, Ankara, 2002.

-----, "Bulgarların Balkanlara Göçü ve Tuna Bulgar Devleti", *Balkanlar El Kitabı,* I, yay. O Karatay – B. A. Gökdağ, Çorum-Ankara, 2006.

-----, "İkinci Bulgar Krallığı", *Balkanlar El Kitabı,* I, yay. O Karatay – B. A. Gökdağ, Çorum-Ankara, 2006.

Kazakistan Tarihi. Makaleler (heyet yayını), Ankara, 2007.

Keyser, Ch., vd., "Ancient DNA Provides New Insights into the History of South Siberian Kurgan People", *Human Genetics*, 126/3 (2009).

Khazanov, Anatoly M., *Nomads and the Outside World*, Wisconsin, 1984.

-----, *Göçebe ve Dış Dünya*, çev. Ö. Suveren, İstanbul, 2015.

Kıldıroğlu, M., *Kırgızlar ve Kıpçaklar*, Ankara 2013.

Klein, Ernest, *A Comprehensive Etymological Dictionary of the English Language, Vol II: K-Z,* 2. baskı, Amsterdam – London – New York, 1967.

Klyaştornıy, S. G., *Kadim Avrasya'nın Bozkır İmparatorlukları*, çev. S. Acar vd., İstanbul, 2018.

Kokovtsov, P. K., *Yevreysko-Xazarskaya Perepiska v X veke*, Leningrad, 1932.

Koppers, W., "Etnolojiye Dayanan Cihan tarihinin Işığı Altında İlk Türklük ve İlk İndo-Germenlik", *Türkler -I-*, yay. H. C. Güzel – K. Çiçek – S. Koca, Ankara, 2002.

Köprülü, M. Fuat, *Osmanlı İmparatorluğunun Kuruluşu*, Ankara, 2003.

Kramer, Samuel N., *Sümerler*, tr. Ö. Buze, İstanbul, 2002.

Kristó, Gyula, *Hungarian History in the Ninth Century*, Szeged 1996.

Kurat, Akdes N., *Rusya Tarihi. Başlangıçtan 1917'ye Kadar*, 4. Baskı, Ankara, 1999.

Kuzeyev, R. G., *İtil-Ural Türkleri*, çev. A. Acaloğlu, İstanbul, 2005.

Kuzmina, E. E., *Otkuda prişli İndoarii? Material'naya kul'tura plemen Andronovskoy obştnosti i proishojdenie İndoirantsev*, Moskva, 1994.

Lagerbring, Sven, *İsveççenin Türkçe ile Benzerlikleri. İsveçlilerin Türk Ataları*, çev. Abdullah Gürgün, İstanbul, 2008.

Lamberg-Karlovsky, C. C., "Archaeology and Language: The Indo-Iranians", *Current Anthropology*, 43/1 (2002).

Laypanov, Kazi T. - Miziyev, İsmail M., *Türk Halklarının Kökeni*, çev. H. Bağcı, 2. baskı, İstanbul, 2010.

Lezina, L. N. – Superanskaya, A. V. – Batur, D. A., *Bütün Türk Halkları*, İstanbul, 2009.

Littleton, C. Scott - Thomas, Ann C., "The Sarmatian Connection: New Light on the Origins of the Arthurian and Holy Grail Legends", *The Journal of American Folklore*, Cilt 91/359 (1978).

Littleton, C. Scott, "The Holy Grail, the Cauldron of Annwn and the Nartyamonga", *The Journal of American Folklore*, 92/365 (1979).

Looijenga, Tineke, *Texts and Contexts of the Oldest Runic Inscriptions*, Leiden – Boston, 2003.

Mallory, J. P., *Hint-Avrupalıların İzinde,* çev. M. Günay, Ankara, 2002.

Manggol-un Niuça Tobça'an - Moğolların Gizli Tarihi I, çev. Ahmet Temir, 3. baskı, Ankara, 1995.

Mantayev, T., *Bir Tarih Kaynağı Olarak Muravyev ve Velihanov'un Eserleri*, (Yayınlanmamış yüksek lisans tezi), E.Ü. T.D.A.E., İzmir, 2010.

Marácz, László, *Hungarian Revival. Political Reflections on Central Europe*, Nieuwegein (Hollanda), 1995.

-----, *Towards Eurasian Linguistic Isoglosses: The Case of Turkic and Hungarian*, Astana, 2015.

-----, "Macarlar", *Ortak Türk Tarihi*, II. Cilt, yay. B. A. Gökdağ – S. Y. Gömeç – O. Karatay, Ankara, 2019.

Marcantonio, A., Nummenaho, P., Salvagni, M., "The 'Ugric-Turkic Battle': A Critical Review", *Linguistica Uralica,* 2 (2001).

Marcantonio, Angela, *The Uralic Language Family. Facts, Myths and Statistics*, Oxford – Boston, 2002.

-----, "Macarcanın Kökeni: Macarca, Fince Ve Türkçe Koşutluklar", *II. Uluslararası Türk Dünyası Kültür Kongresi*, 19-25 Nisan 2010, Çeşme.

-----, "On the Origin of Hungarian: Hungarian vs Turkic vs Finnish Parallels", *17th Conference of the Finno-Ugric Studies Association of Canada (FUSAC)*, 29-31 May 2010, Montreal.

Martínez-Cruz, B. vd., "In the Heartland of Eurasia: the Multilocus Genetic Landscape of Central Asian Populations", *European Journal of Human Genetics, 19* (2011).

Matvey Mehovskiy, *Traktat o dvuh Sarmatiyah*, Ryazan, 2009.

Mau-Tsai, Liu, *Çin Kaynaklarına Göre Doğu Türkleri*, çev. E. Kayaoğlu – D. Banoğlu, İstanbul, 2006.

Mesudî, *Murûc ez-Zeheb (Altın Bozkırlar)*, çev. D. A. Batur, İstanbul, 2004.

Moravcsik, Gyula, "Byzantine Christianity and the Magyars in the Period of Their Migration", *American Slavic and East European Review*, V/3-4 (1946).

Muhammed b. İshak en-Nedîm, *El-Fihrist*, yay. M. Çulcu vd., İstanbul, 2017.

Narain, A. K., "İç Asya'da Hint-Avrupalılar", *Erken İç Asya Tarihi*, der. D. Sinor, 2. baskı, İstanbul 2000.

Németh, Gyúla, *A Honfoglaló Magyarság Kialakulása*, Budapest, 1930.

-----, "Türklüğün Eski Çağı", *Türkler -I-*, yay. H. C. Güzel – K. Çiçek – S. Koca, Ankara, 2002.

Nikonov, V. A., *Kratkiy Toponimiçeskiy Slovar'*, Moskva 1966.

Nizamüddin Şâmî, *Zafernâme*, çev. N. Lügal, 2. Baskı, Ankara 1987.

O'callaghan, Roger T., *Aram Naharaim: A Contribution to the History of Upper Mesopotamia in the Second Millennium B.C.*, Roma, 1968.

Okladnikov, A. P., "Tarihin Şafağında İç Asya", *Erken İç Asya Tarihi*, der. D. Sinor, 2. baskı, İstanbul, 2000.

Olajos, Terézia, "Egy felhasználatlan forráscsoport. A 11. századi Magyar-bizánci kapcsolatok történetéhez", *Századok*, 132/1 (1998).

Onat, A. – Orsoy, S. – Ercilasun, K. (çev.), *Çin Kaynaklarında Türkler. Han Hanedanlığı Tarihinde "Batı Bölgeleri"*, Ankara, 2012.

Orel, V., *A Handbook of Germanic Etymology*, Leiden – Boston, 2003.

Ostrogorsky, George, *Bizans Devleti Tarihi*, çev. F. Işıltan, Ankara, 1995.

Otkan, P., *Tarihçinin Kayıtları'na (Shi Ji) Göre Hunlar*, İstanbul, 2018.

Ögel, Bahaeddin, *Büyük Hun İmparatorluğu Tarihi*, Ankara 1981.

-----, *Türk Mitolojisi*, I, 3. baskı, Ankara, 1998.

Önder, A. Tayyar, *Türkiye'nin Etnik Yapısı*, 32. baskı, Ankara 2007.

Özkan, Nevzat, *Türk Dilinin Yurtları*, Ankara, 2002.

Pálóczy-Horváth, A., "L'immigration et l'établissement des Comans en Hongrie", *Acta Orientalia Hungaricae*, XXIX (1975).

Papp, László, "Sümerce-Macarca Sorunu", çev. N. Güngörmüş, *A.Ü. DTCF Dergisi*, Cilt 42/1-2 (2003).

Patkanov, S., "A sabirok nemzetisége", *Ethnographia*, XI/8 (Ekim 1900).

Pelliot, Paul, *Uygur Yazısıyla Yazılmış Uğuz Han Destanı Üzerine*, çev. V. Köken, Ankara, 1995.

Péter, László, "The Holy Crown of Hungary, Visible and Invisible", *The Slavonic and East European Review*, 81/3 (july 2003).

Pliny, *The Natural History of Pliny*, tr. John Bostock, Henry Thomas Riley, London, 1855.

Pomponius Mela, *Pomponius Mela's Description of the World*, tr. Frank E. Romer, Michigan, 1998.

Pope, M. K., *Fron Latin to Modern French*, Manchester, 1973 (1934'ten tıpkıbasım).

Poppe, Nicholas, *Altay Dillerinin Karşılaştırmalı Grameri*, çev. Zeki Kaymaz, İstanbul, 1994.

-----, *Altayistiğe Giriş*, çev. M. L. Yener, Çanakkale, 2018.

Porzig, Walter, *Dil Denen Mucize II*, çev. V. Ülkü, Ankara, 1986.

Povest' vremennıx let po Lavrent'evskoy letopisi, yay. D. S. Lihaçev - B. A. Romanov, Moskva-Leningrad, 1950.

Pritsak, Omeljan, "The Pečenegs: A Case of Social and Economic Transformation", *Archivum Eurasiae Medii Aevi*, I (1975).

Ptolemy, *Claudii Ptolemaei Geographica*, yay. C. Müller, Paris, 1901.

Quiles, C., *A Grammar of Modern Indo-European*, 2. Baskı, Madrid, 2009.

Rásonyi, László, *Tarihte Türklük*, 2. baskı, Ankara, 1988.

-----, *Doğu Avrupa'da Türklük*, haz. Y. Gedikli, İstanbul, 2006.

Rastorgueva, V. S. - Edelman, D. İ., *Etimologiçeskiy Slovar' İranskih Yazıkov -II-*, Moskva, 2003.

Reich, D., "Ancient DNA Suggests Steppe Migrations Spread Indo-European Languages", *Proceedings of the American Philosophical Society*, 162/1 (2018).

Renfrew, C., *Archaeology and Language. The Puzzle of Indo-European Origins*, London, 1987.

Richmond, I. A., "The Sarmatae, *Brumutennacvm Veteranorvm* and the *Regio Bremetennacensis*", *The Journal of Roman Studies*, XXXV (1945).

Robbeets, Martine, "Swadesh 100 on Japanese, Korean and Altaic", *Tokyo University Linguistic Papers,* 23 (2004), s.99-118.

-----, *Is Japanese Related to Korean, Tungusic, Mongolic and Turkic?*, Wiesbaden, 2005.

-----, "How the Actional Suffix Chain Connects Japanese to Altaic", *Turkic Languages*, 11 (2007).

-----, "The Language of the Transeurasian Farmers", *Language Dispersal Beyond Farming*, yay. M. Robbeets – A. Savelyev, Amsterdam/Philadelphia, 2017.

Róna-Tas, András, *Hungarians and Europe in the Early Middle Ages*, Budapest, 1996.

-----, "The Reconstruction of Proto-Turkic", *The Turkic Languages*, der. L. Johanson – É. Á. Csató, London – New York, 1998.

-----, "Turkic Writing Systems", *The Turkic Languages*, der. L. Johanson – É. Á. Csató, London – New York, 1998.

Róna-Tas, A. – Berta, Á., *West Old Turkic. Turkic Loanwords in Hungarian*, Wiesbaden, 2011.

Ruhlen, Merritt, *Dilin Kökeni*, çev. İ. Ulutaş, Ankara, 2006.

Savelyev, Alexander, "Farming-Related Terms in Proto-Turkic and Proto-Altaic", Language Dispersal Beyond Farming, yay. M. Robbeets – A. Savelyev, Amsterdam – Philadelphia, 2017.

Schönig, C., "Turko-Mongolic Relations", *The Mongolic Languages*, yay. J. Janhunen, London – New York, 2003.

Sertkaya, O. F., "Yıs (Yış?) / Yis[1] / Yis / Yiş Kelimesi ve Akrabaları Üzerine", *S. Ü. Türkiyat Araştırmaları Dergisi (A. B. Ercilasun Armağanı)*, 13 (2003).

-----, "Göktürk Yazıtlarında Hintçe Unsurlar", *Zeynep Korkmaz Armağanı*, Ankara, 2004.

Sevin, V. – Özfırat, A., "Hakkari Stelleri: Doğu Anadolu'da Savaşçı Çobanlar -ilk not" *Belleten,* LXV/243 (Ağustos 2001).

Sevortyan E. V., *Etimologiçeskiy Slovar' Tyurkskikh Yazıkov, –B–,* Moskva, 1978.

Simoons, F. J., *Eat Not This Flesh: Food Avoidances from Prehistory to the Present*, Madison, 1994.

Sinor, Denis, "Two Altaic Verbs for 'Writing' and Their Uralic Connections", *Studies in Finno-Ugric Linguistics. In Honor of Alo Raun*, Bloomington, 1977.

-----, "The Origin of Turkic Baliq", *Central Asiatic Journal*, 25 (1981).

-----, *Inner Asia: History, Civilization, Languages*, 3. baskı, Bloomington, 1987.

-----, "The Problem of Ural-Altaic Relationship", *The Uralic Languages: Description, History and Foreign Influences*, yay. D. Sinor, Leiden, 1988.

-----, "Early Turks in Western Central Eurasia, Accompanied by Some Thoughts on Migrations", *Studia Ottomanica. Festgabe für György Hazai zum 65. Geburtstag*, Wiesbaden, 1997.

-----, "(Kök) Türk İmparatorluğunun Kuruluşu ve Yıkılışı", çev. T. Tekin, *Erken İç Asya Tarihi*, yay. D. Sinor, İstanbul, 1999.

-----, "Some Components of the Civilization of the Turks (6th-8th Century A.D.)", *The Turks I*, Ankara, 2002.

Skeat, Walter W., *The Conscise Dictionary of English Etymology*, Hertfordshire, 1993.

Skok, Petar, *Etimologijski Rječnik Hrvatskoga ili Srpskoga Jezika, I: A-J*, Zagreb, 1971.

Snorre Sturlason, *Heimskringla: The Norse King Sagas*, çev. S. Laing – P. G. Foote, London – New York, 1961.

Snorri Sturluson, *Heimskringla: History of the Kings of Norway*, çev. L. M. Hollander, Austin, 2002.

-----, *Viking Mitolojisi*, çev. S. Özkan, İstanbul, 2018.

Sokal, Robert R. – Neal L. Oden – Barbara A. Thomson, "Origins of the Indo-Europeans: Genetic Evidence", *Proceedings of the National Academy of Sciences of USA*, 89 (1992).

Ssu'ma Ch'ien, *Records of the Grand Historian of China. Translated from Shih chi of Ssu'ma Ch'ien*, çev. B. Watson, New York – London, 1968.

Starostin S. A. – Dybo, A. – Mudrak, O. A., *An Etymological Dictionary of the Altaic Languages*, Leiden – Boston, 2003.

Stobbe A., vd., "Bronze Age Human-Landscape Interactions in the Southern Transural Steppe, Russia - Evidence from High-Resolution Palaeobotanical Studies", *The Holocene*, 26/10 (2016).

Stoyanov, Valeri, "Bulgar Tarihinde Kumanlar (XI-XIV. Yüzyıllar)", *Türkler II*, Ankara, 2002.

Strabon, *The Geography of Strabo*, III, çev. H. L. Jones, London, 1811.

Sümer, F., *Oğuzlar (Türkmenler)*, 5. basım, İstanbul, 1999.

Swadesh, M., "Lexico-Statistic Dating of Prehistoric Ethnic Contacts: With Special Reference to North American Indians and Eskimos". *Proceedings of the American Philosophical Society*, 96/4 (1952).

-----, "Archeological and Linguistic Chronology of Indo-European Groups", *American Anthropologist*, 55/3 (1953).

Şeker, Mehmet, "Anadolu'nun Türk Vatanı Haline Gelmesi", *Türkler VI*, Ankara, 2002.

-----, *Anadolu'nun Türkleşmesi ve Kültürel Hayatı*, İstanbul 2006.

Şengül, Fatih, "Herodotos'a Göre İskit Boylarının Yurdu", *Fuzuli Bayat Armağanı*, der. E. Ay, Ankara, 2008.

Şeşen, Ramazan *İslam Coğrafyacılarına Göre Türkler ve Türk Ülkeleri*, 2. baskı, Ankara, 1998.

Tadmor, Uri, vd., "Borrowability and the notion of basic vocabulary", *Diachronica*, 27/2 (January 2010).

Tardy, Lajos, "The Caucasian Peoples and Their Neighbours in 1404", *Acta Orientalia Hungaricae*, XXXII/1 (1978).

Tavkul, Ufuk, *Karaçay-Malkar Destanları*, Ankara, 2004.

Tekin, T., "Türkçe'deki En Eski Ödünç Sözler", *Makaleler II: Tarihi Türk Yazı Dilleri*, haz. E. Yılmaz – N. Demir, Ankara, 2004.

-----, "Notes on Some Chinese Loanwords in Old Turkic", *Makaleler II: Tarihi Türk Yazı Dilleri*, haz. E. Yılmaz – N. Demir, Ankara, 2004.

-----, *Tuna Bulgarları ve Dilleri*, Ankara 1987.

The History of Theophylact Simocatta, çev. M. Whitby – M. Whitby, New York, 1997.

The Taktika of Leo VI, çev. G. Dennis, Washington, 2010.

Theophanes, *The Chronicle of Theophanes the Confessor*, çev. C Mango - R. Scott, New York, 1997.

Tietze, Andreas, *Tarihi ve Etimolojik Türkiye Türkçesi Lügatı, I: A–E*, İstanbul – Wien, 2002.

Togan, Zeki V., *Umumi Türk Tarihine Giriş*, 3. basım, İstanbul 1981.

Tuna, Osman N., *Altay Dilleri Teorisi*, İstanbul, 1983.

-----, *Sümer ve Türk Dillerinin Târihî İlgisi ile Türk Dili'nin Yaşı Meselesi*, Ankara, 1997.

Turan, Osman, *Selçuklular Zamanında Türkiye*, 7. baskı, İstanbul, 2002.

-----, *Selçuklular Tarihi ve Türk-İslam Medeniyeti*, 8. Basım, İstanbul, 2003.

-----, "Babek", *Makaleler*, haz. A. Çetin – B. Koç, Anakara, 2010.

Tyler, S. A., "Dravidian and Uralian: The Lexical Evidence", *Language*, 44/4 (1968).

Urfalı Mateos, *Urfalı Mateos Vekayi-Nâmesi (952-1136) ve Papaz Grigor'un Zeyli (1136-1162)*, çev. H. Andreasyan, 3. Baskı, Ankara, 2000.

Üren, Umut, *Avrasya'nın Bozkır Halkları: Alanlar ve Aslar*, Ankara, 2018.

Vachkova, Veselina, "Danube Bulgaria and Khazaria as Parts of the Byzantine Oikoumene", *The Other Europe in the Middle Ages: Avars, Bulgars, Khazars and Cumans*, yay. F. Curta – R. Kovalev.

Vernadsky, George, *Rusya Tarihi*, çev. D. Mızrak – E. Ç. Mızrak, İstanbul, 2009.

Vovin, Alexander, "Korean as a Paleosiberian Language", *Han'gugŏ ŭi chwap'yŏ ch'atki: kyet'ongnon kwa yuhyŏngnon ŭl nŏmŏsŏ*, yay. Kwang Chŏng, Sŏul, 2015.

-----, "An Interpretation of the Khüis Tolgoi Inscription", *Journal Asiatique*, 306/2 (2018).

Vryonis, Speros, *The Decline of Medieval Hellenism in Asia Minor and the Process of Islamization from the Eleventh through the Fifteenth Century*, Los Angeles- London, 1971.

Wadge, Richard, "King Arthur: A British or Sarmatian Tradition?", *Folklore*, 98/2 (1987).

Witzel, M., "Linguistic Evidence for Cultural Exchange in Prehistoric Western Central Asia", *Sino-Platonic Papers*, 129 (2003).

Yablonsky, Leonid T., "The Saka in Central Asia", *Nomads of the Eurasian Steppes in the Early Iron Age*, yay. J. Davis-Kimball vd., Berkeley, 1995.

Yatsenko, Sergei, "Vusunlar", *Türkler I*, Ankara 2002, s.777-782.

Yıldırım, Dursun, "Ergenekon Destanı", *Türkler III*, Ankara, 2002

Yıldırım, Kürşat, *Bozkırın Yitik Çocukları Juan-Juanlar*, İstanbul, 2015.

Yılmaz, Salih, "Kıpçak Türkleri ve Yerleştikleri Sahalar", *Türk Dünyası Araştırmaları*, 140 (Eylül-Ekim 2002).

Yörükân, Y. Ziya, *Müslüman Coğrafyacıların Gözüyle Ortaçağda Türkler*, İstanbul, 2004.

Yunusbayev, B. vd., "The Genetic Legacy of the Expansion of Turkic-Speaking Nomads across Eurasia", *PLoS Genetics, 11/4* (2015).

Zachariah, *The Syriac Chronicle Known as That of Zachariah of Mitylene*, çev. F. J. Hamilton – E. W. Brooks, London, 1899.

Zakar, András, "Sumerian-Ural-Altaic Affinities", *Current Anthropology*, XII/2 (Nisan 1971).

Zekiev, Mirfatih, *Türklerin ve Tatarların Kökeni*, çev. D. A. Batur, İstanbul, 2006.

Zimonyi, István, "Bulgarlar ve Oğurlar", *Türkler II*, Ankara, 2002.

-----, "Why were the Hungarians Referred to as Turks in the Early Muslim Sources?", *Medieval Nomads in Eastern Europe. Collected Studies,* ed. V. Spinei, Bucureşti – Braila, 2014.

-----, *Muslim Sources on the Magyars*, Leiden – Boston, 2016.

http://worldpopulationreview.com

DİZİN